이라크의 기독교
Christianity in Iraq

Christianity in Iraq

Copyright © 2016 by Rassam Suha
Korean Translation Copyright © 2019 by Miraesa
Korean edition is published by arrangement with Gracewing Publishing, through Duran Kim Agency, Seoul.

이 책의 한국어판 저작권은 듀란킴 에이전시를 통한 Gracewing Publishing와의 독점계약으로 미래사에 있습니다.
저작권법에 의하여 한국 내에서 보호를 받는 저작물이므로 무단전재와 무단복제를 금합니다.

이라크의 기독교
Christianity in Iraq

발행일 2019년 5월 10일 초판 1쇄

지은이 수하 랏삼
옮긴이 황석천
발행인 고영래
발행처 레베카

주소 서울시 마포구 신수로 60, 2층
전화 (02)773-5680
팩스 (02)773-5685
이메일 miraebooks@daum.net
등록 1995년 6월 17일(제2016-000084호)

Copyright © 2019 미래사
ISBN 978-89-7087-118-9 03230

• 가격은 뒤표지에 있습니다.
• 잘못 만들어진 책은 구입처에서 바꾸어 드립니다.

이라크의 기독교
Christianity in Iraq

수하 랏삼 지음 · 황석천 옮김

추천 서문

　최근의 사건들이 매일같이 뉴스 헤드라인을 다루고 있다. TV, 라디오, 신문 보도가 '두 강 사이에 있는 땅'에 걸쳐진 시사, 정치, 군사 정보에 초점을 맞추고 있지만, 현대 이라크를 만들어 낸 사회적, 종교적, 문화적 정보는 놀랍게도 적다. 그 결과 많은 오해와 착각이 일고 있다. 나는 지난 몇 년 동안 유럽인, 미국인, 호주인, 이른바 '서양인'과의 대화에서 이라크에 상당수의 기독교인들이 있다고 들려주면, 놀라는 것을 느꼈다. 기독교가 이라크에 들어오게 된 것이 18, 19세기의 유럽 선교사들의 포교에 의한 것이 아니라 훨씬 옛날부터 2천 년 가까이에 걸쳐서 이라크 땅에 존재하고 있는 종교였다는 사실에 그들은 놀라고 만다.

　이라크에서 기독교의 기원은 오래되었고, 사도 시대까지 거슬러 올라갈 수 있다. 역사의 기복은 있었을지 모르지만 끊어지지 않고 2천 년 동안 이어져 내려옴이 계속되고 있다. 따라서 이라크에 다양한 기독교가 생겨났다는 것은 놀라운 일이 아니다. 동방교회(이전 '네스토리우스파'라는 이름으로 알려져 있었다)와 시리아 정교회는 431년 에페소 공의회와 451년 칼케돈 공의회의 결정 결과로 생긴 것이다. 양자는 본래적으로 대립 관계였음에도 불구하고, 이 두 교회는 1천2백 년 이상 이라크에서 계속되어 왔다. 16세기에 와서야 이제 겨우 로마 가톨릭교회의 선교사가

오면서 고대 교회에서 분리하여 귀일 교회(歸一敎會)가 될 수 있었다. 칼데아 교회와 시리아 가톨릭교회이다.

오늘날 칼데아 교회도 시리아 가톨릭교회도 이라크에 상당수의 신도가 있다. 양자 모두 이라크의 기독교를 로마와 하나로 연결해서 오래된 유산에 새로운 차원을 추가하게 되었다. 그 점에서 이전에 불가능하다고 여겼던 높은 벽을 극복할 수 있었을 뿐만 아니라 새로운 기회와 전망을 할 수 있었다. 가톨릭교회가 이라크에 준 자극은 교육 활동에서 특히 주목할 만했지만, 이전 바아트당 정권하에서 모든 초·중등교육이 국가의 감독하에 있었다. 이러한 정책에 대응해서 이라크의 모든 교회는 저녁이나 주말에 활발한 사회, 교육 프로그램을 시작하고 젊은 회원들에게 기독교 신앙과 풍부한 유산에 자부심을 느끼도록 촉구했다.

이라크에 있어서 기독교는 신앙의 표현에 그치지 않고, 스스로 정체성 그 자체이다. 아마도 이것이 서구의 기독교와 가장 구별되는 점일 것이다. 서양에서는 어느 종교에 속하는지보다 국적이 더 중요하다. 현재 이라크에서는 다양한 교파가 각각 미묘한 문화와 사회적 차이를 반영하고 그것들이 복잡하게 얽혀져 있다. 귀일 교회(칼데아 교회와 시리아 가톨릭교회)의 성도들은 지금은 아랍어를 말하는 사람이 많지만, 전례(典禮)에서는 시리아어를 지키고 있다. 앗시리아 교회(지금은 동방교회 성도들이 자신들을 그렇게 부르고 있지만)와 시리아 정교회도 시리아어의 현대 방언을 모국어로 하고 있으며, 교회에서는 고전 시리아어를 사용하고 있다. 동시리아어 및 서시리아어에서는 발음과 표기도 다르므로 그것이 양자의 차이가 되는 기준이 되었다. 1990년대에 이라크 북부가 자유 지역이 되고나서부터는 새로운 시리아어가 부활하고 있다. 많은 출판물이 이 언어로 작성되고 모든 기독교 공동체, 그리고 학교와 미디어 방송에서도 사용되고 있다. 또한 앗시리아 교회는 강한 민족의식을 가지고 있다. 반면 다른 교파의 사람들은 자신들을 이라크 국내의 한 교파로 생각하고 있다.

이러한 눈부신 새로운 지평은 1990년 이후 이라크에서 일어난 변화가 낳은 결과이다. 그러나 동시에 그 지평은 사회의 격변과 폭동으로 인해서 저해되고 있다. 특히 이라크의 법과 질서가 전체적으로 붕괴하였기에, 모든 교파의 기독교도들은 불안이 커지고 있다. 기독교도들은 이슬람 극단주의자들의 공격 목표가 되어 있기 때문이다. 여성은 히잡 착용이 의무가 되었고, 그렇지 않으면 그 대가를 거두어야(죽음 또는 사지 절단) 된다. 기독교도는 납치되고 성직자는 본보기 의식을 통해서 살해되고 교회에는 폭탄이 장치되었다. 그러나 이러한 위기에 처할 수밖에 없는 경향일지라도 잊지 말아야 할 것은, 기독교도와 이슬람교도는 수 세기에 걸쳐 서로 우호적이고 서로 존경하며 살아왔다는 것이다. 또한 20세기에 현대 이라크 국가가 수립되고 기독교도들은 다른 중동에서는 있을 수 없는 사회적 틀을 갖출 수 있었다. 오랜 역사의 경험에서 기독교 공동체가 이 폭풍을 견디어 이겨낼 수 있도록 바라지 않을 수 없다.

오늘날 이라크 기독교의 어느 교파를 막론하고 국외로 흩어졌고, 동일한 공동체가 존재하게 되고 그것이 세계 각지에 퍼져 상당수가 되었다. 그들이 이라크에서 탈출한 이유는 많은 사람들이 말하기를 종교적 차이의 결과가 아니라 1990년대에 부과된 경제 제재의 결과로 많은 사람들이 빈곤에 내몰린 것 때문이라고 한다. 역설적이지만, 디아스포라(해외 이주자)의 출현과 14세기 티무르 렝에 의한 파괴 행위로 이라크 북부의 작은 지역에 갇혀 고립되었고, 사라져버렸던 이라크의 기독교인 동방교회와 시리아 정교회가 국제적인 시야로부터는 부흥한 셈이다. 이 매우 어려운 시대 이전, 9세기부터 13세기까지의 500년간 동방교회의 교구는 라틴 교회와 어깨를 나란하게 할 정도의 규모를 가졌고, '기독교 3분파'라는 이름을 부여받았을 정도였다. 그 결과로 남겨진 유산은 지금도 볼 수 있다. 그 하나로, 몽골 문자는 시리아어를 사용하는 교회의 전례어(典禮語)였던 시리아 문자에서 생겨났다. 시리아어는 이란을 가로질러 뻗어서 아프가니스탄, 중앙아시아에서 중국에 이르기까지, 또한 인도와 아라비아와 걸프 지역에까지 미쳤다. 원래 이질적인 교구를 결합한 것이다.

동방교회와 시리아 정교회가 수 세기에 걸쳐서 언어적으로도, 민족적으로도 복잡한 대집단의 필요에 따라 대응해 왔지만, 이라크에서 모든 교파의 기독교도들이 이제는 유럽, 미국, 캐나다, 영국, 호주 등에서 정착하게 되고 새로운 환경에 적응하고 있다. 필연적으로 이러한 공동체는 많은 변화를 경험하게 될 것이다. 그리고 새로운 차원의 특성이 태어날 것이다. '순응하기도 하고 채택하기도 하고' 하여 원래 가지고 있는 능력이 태어나고 있는 것을 느끼게 될 것이다. 서적과 잡지가 홍수처럼 출판되고 최신 기술, 웹사이트, 전자 저널 등이 다양한 공동체에서 나오므로 그것을 더 잘 알 수 있다. 고대의 유산, 언어, 문화를 보존하려는 정력적인 노력이 이루어지고는 있지만, 젊은이들의 필요에 부응하기 위해 전통적인 아랍어나 시리아어에서 영어로 옮겨가는 것은 불가피한 것 같다. 이처럼 새로운 지평이 열림으로 가져다 온 부산물은 지금까지 서양인의 관심 밖이었고 주류 밖의 기독교에 접근할 수 있게 된 것이다.

이 책은 시리아 기독교의 이러한 새로운 지평에서 직접 태어난 산물이다. 저자인 수하 랏삼은 이라크 북부 모술에서 태어나 1990년대 초에 영국으로 건너갔다. 영어권 친구가 많아지면서 그녀는 이라크 기독교인들의 믿음이나 유산에 대한 강한 관심이 있음에도 불구하고 아랍어 외에는 거의 정보를 얻을 수 없다는 것을 깨달았다. 17세기 이후 많은 중요한 책들과 논문이 나타났다. 17세기에 유럽의 학자들이 중동의 다양한 기독교 공동체에 관해서 쓰기 시작했지만, 그것들은 학자들에게, 그리고 무엇보다도 다양한 기독교 교파의 언어인 시리아어 전문가를 향해 쓰인 것이었다. 게다가 이라크의 기독교를 전문으로 취급하고 있는 것이 거의 없었다. 이러한 부족을 채우기 위해 랏삼은 일반적으로, 그리고 이런 일에 관심을 가진 일반 대중에게 이 2천 년에 걸친 이라크의 기독교에 대한 포괄적이고 학식 풍부한 통찰력을 주는 책을 쓰기 위해 뼈가 부러질 정도의 힘든 일을 맡은 것이다. 오랫동안 기다리던 책이 마침내 출간된 것을 매우 기쁘게 생각한다. 이 책은 고대 기독교 공동체의 풍부하고 귀중한 유산을 공개해 주는 것이 될 것이다.

에리카 헌터(Erica C. D. Hunter)

런던 대학교 동양 아프리카 연구소, 종교학부 동양 기독교교회 교수

캠브리지 대학 동양학부 아람어, 시리아어 강사

추천사

수하 랏삼(Suha Rassam)의 저서인 『이라크의 기독교』는 서구에 있어서 이라크 지역의 기독교에 관한 지식의 큰 공백을 채우는 것이 될 것이다. 많은 서양인은 고대부터 기독교가 이라크와 그 주위인 현재 '중동 아랍'으로 불리는 지역에 단단히 뿌리를 내리고 있다는 사실을 아직도 모르고 있다. 기독교가 가지고 있는 기품 있고 향기 풍성한 영성은 동방(東方)에 강한 감화를 주었고, 또한 신학의 열풍에 의해 그 지역이 문명의 최고봉에 오르게 하는 것을 가능하게 한 것이지만, 그것은 기독교가 가져온 정신 활동 그리고 지적인 심연함 또한 수도원과 학교, 수도사와 경건한 성직자들로 인한 것이었다. 이 책은 그것에만 그치지 않고 조국을 떠나 유럽에 이주하여 오랜 기간 지났기 때문에 조국의 것을 거의 잊어버린 이들을 위해, 그리고 문명 발달의 전반에 걸친 조국이 다시 회복되는 것의 역할을 위해, 특히 기독교가 했던 중요 역할에 대해서도 잊어버리고 있는 사람들에게 그 중요성을 상기시키게 될 것이다.

랏삼 박사는 다양한 고대사의 무대를 우아하게 휘돌아서 사도 시대부터 지금까지 교회면 뿐만 아니라 일반적인 사건을 포함해 이라크에서 기독교의 모든 단계를 특징짓는 중요한 사건을 해명하고 있다. 이슬람 지배의 시대를 거쳐, 이슬람교와 기독교의 양 종교 신도들의 교류(상호 작용)를 보여 줌으로써 이라크의 교회가 학교, 번역가, 의사, 교사 등을 통해 아바스 문명을 만들어내는 데 적극적 역할을 했다는 것을 우리에게 보여주고 있다. 이 교회는 몽골이나 오스만 지배에도 불구하고 계속 활발했었고, 현재에 이르기까지 계속 살아남아 일상생활 속에서 교류와 대화를 반복하면서 지적, 영적, 정치적 발전에 공헌해왔다.

저자는 오스만 제국 붕괴로부터 독립 아랍 국가가 성립된 후의 이라크 현대 교회사를 가볍게 여기고 있지 않다. 그녀는 이라크가 영국 위임 통치하에 있던 시절부터 바아트당 지배의 종말까지 이 나라의 정치 혁명에 집중하면서, 오늘날 이라크 사람들의 적극적이고 더 많은 자유가 있는 새로운 생활 모델과 정치 지평의 출현을 예감하며 희망하고 있다.

나는 수하 랏삼 박사의 노력에 축하의 뜻을 표하고 싶다. 이라크 출신인 그녀는 이라크 고대 교회의 회랑(回廊)을 지나 서양 사람들과 손을 잡는 것으로 기독교의 간과돼 온 역사에 빛을 밝혀 주었다. 그로 인해 서양 사람들이 메소포타미아 문명을 알고, 그 놀라운 국가와 훌륭한 교회에 대해 알기를 나는 희망한다. 역사는 이 땅에서 시작했고, 하나님이 이 땅의 흙으로 첫 사람을 만들었고, 바빌론의 마기(동방박사, 별을 연구하는 자)라는 자가 아기 예수를 찾아와서 그를 보고 경배했다. 그리고 이라크 땅으로 돌아가 처음으로 복음을 전해주었다. 그리스도의 시대 1세기부터 기독교는 여기에 깊이 뿌리를 내리고 있었다.

미하일 알 쟈밀(Mikhael Al Jamil)

안디옥의 시리아 교회 총주교 대리

유럽 사도 사절(Visitor Apostolic for Europe)

추천사

　주 안에서 사랑하는 황석천 선교사의 번역으로 『이라크의 기독교』 한국어판이 출판되게 해주신 하나님께 감사와 영광을 올립니다. 또한 이 책이 출판되기까지 수고한 황 선교사에게 진심으로 축하를 드립니다.

　이 책은 지금까지 신학교나 교육기관에서 가르쳐 주지 못한 고대 아시아 교회의 역사를 배우고 이해하는 데 큰 도움이 될 것으로 생각됩니다.

　지금까지 우리는 고대 아시아 동방 교회사에 대한 배움이 적었고, 또한 적당한 자료가 없었던 것이 사실입니다. 그나마 서구의 자료들이 있었지만, 그것들에 비교해서 이 책은 실제로 이라크 출신의 저자가 1세기 이후로부터 지금까지 전해 내려온 기독교의 역사를 말하고 있으며, 그 기독교 역사가 어떻게 동방으로 전개되었는지를 역사적 검증과 많은 연구를 통해 정리하고 서술해냄으로써, 동방 기독교에 대한 새로운 이해를 얻을 수 있게 되었습니다.

　하나님은 전 인류의 구원자이시기에 온 땅에 복음이 전파되길 원하십니다. 그리고 이미 우리에게 "너희는 가서 모든 민족을 제자로 삼아…"라고 하시면서 전 세계에 나가서 복음을 전하라고 대사명을 주셨습니다. 고대 동방 아시아 지역에도 동일하게 역사하여 많은 일군들이 복음의 전진을 통해 박해는 물론 순교도 있었지만 구원의 역사도 크게 일어났습니다.

우리가 아직 알지 못하는 하나님의 역사, 즉 선교의 역사가 아직도 얼마든지 많이 있으리라 생각됩니다. 이 책의 출판이 계기가 되어서 더 많은 연구와 이미 역사한 하나님의 역사를 발견함으로 아직도 복음을 전해야 할 선교의 역사에 더 큰 힘이 되길 소망합니다.

이 책의 번역자인 황석천 선교사는 선교사로서 현장 선교와 복음 증거에 최선을 다하면서도 이 같은 연구에도 열심을 다하는 사역자입니다. 이런 귀중한 자료를 대하는 독자 여러분들이 이 책에 대해 관심을 가져준다면 세계 복음화 사역에 큰 도움이 될 것으로 생각됩니다. 황 선교사는 언어의 능력과 역사적 지식을 겸비하여 연구도 하면서 선교사역에 임하고 있습니다. 앞으로의 활동에 하나님의 축복이 넘치기를 기도하면서 많은 이들에게 이 책을 적극 추천합니다.

정필도 수영로교회 원로목사

추천사

이라크는 초기 기독교 역사를 연구하는데 있어, 매우 중요한 지역입니다. 또한 콘스탄티누스 대제가 기독교를 공인하기 전, 초기 가정교회의 역사적 고적지가 보존된 곳이기도 합니다. 두라 유로포스(Dura Europos)는 지금껏 알려진 가장 오래된 기독교 교회와 시나고그가 있는 지역입니다. 이것은 일찍이 기독교가 이라크에 전파되었음을 반증하는 것입니다. 그리고 동방 기독교가 근거지로 삼았던 에덷사라는 고대 기독교 왕국이 있었던 곳입니다. 이것은 유세비우스의 『교회사』에 나오는 역사적 사실들입니다. 이번에 황석천 선교사님이 번역한 『이라크의 기독교』는 기독교의 초기 역사와 동방으로의 복음 전파에 대해 서술한 중요한 사료입니다. 본서는 신학생, 목회자, 선교사 그리고 평신도들이 기독교의 원색적인 역사를 반추하므로 신앙의 회복에 큰 도움을 줄 것입니다.

미얀마 양곤 선교지에서
심창섭 교수, 전 총신대 신대원장

추천사

이번에 주 안에서 경애하는 황 선교사님이 번역한 그 노력의 결과, 대망의 『이라크의 기독교』 한국어판이 출판된 것은 대단히 훌륭한 것임을 칭찬하고 싶습니다. 독자들이 이 책을 읽으심으로 인해 새롭게 고대 아시아 교회의 이해가 깊어질 것으로 생각됩니다.

신학교나 교육기관에서 가르쳐 준 교회사는, 특히 고대 아시아 동방 교회사에 대한 배움이 적어서 어두움 속에 있는 것 같이 느끼고 있었습니다. 이 책을 번역한 분이나 추천하는 저 또한 이 분야에 대한 지식이 적어서 배우는 중이었고, 또한 적당한 자료나 책이 없었습니다. 실제적 체험이 부족한 서구의 신학자들에 의해 쓰인 책들과 비교하면, 이라크 출신의 저자 수하 랏삼의 노력으로 빛을 발하게 된 이 책은 새로운 이해를 얻을 수 있습니다.

하나님은 온 땅의 하나님이시기에 아시아도 당연히 관심이 있습니다. 인류의 조상 아담 이후 메시아이신 예수님이 모든 이의 구원자이시므로 눈에 보이는 지역뿐만 아니라 전 세계에 나가 복음을 전하라고 명령하신 것에 근거해서 고대 동방 아시아 지역에도 많은 일군들이 복음을 전함으로 박해와 순교도 있었고, 구원받은 자들도 많이 일어났습니다.

본서에서 다 전할 수 없을 정도로 아직도 많은 선교사(宣教師)가 숨겨져 있습니다.

지금까지 '국제동방기독교연구회'와 '일본동방기독교(경교)연구회'의 공동 개최로 아시아 동방 교회사나 동방 신학 등을 배워왔습니다. 그 결과 선교사나 목사, 장로님들을 비롯하여 많은 성도님들이 많은 관심을 가지고 지금까지의 이해는 물론 하나님의 역사하심을 아는 것에 다다르게 되었습니다. 그리고 더욱이 그 배움을 계속해서 해나가려고 합니다.

독자 여러분들에게 당부의 부탁을 드리자면, 주변에 사람들에게 꼭 이 책을 소개해주어 전 세계 선교에 큰 역할을 할 수 있게 된다면 너무 큰 기쁨이라고 생각합니다.

황 선교사님은 일본어도 유창하고 선교와 목회뿐만 아니라 동아시아의 역사에도 지식을 가지고 있으며, 일본동방기독교(경교)연구회의 멤버로서 활약하고 있습니다. 황 선교사님의 이후의 활동에 하나님의 은혜와 인도함이 넘치기를 기도하면서, 이 책의 추천을 가름하고자 합니다.

카와구치 카즈히코(川口一彦) 목사

일본동방기독교연구회 회장

기독교교육학 박사

한국어판 서문

『이라크의 기독교』라는 책을 한국어로 번역해 주신 황석천 목사님에게 감사드립니다.

이 책은, 동방 기독교가 과연 어떤 것인지 한국인들에게 전해주리라 생각됩니다. 우리가 너무나 잘 알고 있는 예수 그리스도는 중동에서 태어나셨습니다. 또한 많은 초대 교회들이 팔레스타인, 시리아, 이집트, 레바논과 이라크에서 설립되었습니다. 그런데도 기독교가 서구의 종교라는 거짓된 인상이 있기 때문에 동방 기독교를 바르게 이해함은 매우 중요합니다.

사도 바울은 그리스도의 죽음 이후 3년 만에 그리스도인들을 박해하기 위해 다메섹으로 가는 도중 그리스도를 만나 회심하게 되었습니다. 몇 년이 지난 후, 그는 로마 제국의 이교도들에게 복음을 전하기 위해 서쪽으로 여행했습니다. 그가 세운 공동체들은 2세기 무렵 자립 교회로 성장했고 교인의 수뿐만 아니라 영성 및 지적 깊이도 함께 성장했습니다.

시리아와 이라크(고대 메소포타미아)에선 시리아어(예수님께서 직접 사용하신 언어, 아람어)가 전례(Liturgy)에 사용되고 있습니다. 왜냐하면 시리아어를 통해서 헬라어와 라틴어를 사용했던 서구 교회와는 구별된 신학과 철학을 표현할 수 있기 때문입니다.

페르시아인들의 박해에도 불구하고 기독교는 이라크에서 번성했었습니다. 5세기 초 이라크의 교회는 마침내 페르시아의 박해와 서구 교회로부터 독립했습니다. 이로 인해 이란, 중앙아시아, 인도, 중국 및 아라비아반도까지 복음을 전하는 선교 사역을 광범위하게 이어갔습니다.

이라크의 교회는 정치적 통제를 받은 경우가 없습니다. 페르시아의 보호 아래 있었을 때 이라크 교회는 '페르시아 교회(The Persian Church)'라고 불렸고, 다른 신학 관점 때문에 '네스토리아 교회(The Nestorian Church)'라고도 알려졌습니다. 하지만, 올바른 이름은 '동방교회(The Church of the East)'입니다. 5세기에는 다른 신학과 리더들의 의해 '시리아 정교회(Syriac Orthodox Church)'가 설립되었습니다.

동양의 교회 선교사들은 훌륭한 소통자임과 동시에 현지 문화에 민감하게 반응했습니다. 한 가지 예로, 대진경교유행중국비(大秦景教流行中國碑, The Nestorian Monument in China)를 살펴보면 십자가가 연꽃 위에 앉아있는 그림과 함께 기독교는 '빛나는 종교(Xian-Fu景教)'라고 설명되었습니다. 경교비의 저자는 기독교 메시지를 요약하며 이렇게 기록하고 있습니다.

"이 종교는 사람들에게 평화와 번영과 조화를 가져온다."

그런데도 십자가에 대해 자세히 설명하는 것을 저자는 회피했습니다.

중국에서는 다른 외국 종교들과 함께 9세기경 황제에 의한 박해로 기독교가 사라지게 됩니다. 하지만 인도에서는 동방교회 총주교의 관할하에 상당한 규모의 공동체가 지속되었습니다.

이슬람 아랍인들이 메소포타미아를 장악했을 때, 기독교도들은 신앙은 지킬 수 있었지만 제2계급 시민으로 대우받았습니다. 그런데도 그들은 무슬림들과 협력하여 이라크에서 뿌리 내린 이슬람 문명(The Islamic Civilization)에 기여하며 동참했습니다. 이처럼 기독교도들은 문화 활동의 선두에 섰습니다. 교육, 번역, 의학, 과학,

공예 및 비즈니스와 같이 많은 분야에 기여했습니다. 하지만 이런 영광스러운 교회의 모습에도 불구하고, 수 세기 동안 지속된 억압과 박해는 마침내 20세기 초 알레포 및 터키 남부의 조그만 공동체만을 남겨놓았습니다.

제1차 세계대전 중 50만 명의 시리아 기독교도들이 1백만 명 넘는 아르메니아인들과 함께 학살되었고, 생존자들은 이라크와 시리아로 이주했습니다.

2003년까지 정치와 정권의 수많은 변화에도 불구하고 현대 이라크에서 기독교도들은 번창했습니다. 그 이후 기독교도와 다른 소수 민족에 대한 빈번한 박해는 급진주의 이슬람 집단에 의해 바그다드와 모술에서 시작되었고, 교회는 파괴되었으며 성직자들은 순교했고 사람들은 이슬람교로 개종하거나 살해될 것이라 협박당했습니다. 기독교도들은 이라크를 떠나 안전과 존엄성을 위해 다른 나라로 이주하기 시작했습니다.

나는 역사 속의 깊고 풍부한 뿌리의 기독교가 지난 2천 년과 마찬가지로 이라크에서 계속 영향력을 발휘하고 영양을 공급하기를 희망합니다.

수하 랏삼

감사의 글

나는 2003년 1월에 1991년부터 영국에 있는 칼데아 교회의 채플린을 알고 있던 앤드리우스 아포나(Andrawis Aboona) 신부 임명식에 참석하기 위하여 로마에 있었다. 그는 공현 축일에 교황으로부터 주교의 임명을 받고, 그 후 바그다드에 있는 칼데아 교회의 총주교 보좌로 섬기기 위하여 이라크에 가고 있었다. 그는 나를 그 만찬에서 이 행사 보고를 쓰기 위해 왔던 저널리스트였던 그렉 와츠(Gregg Watts) 씨에게 소개했다. 그는 내가 교구 뉴스에 쓴 기사를 읽고 앤드리우스 주교에게 저를 소개해도 좋은지 물어본 적이 있었다. 그를 위해 열린 만찬에서 우리는 이라크의 기독교에 관하여, 그리고 내가 왜 그런 일에 관심을 가지게 된 지에 관해 이야기를 나눌 수 있게 되었다. 그는 나에게 어디에서 그런 자료를 얻을 수 있는지 물어봤다. 그러나 나는 이 주제에 대해서는 문헌 자료가 부족한 것, 특히 전문가가 아닌 사람에게는 어려울 것이라고 하면서 전문가가 아닌 일반 독자를 위한 책을 쓰는 것이 어떤가에 대해 이야기가 되었다. 그날 밤이 이 책 탄생의 계기가 된 것이었다. 또한 그렉의 제안으로 나는 웨스트민스터 대성당 홀에 초청되어 『이라크의 기독교』에 대해서 이야기를 하게 된 것이다. 그것은 2003년 11월의 것으로 가톨릭교회의 '성령강림을 맞이하여(Towards Advent)'라는 축제 동안에 행해졌다. 그리고 그 장소에서 그런 책을 간행하는 것에 관심을 보여준 톰 롱포드(Tom Longford) 씨를 만났다. 나는 이 세 사람이 이 책의 발간을 제안하고 서포터까지 해주신 것에 감사하고 있다.

또한 에리카 헌터 박사에게 이 책을 준비하는 데 도움이 되는 충고를 제공해 준 것에 대해서 감사한다. 그녀는 SOAS(런던 대학교 동양 아프리카 연구소)에서 동방 기독교에 대해 석사과정에서 연구하고 있었지만, 동방 기독교에 대해서 그녀의 강의를 듣고 자극을 받아 이라크의 기독교에 대해서 더 진전된 연구를 하기로 했다. 그녀는 나의 책의 초기 단계에서 읽고 교회의 초기 역사에 관하여 여러 면에서 조언을 주었다. 또한 내가 이 책을 쓰고 있다고 말했을 때 아미르 하라크 씨와 세바스찬 블록 씨가 책에 관심을 보여준 것에 감사한다. 아미르 하라크 씨는 마지막 2장을 읽어 주셨고, 현대 이라크에서 기독교에 관한 그의 코멘트는 아주 유용했다. 세바스찬 블록 씨는 전체를 읽어 주시고 그에게 주어진 전문가다운 의견은 아주 소중한 것이었다.

또한 내 친구에게도 감사를 표한다. 그들은 내 작품에 관심을 보이고 이 주제에 대해 거의 또는 전혀 모르는 사람에게도 매력적으로 되도록 다양한 기술적 측면에서 조언을 해 주었다. 패트릭 샤나한 신부, 에일린 엘루브는 이 책 몇 장을 읽고서 이 책에 대한 더 많은 이야기를 더 붙이도록 권고를 주었다. 그것에 의해 이 책이 독서용으로 재미있게 읽힌다면 만족한다. 또한 이 책에 수록된 사진을 제공해 주신 친구들 이크발 제브니, 아지즈 압둘 눌, 아미르 하라크, 에리카 헌터에게 감사드린다.

특별히 아지즈 압둘 눌 씨와 기와르기스 코샤바 신부는 시리아 정교회와 동방교회에 관한 문서에 대해서 지원을 하고 코멘트도 주셨다. 이 두 사람 모두 첫 번째 초고를 읽고 코멘트를 해주셔서 감사를 드린다. 미하엘 알 쟈밀 주교에게도 도움을 주신 것에 대해 감사를 드린다. 그는 이 책의 추천사도 써주셨다.

또한 이 국가에서 이라크 기독교 단체 사제를 맡으면서 각각의 교회에 관한 자료를 제공해 주신 여러분께도 감사를 드린다. 칼데아 교회 하비브 알 나우팔리 신부,

시리아 가톨릭교회에 있는 사파 하바시 신부, 시리아 정교회 토마 다우드 신부이다.

　나의 남편 파이즈의 지속적인 지원과 조언은 매우 귀중한 것이었다. 또한 딸 나다는 본 책의 사진을 많이 준비해 주었다. 그들에게 힘입은 바가 크다.

수하 랏삼

한국어 번역을 시작함에 있어서

이 책을 접하게 된 것은 2017년 오사카에서 국제 경교대회에 참석했을 때였다. 그때 참석자들에게 한 권씩 판매하고 있었는데, 나는 이 책을 선물로 받았다. 제목을 보았을 때 금방 놀람과 흥분이 일면서 꼭 읽어봐야겠다는 강한 흥분이 일었다.

원저자는 수하 랏삼인데 일본 하마지마 박사님이 번역한 일본어로 된 책이었기에 금방 내용을 쉽게 접할 수 있었다. 이 책을 읽으면 읽을수록 눈을 뗄 수가 없었다.

나는 일본에서 사역하는 선교사로서 어느 날 일본 역사, 특히 일본 기독교 역사를 공부하던 중 일본에 오래전부터 이미 기독교가 역사적으로 접하고 있는 사실을 알면서부터 좀 더 심도 있게 공부하기로 작심하고 오랜 시간에 걸쳐 나름 자료를 참고하면서 연구해 오던 중이었다.

일본은 중세기(1549)에 이미 기독교가 들어왔고, 한때의 번성기와 또 오랜 기간(약 300년간)의 박해기를 거쳐 왔다. 이런 역사를 다루는 와중에 일본 고대에도 고대 기독교의 그림자가 있는 것을 알게 되었고, 상당히 궁금해졌다. 그러던 중 많은 자료를 접하게 되고 이것을 정리해야겠다고 생각하던 차에 그 그림자의 윤곽이 조금씩 보이기 시작하였다. 특히 중앙아시아의 빛나는 역사를 공부하고 있던 실크로드의 '동방기독교연구회'를 만나게 되었다. 그리고 이전부터 그 실크로드의 역사가 처음 어떻게 시작이 되었고, 지금까지 어떻게 전개되어 왔는지에 대한 궁금증은 잠을 이룰 수 없을 만큼 궁금해 하던 중에 늘 궁금해 하던 바로 그 역사의 연결점이 포럼이나 연구를 통해 이어지면서 퍼즐이 하나하나 맞춰져 가는 느낌을 받았다. 그러는 반면 실크로드의 역사는 일반적으로 중국까지라고 말하고 있다. 일본은 그 고대 기독교의 흔적과 그림자에 대해 늘 은근슬쩍 이야기하고 있었는데 명확하지 않은 것이었다.

이 역사를 명쾌하고도 알기 쉽고 깔끔하게 정리한 이 책을 접하게 되었다. 이 이동의 역사를 통해 일본 역사의 속까지 살짝살짝 보이는 고대 기독교의 그림자가 있는 듯했다.

> 여호와께서 너희를 여러 민족 중에 흩으실 것이요 여호와께서 너희를 쫓아 보내실 그 여러 민족 중에 너희의 남은 수가 많지 못할 것이며…(신 4:27).

> 여호와께서 너를 땅 이 끝에서 저 끝까지 만민 중에 흩으시리니 네가 그 곳에서 너와 네 조상들이 알지 못하던 목석 우상을 섬길 것이라…(신 28:64).

하나님은 이 역사의 주인공이시고 그의 계획과 뜻대로 행하시는 역사를 믿기에 이 책을 통해 동방 기독교의 역사를 하나님 관점에서 이해 할 수 있게 하였다. 앞으로 더 연구를 통해 한국과 일본에 연결되어 있는 이 역사들이 더 분명하게 드러나기를 기대해 본다.

일본 후쿠오카에서
황석천

2001년 5월 6일(주일)에 교황 요한 바오로 2세가 시리아를 공식 방문했을 때 다마스커스 시리아 정교회에 의해서 촬영된 사진

파이살 왕 2세가 종교지도자들과 시리아 가톨릭교회 고(故)총대주교 추기경 탓뿌니(왼편)에게 인사하고 있다.

결혼식에 참가하고 있는 칼데아 교회 보리스 제호 총주교(가운데)와 시리아 가톨릭교회 분니 주교

칼데아 교회 故 마르 루파일 비다위드 총주교(오른편)와 동방교회 마르 딘카(왼편) 총주교

베다위드 총주교 취임식

1956년 바그다드의 아르메니아 정교회

알코시에 있는 아르 사이다 성모 수도원

마르 베남 수도원 교회 입구의 입구 문(2016년 파괴됨)

마르 베남 수도원 교회의 내부 정원

마르 베남 수도원 문

마르 맛타 수도원 외부 전경

마르 맛타 수도원에서 고대 사본을 손에 들고 있는 수도승

랏반 호르미즈 수도원의 십자가 양식

런던 시리아 정교회 사제가 미사를 행하고 있다.

런던 칼데아 교회 사제가 미사를 행하고 있다.

런던 동방교회 사제가 보조사제와 함께 미사를 행하고 있다.

런던의 시리아 가톨릭교회 사제와 보조사제

파괴되기 전 모술에 있는 칼데아 주교의 집

수하 랏삼(가운데)과 로버트 뷰리 수도승, 그는 바그다드 요셉 센터와 기독교 문화클럽을 창설한 칼데아회 수도승

2004년 12월 7일 폭파에 의해 파괴된 칼데아 교회 주교의 집

36   이라크의 기독교(Christianity in Iraq)

중국 경교비 상부 연꽃 위에 세워진 십자가

경교비 측면에는 635년 중국에 알로팬이 도착하고, 그 후에 이 경교비가 세워졌던 8세기까지 헌신한 성직자들의 이름이 한자와 시리아어로 쓰여져 있다.

차례

추천 서문_에릭카 헌터 · 4 / 추천사_미하일 알 쟈밀 · 9 / 추천사_정필도 · 11 / 추천사_심창섭 · 13 / 추천사_카와구치 카즈히코 · 14 / 한국어판 서문_수하 랏삼 · 16 / 감사의 글_수하 랏삼 · 19 / 한국어 번역을 시작함에 있어서_황석천 · 22 / 사진 · 24

서장 · 41

1장 중동에 있어서 기독교의 모체 · 51
이라크와 메소포타미아 · 52 / 역사적 배경 · 53 / 문화적 맥락 · 59 / 신학의 특징—최초 5세기 간의 공의회 · 62

2장 최초의 4세기 · 69
초기 시대 · 70 / 2세기—메소포타미아에 있어 초기 기독교의 존재 · 73 / 이라크 교회의 출현 · 76 / 4세기—대 박해 · 79

3장 5세기와 6세기 · 81
1. 동방교회 · 82
독립 교회로서 동방교회의 설립 · 82 / 동방교회의 확대 · 85 / 동방교회의 신학 · 94 / 동방교회의 문화 · 97 / 금욕주의와 신비주의 · 104

2. 시리아 정교회 · 108
서문 · 108 / 독립 교회로서 시리아 정교회의 설립 · 110 / 이라크에서 시리아 정교회 · 116 / 시리아 정교회의 특징 · 122

4장 **7세기부터 16세기까지** · 127

이슬람교도 아랍 지배하에서—7세기부터 13세기까지 · 128 / 몽골, 투르크멘, 사파비의 지배—2세기부터 16세기까지 · 146

5장 **16세기에서 20세기까지—오스만 지배하에서** · 155

오스만 제국 · 156 / 오스만 제국 지배하의 이라크 · 159 / 오스만 제국 하에서의 기독교도 · 162 / 로마 가톨릭(천주교)과의 접촉 · 165 / 앵글리컨 교회(성공회)와 미국 개신교 선교단과의 접촉 · 173 / 오스만 지배하의 변화와 제1차 세계대전이 기독교 사회에 미친 영향 · 184

6장 **20세기—현대 이라크 국가** · 191

1918-1932년 영국 지배와 위임 통치 시대 · 192 / 이라크의 기독교도 · 194 / 군주제 아래에서 독립국 이라크(이라크 왕국) · 200 / 이라크 공화국 · 210 / 사학 교육의 폐지 · 213 / 국내 이동과 국외 이주 · 216 / 기독교도들과 이슬람교도들의 관계 · 219

7장 **21세기** · 223

1. 21세기 초 이라크의 각 교회 · 224

시리아 정교회 · 229 / 칼데아 교회 · 233 / 시리아 가톨릭교회 · 239 / 아르메니아 교회 · 242 / 개신교 교회 · 243 / 라틴 교회 · 245 / 그리스 정교회와 가톨릭교회 · 245 / 앵글리컨 교회 · 246 / 콥트 교회 · 246

2. 점령하의 잠정 정권 시대의 이라크 · 247

보충 · 256

표1 서로 다른 기독교 용어 · 258 / 표2 중요한 사건 연대기 · 258 / 표3 이라크 교회 중요 연표 · 261 / 표4 최초 4번의 공의회 · 261 / 표5 칼케돈 의회 이후의 교회들 · 262 / 표6 동방교회의 중요한 총의회 · 263 / 표7 동방교회에 부여된 다른 이름들 · 264 / 표8 시리아 정교회에 주어진 별명 · 264 / 지도1 서기 1세기 중동지역 · 266 / 지도2 · 268 / 지도3 20세기 초 현대 이라크 · 270

序章
서장

내가 1996년에 의과대학원 공부를 위해 런던에 도착했을 때, 그때 내가 만난 대부분의 영국인들이 이라크에 크리스천이 있다고 듣는 것이 처음이었다. 하물며 이라크 기독교도들이 속해 있는 교회야말로 세계 교회 중에서도 가장 오래되고 영광스러운 교회라는 것을 듣는 것은 그야말로 일대 뉴스였다. 기독교가 아마도 1세기 말까지는 이라크에까지 도달하였고 2세기 말까지는 확고히 조직된 교회가 되었다. 교회는 이라크를 점령하고 있던 페르시아인들의 저항과 박해에도 불구하고 성장하여 5세기 초에는 다른 교회로부터 독립한 교회가 되었다. 그러고 나서 동쪽과 남쪽으로 세력을 넓혀 7세기에는 중국, 중앙아시아, 인도에 이르기까지 이 교회에 속한 기독교도의 수는 엄청나게 되었다.

내가 이 위대한 교회의 기원과 다른 교회와의 관계, 그리고 가장 두드러진 특징을 알기까지는 꽤 시간이 걸렸다. 이 이라크 교회의 고유의 특징 중 하나는 다른 대부분 중동 교회의 경우처럼 시리아어와 관련이 있다. 늘 궁금했던 것은 내가 자란 도시부(府)에서는 성직자를 제외하고 시리아어로 말하지 않는데, 이라크 북부의 시골에서 온 사람들은 시리아어밖에 말하지 않는 것은 왜일까 하는 것이었다.

옛날에 이라크에서는 아랍어를 말하는 기독교도보다 시리아로 말하는 기독교도가 더 많았다. 나의 조상들도 원래는 시리아 말을 했었는데, 이슬람교가 들어와 결국 아랍어가 우세하게 된 단계에서 자신들의 언어를 버린 것이 아닌가 하는 의문이 든다. 그러나 다른 한편 이슬람이 오기 전에 이라크뿐만 아니라 시리아와 아라비아반도에서 기독교도가 된 다수의 아랍인이 있었다는 사실에서, 도시에 있는 기독교도들은 옛날부터 아랍인 기독교도이며 그 믿음과 아랍어를 계속 유지한 것이 아닐까 생각된다. 이것에 대해 확실한 답을 내리는 것은 불가능하지만 성경과 전례 예식에 쓰는 문장이 이슬람교 이전에는 아랍어로 번역되지 않았다는 것을 생각하면, 이슬람교로 개종하지 않았던 아랍인 기독교도들은 시리아화(化) 되었다고 생각하는 편이 더 가능성이 높아 보인다. 사실 아랍인 기독교도들을 '시리아어 아랍인'이라고 부르고 있었고, 교육을 받은 자들은 시리아어를 배우고 모두가 미사를 통해 시리아어로 듣고 있었다. 그렇다고 해서 메소포타미아 북부 도시에 거주하거나 거기로 이주해 온 아랍인 기독교도들이 아랍어 쓰는 것을 계속했다는 생각을 배제할 수 없다.

나는 이라크 북부의 모술(Mosul)이라는 도시에서 성장했기 때문에 이슬람교도 중 많은 이들 중에는 우리가 쉽게 공격받을 수 있는 존재라는 것을 어쩔 수 없이 자각하는 수밖에 없었다. 당연하면서도 우리 집은 과도할 정도로 스스로를 지키기 위해 필사적이었다. 우리 집은 모술의 중심부에 자리했고 동네 사람들은 대부분 기독교도였다. 걸어서 5분 이내에 3개의 교회가 있었고 거기에 참석했다. 가장 오래된 교회는 5세기에 순교한 여자의 이름을 딴 미스겐타(Miskenta) 교회로, 예배(미사)는 동시리아 방언으로 행해졌다. 두 번째는 인도로 가는 도중 메소포타미아에 체류했다고 전해지는 사도 도마(마루 도마) 교회이며, 예배(미사)는 서시리아 방언으로 행해졌다. 세 번째는 18세기 중반에 이라크에 온 도미니크회 선교사에 의해 세워진 비교적 현대적인 교회로 예배(미사)는 라틴어로 진행되었다. 어느 교회를 가도 어려움을 느끼지 않았던 것은, 우선 성경 낭독이 아랍어로 행해졌고 예배(미사)의 주요 내용은 가르침을 받았기 때문이었다. 주로 그것이 '체제(양식)'였기 때문이다. 우리는 부모님과 아랍어로 기도하고 할머니는 자기 전에 다른 성경(예를 들면 동 또는 서시리아어로 된) 이야기를 들려주었다. 소풍을 간다라고 하면, 오래된 수도원에 가서 그 설립자이자 수호성인의 순교 이야기를 배웠다.

나의 초등교육은 이라크인 도미니크회 수녀가 운영하는 학교로 여자 수도원이 도미니크회 교회와 학교 사이에 있었다. 선생님과 학생의 대다수는 기독교도였다. 그런 이유로 나는 고등학교에 가기 전까지 내가 만난 이슬람교도라고 하면, 상점에서 만나는 사람이나 조부모가 사업을 위해 만나는 사람들이 전부였다. 하지만 학교에서는 어머니가 이슬람교도 남자와 결혼한 아이들이 3명 있었다. 공식적으로 그 아이들은 이슬람교도였지만, 그들의 어머니는 그들에게 기독교 교육을 시키고 싶어 했다. 심지어 그들이 세례를 받았다는 소문도 있었다. 수녀들은 그 아이들에게는 특별한 신경을 썼다. 그러나 우리 부모님은 좀 더 조심하고 있었다. 왜냐하면, 모술의 기독교 사회에서는 다른 믿음을 가진 자 간의 결혼이 금기시되었기 때문이다. 만약 그렇게 되면 가족 전체를 낙인찍어 버리기에 그렇다. 당연히 자기 자녀들에게 그런 일이 일어나지 않기를 원했다.

고등교육은 국립학교에서 이루어졌다. 거기에서는 종교 과목 이외의 과목은 평등하게 받았다. 종교교육은 이슬람교도에 한정되어 있었기 때문에 우리는 그 수업을 하는 동안에 자유 시간이 주어졌고, 교내를 서성거리거나 수업이 마지막 수업이거나 하면 일찍 집에 갈 수 있어서 너무 기뻤다. 이슬람교 학생과 선생님의 관계는 매우 좋았다. 내가 어떤 누구와 교제 하는 것은 부모님의 동의가 필요했다.

대학교육은 바그다드에서 받았다. 부모님이 여전히 모술에 살고 있었기 때문에 나는 수녀와 함께 있는 것을 보고하지 않으면 안 되었다. 수녀(선생님)들은 프랑스 사람으로 바그다드 중앙에 큰 고등학교를 가지고 있었으며 교장인 잔느 마들렌(Jeanne Madeleine) 선생님은 아버지의 사촌이었다. 이 대학에는 전국에서 온 학생들이 모여 있어서 기독교와 이슬람교 모두 허용했다. 바그다드에는 외곽에서 온 사람에게 특별히 기숙사가 주어졌다. 나는 가족이 바그다드로 이사 올 때까지 3년을 수녀들과 함께 기숙사 생활을 하면서 의학 공부를 했다. 이것은 나에게 특별한 경험이었다. 나는 기독교도는 물론 이슬람교도와도 자유롭게 친구가 될 뿐만 아니라 외국인들도 만나고 프랑스어를 배우면서 서양 문화를 알 수 있게 되었다. 많은 이라크인 여자 수도사가 있었는데 프랑스인 여자 수도사와 가장 편하게 사귈 수 있었다. 나의 기숙사를 돌보는 수녀는 이제 막 왔던 터라 프랑스어밖에 할 줄 몰랐다. 그러기에 우리는 서로 말을 가르쳐주면서 즐거운 시간을 보냈다. 나는 바그다드에 있는 대학생을 위한 기독교 문화클럽을 만든 두 명의 카르멜회 주교를 만났다. 나도 클럽에 소속되어 다양한 지식을 얻고 문화 활동을 즐겼다. 이들을 통해서 새로운 전망이 보였고, 나의 삶이 이전과는 완전히 바뀌었다.

아랍인과 기독교와의 문제가 표면화된 것은 아랍 바아트 사회당(Arab Ba'ath Socialist Party, 시리아)이 화제에 올라오게 된 이유이다. 그 정당은 시리아 기독교도들에 의해 시작되었다. 또한 아랍 민족주의 등이 부적절하다고 생각해서 공산당에 들어간 사람들이 많이 있었다. 그리고 어떤 사람들은 이슬람 운동에 참여함으로 바아트 사회당도 공산당도 저주받은 자들로 간주하였다.

이렇게 저렇게 하고 있는 동안에 제2바티칸 공의회가 교회의 전례 예식문을 변경했고, 그래서 우리는 더 이상 라틴어나 시리아어로 미사를 듣지 않아도 좋도록 되었다. 기독교 문화클럽을 주최하고 있던 카르멜회가 처음으로 예배(미사)를 아랍어로 했다. 그로 인해 이전보다 예배(미사)를 잘 이해할 수 있게 되었고, 하나하나 따라갈 수 있게 되었으며 우리의 믿음이 강화되었다.

나는 이제 막 만들어진 현대 이라크 국가에서 성장했다. 이라크인으로서의 자각이 자동으로 정신을 차리게 했다. 그러나 이라크에 특별한 친밀감을 느끼기 위해서는 이라크의 고대사와 선사(先史) 시대부터 현재에 이르기까지 전해진 풍부한 유산에 관해서 개인적으로 지식을 쌓을 필요가 있었다. 물론 학교에서 메소포타미아 고대사를 배웠다. 그러나 아랍 역사와 이슬람교의 업적에 중점을 두었다. 이슬람교가 들어오기 전에는 이라크에 기독교도들이 있었다는 것과 같은 내용은 한 마디도 없었고, 이라크의 아랍 아바스 문명의 출현에 기독교도들이 담당했던 역할에 대해서도 아예 건드리거나 접근조차 할 수 없었다. 이것이 나와 다른 많은 기독교도들이 중학교와 고등학교에서 반복적으로 배웠던 이슬람의 역사와 문화에 반발하는 마음을 일으키게 된 이유이다. 우리 기독교도들은 이라크인으로서 우리의 정체성에 관하여 일종의 긴장감을 가지게 되었다.

1990년 내가 영국을 두 번째 방문했을 때, 나의 뿌리를 알고 싶다는 생각이 머리에 달라붙어 떨어지지 않아서 이라크의 역사와 나의 기독교도로서의 배경을 조사하기 시작했다. 영어든지 아랍어든지 교회에 대한 자료가 매우 빈약하다는 것에 나는 아연실색했다. 그래서 이 문제에 대해 심각하게 조사하기로 마음먹고, 학술적인 책도 읽고 동방 기독교에 대해 더 깊이 알기 위해 런던 대학교 동양 · 아프리카 연구소(SOAS) 석사 과정에 들어갔다.

이라크 이야기가 세계 톱뉴스를 흔들고 있지만 이라크가 그 오랜 역사를 통해 세계에 끼친 큰 기여를 잊지 않아야 하며, 그 땅에서 많은 우수한 문명이 번성했던 것을 기억해야 한다. 이라크 남부에서는 뛰어난 문명을 가진 수메르 도시국가가 번영했었고, 거기서 문자 그리고 운하를 이용한 관개시설이 최초로 발달했다. 바빌론에서는 수를 셀 수 없을 정도의 천문학과 수학이 발견되었다. 칼데아(갈대아) 우르(Ur of the Chaldeans)는 3대 유일신교(또는 일신교)의 아버지 아브라함이 태어난 곳이기도 하다.

인류의 시작, 창조주 되신 하나님과의 관계, 영원의 탐구, 선악의 지식 등은 고대 메소포타미아의 도서관에서 발견된 많은 전설과 서사시 등에서 보여주고 있다. 메소포타미아 사람들의 사상이 주변 민족에게 준 영향은 지금에서야 잘 인정되고 있다. 그중에서도 이 책의 주제와 관련하여 특히 중요한 것은 히브리인에 미친 영향이다. 그들은 이라크에 포로가 되어서 상당 기간 거기서 체재했다. 그것에 이어서 유럽 사상에 간접적인 영향도 넓게 인정하고 있다. 그러나 이라크에 기독교 공동체가 존재하고 번성했던 것과 그 고유의 교회가 20세기 이라크 국가 건설을 위해 담당한 역할에 대해서는 거의 알려지지 않았다.

이슬람교의 여명기에 이라크 교회는 페르시아의 수도 셀레우키아 크테시폰(Seleucia-Ctesiphon)에 있었고, 거기에 총주교가 살고 있었다. 아랍 아바스 제국의 새로운 수도가 바그다드로 바뀌자 총주교 자리(座)는 775년에 바그다드로 이동했다. 아랍인이 등장하기 전에 기독교 학문의 중심 도시들이 몇 군데에서 활발한 활동을 하고 있었다. 이라크 기독교도의 학문과 지식이 이 땅에 번성했던 아랍 아바스 문명의 발전에 상당 기여했던 것이다. 특히 의학 분야와 그리스어로부터 아랍어로의 번역 부분에서 역할은 대단히 큰 것이었다. 그리스어로 된 저작물은 스페인과 아랍 사람을 통해서 번역되었고, 유럽 문명의 발달에도 큰 역할을 했다. 일부 그리스어 작품들은 아랍어 역밖에 현존하지 않는 것도 있다.

이라크 교회는 오랫동안 많은 학살을 경험하고 최근에는 많은 신도가 서양 주변 국가로 이주했지만, 이슬람교의 지배적인 현대 이라크에는 지금도 상당수의 기독교도들이 존재하고 있다. 20세기 전환기에 현대 이라크 건설에 있어서 그들의 진정한 중요성을 증명했다.

    나는 이라크 기독교 역사에 관하여 영어를 사용하는 사람들에게도 쉽게 이해할 수 있게 해 주려고 이 작은 책자를 출판하였다.

    제1장에서는 메소포타미아에 초점을 두면서 중동 지역의 변화에 대해서, 그리고 예수 시대에 이 지역의 역사적, 문화적, 종교적 배경을 간단하게 언급하고자 한다. 그것에 더해서 아주 쉽게 중동의 기독교 상황, 특히 기독교 사회를 분열로 이끌게 한 공의회와의 관련을 언급하고 메소포타미아의 2개 교파, 즉 동방교회와 시리아 정교회가 어떻게 출현해 갔는지를 서술한다.

    제2장부터 제6장에 있어서는 이 지역이 몇 세기의 시간을 통해 오늘의 현대 이라크 국가까지, 메소포타미아 땅에 이식된 기독교 공동체가 어떻게 탄생하고 어떻게 발전했는지, 그리고 어떻게 변화되어 갔는지에 관해 서술한다.

    마지막으로, 이라크의 기독교 현황을 간단하게 언급하고 전한다. 그런데 각 교파의 통계 자료가 부족하고 이것이 매우 어려운 점으로 나타났다. 숫자는 이러한 종파를 지원하는 영국 내 단체의 사제로부터 받은 근사치이며, 다른 것은 참고로 올린 다양한 자료에서 얻은 것이다.

    이 책을 쓰는 데 있어서 어떤 교회 이름을 부르기 위해 그 교회가 인정하지 않는 이름은 피했다. 예를 들어, 동방교회를 '네스토리우스파' 혹은 '그리스도 양성주의자'라고 부르거나, 시리아 정교회를 '야고보파' 혹은 '그리스도 단성론자'라고 부르는 것 등이다. 이 같은 용어의 사용과 그 결과로서 받는 '느끼는 방식' 등에 대해서는 본 장에서 언급하고자 한다. 그러나 때때로 내가 이 이름을 사용하는 것은 내가 인용하고 있는 책이나 문서에서 사용되고 있기 때문에 이 경우 괄호 안에 두었다. 이 용어들은 학자들에 의하여 일반적으로 사용되고 있고 때로는 최근까지 그 회원들도 사용하고 있었는데, 그러나 피하는 것이 좋다고 생각한다. 나는 또한 동방교회에 관하여 '동시리아'라고 부르고, 시리아 정교회에 관하여 '서시리아'라는 호칭을 사용했다. 이러한 용어는 합당한 것이며, 그들 교회에서 자신들의 교회를 부를 때에 이렇게 하고 있다. 동시리아와 서시리아의 다른 점은 방언(언어)의 차이이다. 동방교회는 동시리아 방언을 사용하고, 시리아 정교회는 서시리아 방언을 사용하고 있다. 로마 가톨릭교회와 연합하여 된 귀일 교회는 예배 의식문에 각각 자신의 방언을 계속해서 사용하고 있다. 동방교회에서 분리된 칼데아파는 지금도 동시리아 방언을 사용하고, 시리아 가톨릭교회는 시리아 정교회에서 분리한 무리이므로 서시리아 방언을 계속해서 사용하고 있다.

1장

중동에 있어서 기독교의 모체

이라크와 메소포타미아

현재 이라크라는 이름이 처음 공식적으로 사용되게 된 것은 제1차 세계대전 후, 독립을 선언한 1921년이 되고 나서다. 이 지역을 포함한 땅은(토지는) 옛날부터 아랍어로 '이라크 땅'이라고 하는데, 그것은 '부옥(富沃)한 땅'이라는 의미가 있다.

오늘날의 이라크를 고대에는 '메소포타미아'[1]라고 했지만 그것은 그리스어로 '두 강 사이의 땅'이라는 뜻으로 두 강은 티그리스강과 유프라테스강이다. 두 강 모두 현재의 터키에서 발원하고 있고, 티그리스강은 직접 이라크로 흘러 들어가지만 유프라테스강은 시리아를 경유하여 이라크로 들어간다. 고대 메소포타미아는 현재 이라크 전역을 포함할 뿐만 아니라 시리아의 동북 일부와 터키 남부, 이란 북서부도 포함하고 있다. 메소포타미아는, 북쪽은 알레포(Aleppo)와 우르미아에

---

[1] 메소포타미아(Mesopotamia): 그리스어, meso=사이+potamia=강. 아랍어, 시리아어 등에서도 '강의 땅'으로 알려졌다. 구약성경(창세기 24:10 외)에 "아람 나하라임"(=두 개의 강)이 나오는데 70인역에서는 '메소포타미아'로 번역하고 있다. 사도행전 2:9에서는 '메소포타미아'이다.

호수를 연결하는 선이고, 남쪽은 샤트 알 아랍(Shatt al-Arab)강을 경계로 해서 생긴 삼각지('비옥한 초승달 지대'로 불린다)를 한 지역으로 되어 있었다.

그리스도의 시대에 메소포타미아에는 시리아와 터키 국경을 접하는 이라크 북서부와 시리아 북동부의 일부와 터키 남부의 아주 작은 부분을 차지하는 오스로에네(Osrhoene)라는 작은 완충국이 있었다. 인구 대부분은 아람 사람[2]이었지만 아랍인과 아르메니아인들도 상당수 있었다. 수도 에뎃사(Edessa)[3]는 동서 교차점에 위치한 국제적인 도시였다. 이 작은 나라는 그리스, 아랍(시리아), 페르시아 문화의 같은 구역이며, 또한 나중에 살펴보고 가겠지만 중동에 있어서 기독교 전파와 발전에 있어 중요한 위치에 있었다.

역사적 배경

지리적으로 메소포타미아라고 했던 지역은 기독교 시대 이전에는 놀라울 정도로 문화적 통합을 가지고 있었으며 조화를 유지하고 있었다. 이 지역에서는 수메르, 아카드, 바빌로니아, 앗시리아의 위대한 문명이 번성했다. 유사 전에 기원을 가진 이런 문명은 역사의 여명기에 꽃을 피웠고 3천 년 가까이 계속되었다. 그들이 만들어낸 중심 도시인 우르(Ur), 우루크(Uruk), 니푸르(Nippur), 바빌론(Babylon),

---

2   아람 사람(Aramaeans/Arameans): 페니키아인, 히브리인과 함께 셈어족의 민족으로 기원전 1200년 경부터 서아시아의 시리아 주변에 정주하였으며, 내륙부의 육상 교역에 활약했다. 그들이 사용한 아람어와 그들이 만들어낸 아람문자는 유라시아 대륙의 내부까지 교역 활동과 함께 알려지면서 확산됐다.

3   에뎃사(Edessa): 그리스인에 의해서 명명되어졌다. 알렉산더 대왕의 사후, 메소포타미아를 다스리던 셀레우코스에 의해 마케도니아에 건설되는 바람에 그 이름을 딴 것이다. 그 마을은 아람어로 '우르 하이'라고 불려지기도 하고, 현재의 터키에서는 우르파(Urfa)라는 이름으로 남아있다. 오스로에네(Osrhoene)는 아람어의 우르 하이에서 기원을 가지고 있을 런지 모른다.

앗수루(Assur), 니네베(Nineveh) 등은 대부분 티그리스, 유프라테스 연안 또는 그 근처에 있었으며 현재 이라크 지역에 해당한다. 이 도시가 수천 년 동안 중동 전체를 키워 왔지만 결국 동서의 공격에 노출되고 말았다. 바빌론은 페르시아의 엘람 왕 키루스(Cyrus)[4]에 의해 기원전 539년에 멸망했다. 페르시아는 알렉산더 대왕에 의해 패배를 당했다. 알렉산더 대왕은 기원전 4세기 초반 중동 전역과 이란을 정복했는데, 박트리아[5]와 펀자브[6]에까지 이르렀다. 그는 기원전 323년에 바빌로니아 원정 도중 바그다드 근처의 작은 마을에서 열병에 걸려 사망했다. 그 마을은 그의 이름을 따서 '알 이스칸다리야(al-Iskandariyya)'라고 부르고 있다. 그의 장군 셀레우코스(Seleucid)와 그를 따르는 왕조가 뒤를 이어 메소포타미아 전역뿐만 아니라 시리아, 팔레스타인, 레바논, 터키 일부도 다스리게 되었다. 장군 프톨레마이오스가 이집트를 통치하게 되었다. 셀레우코스 왕조는 기원전 129년에 다시 페르시아에 패배하여 파르티아(Parthian) 왕조[7]의 지배하에 놓이게 되었다. 파르티아 왕조는 서기 224년에 다른 페르시아 왕조인 사산 왕조로 대체되었고, 서기 637년에 아랍에 정복될 때까지 계속되었다. 또한 현재의 시리아, 팔레스타인과 터키인 셀레우코스 왕조는 기원전 63년에 로마 제국에 의해 대체되었다.

오스로에네 수도 에뎃사는 원래 셀레우코스 왕조에서 시작되었지만, 기원전 130년 겨울부터 이듬해에 걸쳐 페르시아의 파르티아 지배하에 놓이게 되었고, 그

---

4 키루스(Cyrus): 현재 이란은 고대에는 북부에 메디아(Media), 남부에 엘람(Elam)이라는 두 개의 강력한 민족의 본거지였다. 메디아는 바빌론과 동맹을 맺고 기원전 609년에 아시리아를 꺾었다. 기원전 550년에는 이번에는 엘람(또는 페르시아) 왕 키루스에 의해서 정복되었다.
5 박트리아(Bactria): 그리스인에 의해서 박트리아로 불렸던 지역은 힌두쿠시 산맥과 아무다리야 강 사이에 위치한 중앙아시아의 옛날 이름. 현재의 이란의 북동쪽 일부 아프가니스탄, 타지키스탄, 우즈베키스탄, 투르크메니스탄의 일부에 해당한다. [지도 2] 참조.
6 펀자브(Punjab): 현재의 인도 북부에서 파키스탄 중북부에 걸친 지역. 페르시아어로 '다섯 개의 강'을 의미하는 'panj-ab'에서 유래하였다.
7 파르티아인(Parthian): 현재 이란의 카스피해 남동부에 위치한 박트리아의 주민이다.

후 단기간 독립을 얻은 것처럼 보인다. 봉신국(封臣國)이었기 때문에 페르시아에 충성을 맹세하든지 로마에 충성을 맹세하든지 해야 하는 처지에서, 결국 그 사이에서 흔들려 서기 213년에 로마의 속령이 되었다.

오스로에네는 서쪽의 로마 비잔틴 제국과 동쪽의 페르시아 제국에 끼어 있는 위치에 있었다. 그리하여 그리스, 시리아, 아르메니아, 페르시아 등의 모든 문화가 만나는 장소가 되었다. 주민은 대부분 아람 사람이었지만 국왕은 압두(Abdu), 아부가르(Abgar), 바크루(Bakru), 마누(Ma'nu) 같은 아랍 이름을 가진 사람이 많았고, 페르시아인과 아르메니아인도 거주하고 있었다.

아주 짧은 기간을 제외하고는 완전히 독립적으로 있었던 것은 아니지만 페르시아와 로마의 지배하에 놓여 있으면서도 비교적 자유로웠다. 왕들은 훌륭한 내정을 기초로 하여 새로운 사상과 종교에 대한 포용력이 가지고 이들을 받아들였다.

이 작은 국가는 동방의 기독교 발전에 매우 중요한 역할을 했다. 다음과 같은 전승이 있다. 이 나라의 왕은 예수가 아직 생존 중일 때 예수에 관한 것을 듣고 자신의 나라에 와서 살아 달라고 편지를 썼다. 그것은 예수가 유대인에 의해 박해를 받고 있다고 들었기 때문이었다.

예수께서는 자신은 못 가지만 사도 앗다이(Addai)를 보낸다고 답을 써 보냈다. 예수의 죽음 이후, 그 앗다이[이 제자가 바로 유세비우스에 의하면, 사도 다대오(앗다이)라는 설. 조지 호워드(George Howard), The Teaching of Addai, Introduction, London, 1981]가 와서 왕의 불치병을 치유했다고 전해지고 있다. 왕은 기독교도가 되고 왕국의 사람들도 그를 따랐다.

전승은 별도로 하더라도, 기독교가 1세기에 유대인 개종자에 의해 에뎃사에 소개되었을 가능성은 충분히 있다. 2세기 후반에는 아부가르 3세(대왕)가 기독교도가 되었을 가능성도 있다. 이후 기독교는 이 작은 나라에서 번성했고, 오스로에네는 기독교를 공식 종교로 받아들인 최초의 왕국이 되었다. 이 나라 사람들이 누렸던 자유와 다문화적인 분위기가 결합하여 기독교 학문이 보급되고, 에뎃사는 초기 기독교 학문의 중심지 중 하나가 되기 위한 매우 중요한 의미를 가지게 됐다.

기독교가 메소포타미아에서 확립하기 시작했을 무렵, 이 지역 대부분은 페르시아 파르티아 왕조가 지배하고 있었지만, 서기 224년에 페르시아 사산 왕조에 의해 계승되었다. 이와는 반대로 시리아, 터키, 팔레스타인은 로마의 지배하에 놓이게 되었다. 메소포타미아를 지배한 페르시아의 통치자들은 다른 종교에 관용하였다. 하지만 서기 286년에 조로아스터교가 국교가 되었을 때 조로아스터교[8]에 대한 배신행위(다른 종교로 전향하는 것)는 처형을 하였다. 인구 대다수는 수메르인과 아카드인, 바빌론인, 앗시리아인 등 옛 신들을 섬기는 이교도들이었다. 그 외에도 특히 하트라(Hatra), 신자르(Sinjar), 그리고 메세네(Mesene)에는 아랍인이 있었으며, 그들은 자기의 신들을 섬겼다. 또한 상당수의 유대인 공동체도 있었다.

유대인의 조상이 메소포타미아에 살았던 것은 아브라함 시대까지 거슬러 올라간다. 아브라함은 바빌로니아의 도시 우르의 주민이었다(창세기 11:31). 그러나 메소포타미아에 유대인 공동체가 만들어진 것은 앗시리아 전쟁과 바빌로니아 전쟁에서 유대인들이 팔레스타인에서 추방된 것과 관계가 있다. 최초의 강제 이주는 기원전 8세기의 것으로 앗시리아의 왕 티글라트필레세르 3세(Tiglathpileser III, 재위 기원전 745-727, 열왕기하 15:29 외에도 참조) 때의 일이다. 그는 정복한 지역의 주민

---

8   조로아스터교(Zoroastrianism): 기원전 660년경 예언자 자라스슈토라에 의해서 시작됐다. 조로아스의 원래 가르침에 대해서는 학자 간에 의견이 엇갈리고 있다. 그 가르침은 세계가 유일한 '지혜의 신' 아후라 마즈다(Ahura Mazda)에 의해서 창조되었다고 가르치고 있다. 창조된 세계는 선과 악의 싸움의 장이라고 하는 2차원의 교이다. 세상의 마지막에는 '세계의 구세주' 사오슈얀토가 영광 중에 와서 악에 대해서 선이 승리를 얻는다. 어떤 학자는 그가 일신론자였으며, 나중의 2원론적인 조로아스터교는 처음의 가르침이 타락한 것이라고 생각한다. 불의 제사 의식이 특징적인 것으로, 배화교(拜火敎)라고도 불린다.

들을 대량으로 강제 이주시키는 정책을 취했다. 두 번째 강제 이주는 기원전 6세기이며, 바빌론 왕 느부갓네살(Nebuchadnezzar)이 기원전 604년에 유대인을 정복했을 때의 일이다(강제 이주는 기원전 597년, 587년, 582년 세 번에 걸친). 앗시리아의 포로들은 아디아베네[9] 및 쿠르드 산악 지역에 흩어져 있었다. 한편 바빌론의 포로들은 바빌론 도시 근처에 자신의 거주지를 가지고 자신의 집을 짓거나 자신의 능력에 따라 생활비를 버는 것도 허용되었다.

페르시아의 왕 키루스(고레스)는 기원전 539년에 바빌론을 정복하고, 기원전 538년에는 유대인들이 조국으로 돌아갈 것을 허락했다. 그러나 많은 유대인들은 그때까지 거기에 공동체를 만들어내고, 부자가 되고, 편안한 생활을 하고 있었기 때문에 귀환하지 않았다. 서기 1세기 후반에 팔레스타인이 로마에 의해 정복되면서 메소포타미아에서 유대인의 수는 증가했다. 팔레스타인에 사는 유대인들 중 일부는 유대인 독립국가를 설립하기 위해 서기 63년에 로마에 무장 저항 운동을 시작했다. 유대 기독교도들은 이 운동에 참여하지 않고 요르단강 동쪽 마을 펠라로 피신했다. 서기 70년 유대인들은 로마에 대한 싸움에서 패배하였고, 로마인들은 성전을 파괴했다. 대다수의 유대인들은 팔레스타인에서 여러 나라로 피신해 도망쳤다. 서기 132년에 더욱이 바르 코크바(Bar Cochba, ?-135)[10]가 자신을 메시아라고 주장하며 로마에 대

---

9   아디아베네(Adiabene): 메소포타미아 북부에 있는 주(州)로, 티그리스강에서 현대 이란 국경까지 뻗어 있다. 수도는 아르벨라(Arbela)에서 현대 이라크에서는 아르빌(Arbil)로 불린다. 앗시리아의 토지로도 불린다.

10 바르 코크바/코흐바(Bar Cochba, ?-135): 유대는 강대국에 둘러싸여 종종 외국의 지배하에 놓여졌다. 그때마다 점령군에 대한 저항과 독립운동이 일어났다. 그중에서도 그리스에 대한 유대 마카비아(Maccabia)의 독립운동은 성공을 거두었고, 구약성경 속편(신구약중간사) 마카비기에 자세히 적고 있다. 바르 코크바는 131년 로마 제국에 대해서 봉기하고 제2차 유대 전쟁을 지도했다. 유대교 최고 지도자 랍비 아키바로부터 유대의 구세주(메시아)라고 선언되어지고 '바르 코쿠바(별의 자녀)'로 명명됐다. 예루살렘을 탈환, 2년 반 유대를 통괄했다. 그러나 로마군의 반격으로 다시 정복되면서 전사했다. 이 전쟁 때 기독교도들이 그를 메시아로 인정하지 않아 유대교와의 분리가 진행되었다고 알려져 있다.

한 반란을 일으킨 결과, 하드리아누스(Pablius Aelius Hadrianus, 재위 117-138)에 의해 예루살렘이 파괴되었다. 남은 유대인들은 추방되고, 예루살렘은 '아엘리아 카피톨리나(Aelia Capitolina)'라고 불리게 되었다.

이 두 전쟁 후 흩어진 사람들에 의해 메소포타미아의 유대인 거주자의 수가 증가하게 되었다. 국가를 떠난 사람들의 대부분은 이미 거기에 살던 친구들이나 친척에게 모여 들었다. 유대인 전쟁에 참여하지 않았던 유대 기독교도들이 동서 방향으로 그리스도의 복음을 전파하는 중요한 역할을 한 것이 틀림없다.

기독교는 로마 황제들의 심한 박해가 있었음에도 불구하고 로마 제국으로 퍼져 나갔다. 팔레스타인에 기원을 가진 기독교는 모든 계급의 사람들을 끌어들여 점차 로마 사회의 일부가 되어 갔다. 예루살렘에 이어 최초의 기독교의 중심지가 된 로마 시대의 시리아 속주(屬州, 쁘로윈키아)로 있었던 안디옥[11]이며, 알렉산드리아와 로마가 그 뒤를 이었다.

콘스탄티누스 황제가 기독교의 하나님께 축복을 위한 기도를 하고 서기 312년에 밀비아 다리(橋) 전투에서 승리를 얻자, 그는 기독교의 옹호자가 되었다. 동로마에서의 경쟁자였던 리키니우스와 연명해서 313년에 관용령(역자: '밀라노 칙령'이라고도 함)을 발표했다. 이 칙령은 로마 제국 내 모든 사람의 종교의 자유를 선언한 것이다. 콘스탄티누스는 337년 죽음의 순간이 올 때까지 세례 받지 않았지만, 324년에 제국의 유일한 황제가 되고 나서는 기독교를 장려하고 제국을 통일하려는 힘으로 기독교를 이용했다. 교회의 지도자들에게 토지와 돈을 주었다. 이 새로운 종교가 제국의 구원이 될 수 있을 것이라고 기대한 것이다. 이러한 발달이 이 지역의 정치

---

11 안티오키아(Antiochia, 안디옥): 지중해에 가까운 도시이며, 대 시리아와 레바논의 북서부에 위치하고 있다. 현재는 터키 남부로 되어 있으며, 여기서 기독교도가 처음으로 그 이름(크리스티아노스=기독인)으로 불린 도시이다(행 11:26 참조).

와 사회에 큰 영향을 주고, 교회의 지위도 올라가고 제국으로서의 색채를 갖게 되었다. 배교자 율리아누스 황제(Flavius Claudius Julianus, 재위 361-363) 아래에서 단기간의 박해도 있었지만, 기독교는 392년에 로마 제국의 국교로 선언되었다.

문화적 맥락

중동에서는 아람어가 예수님 시대까지는 특별히 중요한 언어가 되어 있었다고 생각한다. 예수님도 아람어를 말한 것으로 되어 있다. 아람어로 말하는 사람들은 기원전 1000년경에 알파벳을 사용하고 있던 페니키아인의 뒤를 이어서 현재 시리아와 그 부근에 살았다. 페니키아인도, 아람 사람들도 무역에 뛰어난 사람들로서 그들의 언어를 전파했다. 페니키아인은 해로를 통해 서쪽으로 가고 아람 사람들은 육로를 통해 동쪽으로 향했다. 복잡한 설형문자(楔形文字)에 비해 알파벳은 쉽게 이해할 수 있었다. 그래서 그 지역 사람들은 페르시아인, 앗시리아인, 히브리인도 알파벳을 지적 활동과 상업 활동을 위해, 그리고 일상생활을 위해 사용하기 시작했다. 같은 무렵, 아람문화 및 아람어가 중동 중심 언어로 되고, 이후 이슬람이 몰려 올 때까지 1500년간 그런 상태가 계속되었다. 그로부터는 아람어의 사용은 점차적으로 감소되고 곧 아랍어에 의해 대체되었다.

유대인들은 아람어를 잘 알고 있었다. 아람어는 히브리어와 가까운 관계로 되어 있다. 뿐만 아니라 아람 사람과 히브리 사람은 민족적으로도 관계가 있었다. 성경에서 야곱은 '방황하는 아람 사람'이었다(신명기 26:5)라고 했고, 예수님을 비롯한 많은 유대인들도 아람어를 말하고 있었다. 흥미롭게도 마가복음과 누가복음에 적혀 있는 십자가 위에서 예수의 말씀은 아람어이다.

"엘리, 엘리, 라마, 사박타니"[12], 즉 "나의 하나님, 나의 하나님, 어찌하여 저를 버리시나이까"(마 27:46, 막 15:34).

히브리 사람들과 아람 사람들도 그리스 문화유산인 헬레니즘의 영향을 받게 되었다. 이것은 기원전 4세기 초에 알렉산더 대왕이 자신의 정복한 지역을 헬레니즘화(그리스 문화) 하여 동서를 통일하겠다는 큰 꿈을 가지고 있었기 때문이다. 그를 따르는 군사들도 헬레니즘을 전파시켰다. 기원전 63년에 그리스에 의해 바뀐 로마도 마찬가지였다. 그들은 김나지움(실내 체육관), 스타디움, 원형 경기장을 갖춘 그리스식 종합 건축물을 만들었다. 그리스어와 그리스 철학에는 아람 사람도, 유대인도 처음에는 저항했음에도 불구하고, 곧 그 지역에 있는 교양인에게 있어 가장 중요한 것이 되었다.

기독교가 처음 중동에 뿌리내린 때는 사도들이나 유대인들의 언어였던 아람어로 커뮤니케이션을 취한 것은 당연한 것이었다. 특히 기독교도 사이에서 아람어의 에뎃사 방언인 '시리아어'가 사용되었다는 것은 기독교 학문이 오스로에네라는 작은 나라에서 먼저 번성했기 때문이다. 거기는 국제적인 장소이고 지식인과 상인들이 모여 들었던 곳이다. 기독교로 회심한 초기 지식인 중에서도 유명한 사람은 바르다이산(Bardaisan)이라는 귀족이다. 그는 오스로네오 왕 아브가르 8세와 친했고, 아브가르 왕은 그의 영향으로 2세기 말에 기독교도가 되었다. 동시에 주민 대부분이 그리스도를 믿게 되었다. 그런 이유로, 시리아 방언이 기독교 세계에서는 주요 언어가 되었고, 아람어라고 하는 대신 시리아어로 불리게 되었다. 아람

---

12 엘리 엘리 라마 사박타니(Eli, Eli, lama sabachthani): 마태복음 27:46의 이 말씀은 시편 22편의 인용이라고 알려졌는데, 히브리어로 쓰여진 시편에서는 '아자브타니(azavthani)'로 되어 있고, '사박타니(sabachthani)'는 아람어이다. 예수님은 일상적으로 아람어를 사용한 것은 아닐까 생각되는 하나의 증거가 된다.

어 방언(= 시리아어)과 기독교와의 연결 관계는 매우 강했고, 곧 시리아어는 기독교와 동의어가 되었다. 이 변화는 그리스도인에게는 실질적인 의미를 가지고 있었다. 그것은 스스로가 비기독교도, 이방인, 아람 사람과 구별되기 때문이다. 기독교 신학과 교리는 초기 500년 동안에 로마의 지배 지역(현대 시리아, 이집트, 터키 남부)에서 발달되었다. 이 지역은 근저에는 그들의 문화를 분명히 갖고 들어 온 것과 초기부터 헬레니즘의 영향을 받고 있었다. 시리아와 팔레스타인에서는 아람어를 말하는 주민은 그들의 언어와 문화유산을 자랑스럽게 여기고, 헬레니즘에 적당한 반대 입장을 나타냈다. 그뿐만 아니라 기독교로 개종한 페르시아인과 아랍인들과 같이 아람어로 말하는 사람과 그 외의 사람들에 의해서도 시리아어가 사용되어지고 점점 시리아어의 사용이 강화되었다. 기독교로 개종하면 시리아를 배울 필요가 생기고 많은 사람들이 시리아화(化) 된 것이다. 라틴어가 로마 교회의 거룩한 언어가 된 것과 같다. 시리아어는 동방 기독교도의 거룩한 종교용어가 되었다.

　기독교 신학을 형성하기 위하여, 그리고 그리스 철학이 쓰여짐으로 인해 그리스어를 말하는 기독교도들과 시리아어로 말하는 기독교도들과의 사이에서 갈등의 긴장이 발생하게 되었다. 문화 충돌은 로마 통치하에 있는 시리아, 팔레스타인, 오스로에네에서 가장 주목할 만 했다. 페르시아가 지배하는 이라크에서는 그 정도까지는 아니었다. 그러나 나름 지식층의 기독교도들은 시리아어를 말하는 사람들을 포함하여 모든 그리스어와 그리스 철학에 능통할 필요성이 도출되게 되었다. 이와 같은 것은 믿음을 표현 하는 것에 대부분의 기독교 신학자들은 그리스 철학 용어를 사용하기 시작했기 때문이다. 그로 인해 그리스어로 쓰여진 신학서가 시리아어로 번역되었다. 신학이 헬레니즘화 되고 있음에도 불구하고, 중동에 있는 그리스도인들 사이에서는 시리아, 이라크, 남쪽 터키 등 의사소통의 주요 언어로는 시리아어를 사용했다. 다른 언어의 영향이 있었다고 해도 지식층이나 종교 지도자들은 시리아어로 저작을 계속했고 전례(典礼)에서도 시리아어가 채택되었다.

신학의 특징 — 최초 5세기 간의 공의회

초대 그리스도인들이 먼저 직면한 문제는 아버지 하나님과 아들 예수(하나님 아버지의 아들이시고 아버지에게서 나오고 아버지께 돌아가는 분), 또한 성령(그들이 항상 인도하심을 구하여 기도하는 분)과의 관계를 설명하는 것의 어려움이었다. 유일하신 하나님이라는 근본적인 생각을 보유하면서도 각각의 관계를 인간의 언어로 표현하지 않으면 안 되었다. 게다가 예수님으로부터 주어지고 예수님의 부활 후 강화된 계시, 즉 예수님이야말로 하나님이시며 동시에 사람이라는 계시가 예수님의 '인성'과 '신성' 어느 쪽이라도 양보해서 손실되는 것이 없도록 표현되지 않으면 안 되기 때문이다.

'삼위일체'라든지 '성육신(受肉)'으로 알려지게 된 기독교 신앙의 교리가 태어나기까지는 오랜 시간이 걸렸다. 그렇지만 당연한 것이면서도 다양한 논쟁과 오해를 겪은 결과 생겨나게 된 것이다. 이러한 교리를 표현하기 위하여, 또한 예수님의 인성과 신성의 관계를 서술하기 위하여 그리스 철학 용어를 사용하게 된 것이다.

기독교 지식인의 사이에서 일어난 최초의 크고 중요한 논쟁은 아리우스파 논쟁이다. 이 사상은 예수님의 인격과 신성의 관계에 대해서 아리우스(Arius, 250?-336?)라는 알렉산드리아의 사제가 같은 알렉산드리아 주교인 아타나시우스(Athanasius, 295-373)에 대해서 전개한 것이다. 아리우스의 주장에 따르면 '아들(성자)'이 없었던 시대가 있었던 이상 '아들(성자)'과 '아버지(성부)'가 동등하다는 것은 있을 수 없다는 것이다. 이 신학에 따르면, 그리스도는 모든 창조에 앞서 만들어진 분이라고 말할 수 있지만 하나님 아버지에 의해 창조되어진 피조물이라는 것이다. 이로 인해 많은 신학자들이 분개하고 기독교 공동체 사이에서 불화가 일어나게 되었다. 이 소식이 즉위한 지 얼마 되지 않은 콘스탄티누스 황제에게 전달되었다. 그는 애초부터 자신의 제국을 통일하는 힘으로 기독교를 이용할 예정이었기에 이 논쟁이 걱정거리가 되었다. 이 문제를 해결하기 위해 그는 모든 기독교 단체를 소집하여 회의를 하는 것으로 결정했다. 제1회 공의회가 325년에 니케아에서 개최되었고, 콘스탄티누스가 의장을 맡았다. 메소포타미아에서 두 사람을 비롯하여 기독교 세계의 대부분의 지역에서 대표가 참석했다. 이 회의에서 아들(성자)은 아버지(성부)와 동질인 것으로 결정되었고, 신앙 신조가 고안되었다. 다음 공의회가 381년에 동로마 제국의 콘스탄티노플에서 열렸고 '성령'의 역할도 추가되었다. 니케아 신조는 아들(성자)은 아버지(성부)와 동질이고, "하나님으로 인한 하나님, 빛의 빛, 참 하나님의 참 하나님, 창조 없이 태어나고 아버지와 동질하고……"라고 선언하고 있다. 이 신조에 의해 완전한 예수님의 신성이 확인되었다.

계속해서 그리스도의 인성과 신성 관련하여 431년 에베소에서, 그리고 또 451년에 칼케돈에서 공의회가 열렸다. 그리스도의 '위격'에 관한 논쟁의 핵심 문제는 그리스도의 구속 사업을 보증한다는 것이었다. 인류를 구원하고 구세주가 되기 위하여 예수는 완전한 하나님인 동시에 완전한 인간이어야 한다는 것에 모든 신학자의 의견이 일치했다. 그리스도의 인성을 과소평가 하는 것은 그리스도의 구속 사업을 위태롭게 하는 것이며, 그리스도의 신성을 경시하는 것도 같이 위험한 것이었다.

이러한 실질적 정서가 신학적으로 공식화되자 다른 그룹에게서 여러 가지 오해가 생겼다. 첫 번째 문제는 각각의 파에 의하여 다른 용어가 사용되고 다른 의미가 부여된 것이다. 주의 깊게 살펴보면, 예수님의 인성과 신성의 다른 측면을 나타내는 데 사용되는 주요 전문용어인 '본질(Nature/Physis/kyana)', '위격(Person/

Hypostasis/Qnoma)'[13]이 각 파에 있어서는 다른 의미로 사용되고 있었다. 예를 들면, 칼케돈파는 '본질'이라는 말이 '존재의 실체'를 나타내는데 사용하고 있는 반면, 비 칼케돈파는 '존재의 상태'를 표현하고 있었다. ([표 5] 참조)

두 번째 문제는 연구방법이다. 배경이 되는 철학과 수사법이 각각 달랐다는 것이다. 예를 들면, 안디옥 학파는 아리스토텔레스의 역사적, 석의적(釋義的) 기법을 채택한 반면, 알렉산드리아 학파는 플라톤의 철학적, 신학적 방법론을 채택했다. 안디옥 학파의 사상은 "성육신(수육, 受肉) ― 인간의 몸을 입으심"이란, '하나님의 말씀'이 '사람'과 결합한다라는 생각에서 출발했지만, 알렉산드리아 학파의 접근에서는 '하나님의 말씀'과 '육신'과의 결합이라고 생각했다. 이러한 생각의 개념에서 보면, 안디옥 학파는 그리스도의 '본질', 즉 그리스도의 신성과 인성의 이원성(二元性)을 강조하는 반면, 알렉산드리아 학파는 그리스도의 '위격(位格)'의 일치를 중심에 둔 것이 되었다.

세 번째 문제는 이것은 결코 위의 두 가지 문제점에 비해 중요성이 낮다고 결코 말할 수 없지만 개성의 대립이었다. 학파 간의 경쟁의식이 강하고 그것이 나중에 서로의 다리를 잡는 불행한 결과를 초래했다. 신학자들은 자신의 방법으로 자신의 결론을 도출했다. 따라서 (그리스도가 완전한 하나님이며 완전한 인간이라는) 동일한 사실을 채택하기 위해서 비록 자신과는 다르지만 아쉽게도 다른 정식화(定式化)도

---

13 nature=natura: 신학상은 '본질, 실체'를 의미하는 기술적(記述的), 기능적 내용을 지닌 말이다. 현재의 nature(자연 세계) 같은 사용법과는 다르다. 신학자들은 신학의 정의로, nature보다 그리스어의 physis를 선호하고 사용한다. 이 말에는 기술적(記述的), 기능적 내용이 포함되어 있기 때문이다. 그러므로 '모노피시스(monophysis, 단성론)'는 '하나의 본질'을 의미하며 '듀오피시스(duophysis, 양성론)'는 '두 가지 본질'을 의미한다. 시리아 기독교도들은 피시스 대신 캬나랄 용어를 썼다. 휴포스타시스(위격)는 그리스어의 단어로 페르소나 존재의 질을 나타낸다. 이는 철학 용어이며, 자기 존재를 나타내며, 삼위일체 신학에서는 "휴포스타시스를 가진 유일한 하나님"의 뜻으로 쓰인다. 신학의 정의 때문에 '프로소폰' 대신 사용된다. '프로소폰'은 극장을 암시하는 말로 페르소나가 질(質)을 나타내는 반면 역(役)을 맡은 의미를 나타내기 때문이다. '크노마'는 삼위일체 신학에서 사용되는 '휴포스타시스'와 같은 뜻이다. 그리스도론의 정

가능하다고 말하는 것을 볼 수 없었다.

안디옥 학파를 대표하는 모프수에스티아의 테오도로스[14]는 예수님의 인성과 신성을 확실하게 구별하고, 예수님에게는 두 개의 휴포스타시스들(hypostases)과 두 개의 '본질'이 있다고 주장했다. 몇몇 학자들은 '사람이신 예수'와 '하나님이신 예수'를 구별함으로 예수의 위격에 "용인하기 어려운 구별을 했다"는 것이 된다고 결론을 내렸다. 예를 들어 테오도로스는 "'나의 주님 왜 저를 버리시나이까'라고 외친 것은 인간으로서의 예수이며, 기적을 행한 것은 하나님으로서의 예수님이다"라고 설명했다. 마리아를 '예수님을 낳은 사람[크리스토토코스(Christotokos)]'이라고 칭해야지 '하나님을 낳은 사람[(테오토코스(Theotokos)]'이라고 하면 안 된다고 설명한 것은 이 때문이다. 테오토코스(Theotokos)라고 부르는 것은 그때까지는 일반적이었으며 대부분의 그리스도인들이 좋아한 칭호이었다. 테오도로스가 이 구별을 하지 않으면 안 된다고 생각한 것은, 예수님의 인성을 지키기 위한 것이고 알렉산드리아 학파가 너무 그리스도의 신성을 강조해서 너무 많은 인성을 위태롭게 한다고 생각했다.

동로마 제국의 콘스탄티노플의 주교 네스토리우스(Nestorius)는 모프수에스티아의 테오도로스의 신학을 높이고 공적으로 테오토코스라는 표현을 공격하기 시작했다. 따라서 알렉산드리아의 주교였던 키릴(Cyril)의 맹반격을 받게 되었다. 이

의로서 사용되며 각각의 본질을 나타낸다. 따라서 알렉산드리아 학파의 휴포스타시스라는 의미는 다르다. (어휘 해설 참조)
14 모프수에스티아의 테오도로스(Theodore of Mopsuestia, 350~428): 안티오키아파의 신학자이며 성경 주석가이다. 안티오키아의 수도원 디오도레 학교에 입학하면서 10년 가까이 머물렀다. 392년 모프수에스티아의 주교가 되고 거기서 나머지 생애를 보냈다. 학문과 정통적 신앙으로 널리 알려졌다. 그는 안티오키아 학파의 대표로서 원문의 어구(語句)에 충실하고 역사적 해석을 했다. 신성과 인성을 분명히 구별했다. 예수의 인성은 신성과 같이 반드시 지켜야 한다고 생각했다. 이는 라오디키아의 아포리나리스의 가르침을 반박하기 위해서 특별히 중요했다. 아포리나리스는 그리스도의 인성을 너무 중시하지 않았다. 그는 '로고스', 즉 하나님은 인간의 이성을 차지한다고 생각하고 있었기 때문이다.

논쟁은 431년 에베소 공의회를 열리도록 했다. 이 회의는 키릴이 급하게 참가자 전원이 소집되기 전에 개회되고, 동로마 제국의 콘스탄티노플의 주교 네스토리우스의 지위가 박탈되었다. 안디옥의 요한은 4일 후에 도착하고 자기들만의 총회의를 개최했다. 2개의 총회의는 서로의 파문을 선언했다. 에베소 공회에서는 신앙에 대한 공식 문서는 나오지 않았고 서로를 저주한 것뿐이었다. 그러나 나중이 되어서야 알렉산드리아의 키릴과 안디옥의 요한이 만나 회의하여 433년에 타협안이 만들어졌다.

"예수는 완전한 신이며 완전한 사람이다. 예수가 영혼과 육체를 갖는 것은 이치에 맞으며 그 신성에 있어서 아버지와 동일한 실체이고, 그 인성에서 우리와 동일한 실체이며 두 개의 본질은 일체이다. 그래서 우리는 예수가 유일하신 분이시요 마리아가 하나님의 어머니라고 고백한다."

그리스도 양성에 관한 논쟁은 그 뒤에도 이어져 알렉산드리아 학파로부터 하나의 '실체'에 두 개의 '본질'이 있는 것은 어불성설이란 공격을 받았다. 알렉산드리아 학파의 관심사는 어떻게라도 예수의 위격의 일치를 주장하는 것이었다. 논점은 두 '본질'이 있다는 것은 두 개의 '실체'가 있다는 것이며, 설령 예수가 원래 두 가지 본질을 가지고 존재하고 있다고 해도 성육신한 예수는 하나의 본질밖에 가지고 있지 않게 됐다는 것이다. 두 개의 본질의 결합은 혼란, 변화, 분열, 분리 없이 일어난다. 현재로는 이 생각은 '일성론(一性論)'으로 불리고 있고, 합일(合一) 후는 '복합체'가 된다는 뜻이다.

이 문제는 칼케돈 공의회에서 논의됐다. 교황 레오 1세(Leo I, 재위 440-461)는 참석하지 않았으나 대표를 보내고 그리스도 양성론을 확인하는 문서가 읽혀졌다.

그것은 참석자 전원 앞에서 읽혀지고 그리스도 단성론에 반대하는 결정이 이루어졌다. 칼케돈 예식문(禮式文)에서 "그리스도는 완전한 신이며 완전한 인간이며, 신성에 있어서 아버지와 동질하며 인성에 있어서 우리 인간과 똑같다"라고 말하고 있다. 혼란, 변화, 분열, 분리하지 않고 두 가지 본질을 갖는다. 두 가지 본질의 속성은 유지되고 훼손되지 않고 하나로 되어 하나의 페르소나 하나의 휴포스타시스가 된다.

지금 돌이켜보면, 이들의 오해가 왜 생겼는지는 알 수 있다. 안디옥 학파에 있어서 보자면, 알렉산드리아 학파의 전통이 그리스도의 신성에 너무나도 지나치게 주목되어져서 그 인성을 지나치게 양보되어 버렸다고 생각되는 것이다. 알렉산드리아 학파에 있어서 보자면, 안디옥 학파가 그리스도의 인성과 신성의 차이를 너무 강조하는 바람에 예수의 위격의 일치를 위태롭게 했다고 생각한 것이다.

동방교회는 이들 두 공의회의 어느 쪽에도 대표를 보내지 않았다. 그들의 기독론의 공식화에 대해서는 나중에 자세히 논하겠다. 그러나 이후 비잔틴파로부터 '네스토리우스파'라고 불리게 되었다는 것은, 여기서 언급해 두는 것이 좋다고 본다. 그것은 그들이 네스토리우스와 같은 신학을 따른 것으로 여겼기 때문이다. 또 그들은 '양성론자'라고 불리게 되었다. 예수가 두 가지의 다른 위격을 가진다고 해석하고 있는 것처럼 오해됐기 때문이다. 동방교회는 뒤늦게 자신들의 입장을 밝혔다. 그리고 기독론의 정의로 본질을 나타내는데 '크노마(Qnoma)', 위격을 나타내는데 '파르소파(Parsopa)'란 용어를 새로 도입했다. 동방교회는 예수를 "두 크노마와 한 파르소파를 가진 두 본질을 가지신 분"이라고 정의했다.

2장

최초의 4세기

초기 시대

기독교의 첫 시작은 신비에 싸여 있었다. 초기 기독교도들은 유대인의 회당에서 예배하고 히브리어 성경을 성서로 읽는 유대인들이었다. 일반 유대인과 다른 것이 있다고 하면 나사렛의 예수[1]가 메시아라는 신앙을 갖고 있었던 것 뿐이었다. 예수야말로 하나님이 그들의 조상들에게 약속된 것의 성취에 있다고 믿었던 것이다. 그들은 집에 모여서 빵을 나누는 것으로 상징되는 예수님의 죽음과 부활을 축하하고 축복했다. 그들의 최초의 선교는 "… 하나님께서 나사렛 예수로 큰 권능과 기사와 표적을 너희 가운데서 베푸사 너희 앞에서 그를 증언하셨느니라 … 너희가 회개하여 각각 예수 그리스도의 이름으로 세례를 받고 죄 사함을 받으라 그리하면 성령의 선물을 받으리니…"라고 하는 것이었다(행 2:22-41, 베드로의 설교에서).

주류의 유대인과 유대인 기독교도들 사이에서는 끊임없는 마찰이 있었지만, 서기 70년 로마에 대한 전쟁에서 패배하고 신전이 파괴될 때까지는 기독교는 유

---

1 나사렛 예수(Jesus of Nazareth): 예수는 이스라엘 북부 나사렛에서 소년 시절을 보냈기에 '나사렛의 예수'로 불렸다.

대교의 일부의 파(派)인 채로 있었다. 바리새파는 유대교의 장래를 결정하기 위해 야브네(얌니아)[2]에 모였는데, 거기에서 결정한 사항 중의 하나는 유대인 기독교도를 회당에서 추방하는 것이었다.

　이와 같이 기독교도들은 유대인 사회에서 배제됨으로써 자신들의 공동체를 조직할 수밖에 없었다. 구약성경을 계속 읽고는 있었지만 예수님의 생애와 가르침에 대한 문서가 불가피하게 되었다. 4명의 복음서 기자가 4개의 복음서와 사도행전을 1세기 후반에 썼다. 사도 바울의 편지는 그 이전에 쓰여졌고, 초기 교회의 자세한 역사 자료를 제공하고 있다. 신약성경의 모든 책은 사람들이 예수를 믿도록 하기 위해 적혀졌다. 그것들은 저자의 신학 색채를 띠고, 예수님 생애의 모든 일을 역사적 기술로서 쓴 것이 아니다. 그럼에도 불구하고 초대 교회의 모습을 사도행전과 바울 서신[3] 등에서 간간히 엿볼 수 있다. 이들 글들은 주로 예루살렘, 시리아, 소아시아, 그리고 서쪽으로 향해 로마까지의 사이에서 벌어진 일을 전하고 있지만, 메소포타미아도 언급되고 있다. 베드로가 오순절에 모인 유대인들에게 설교할 때는 디아스포라 모든 지역의 사람들이 있었다. 그리고 메소포타미아도 하나의 나라로서 언급되고 있었다.

2　야브네(얌니아)회의(Council of Yavneh): 얌니아(Jamnia)는 야브네의 그리스어. 서기 70년 예루살렘 성전 붕괴 후 90년경 로마 제국 당국의 허가를 받아 랍비 엘르아살 벤 아자리아의 지도 아래에서 야브네에 산헤드린을 재건하고, 유대교의 연구학교를 설치하고 토라의 연구를 지속함으로 유대교의 전통과 문화적 유산을 지키려고 했다. 그 대화 속에서 당시 기독교도들이 쓰고 있던 그리스어 번역 70인역 성경에 대해서도 논의되었고, 그것들을 정통한 것이 아니라고 결론지었다. 거꾸로 말하면 이 시점에서는 유대교의 경전은 정해지지 않았던 것이기에 이 회의에서 기독교 분파에 대항하는 의미에서 '정통파 유대교'가 성립했다고 보는 사람도 있다. 어쨌든, 유대교는 신전 제의(祭儀) 종교로부터 시나고그(회당)의 집회와 토라의 배움을 통해 전해지는 '서적의 종교'가 됐다. 회의 결과, 구체적으로는 정경으로서 마소라 본문(영어: Masoretic Text, MT)의 확정과 기독교도의 회당에서 배제, 18기도문의 이단자에 대한 저주를 부가했다고 알려졌다. 실제로는 오랜 기간에 걸쳐서 논의된 것이다. 결과적으로 기독교를 유대교에서 완전히 분리하게 되는 회의인 셈이다. 그러나 '서적의 종교'라고 하는 측면은 기독교에도 계승되고 있다.

3　바울 서신(Epistles of Paul): 바울 서신은 서기 50년부터 62년 사이에 쓰였지만, 정경인 복음서와 사도행전은 70년에서 100년 사이에 쓰였다.

그 때에 경건한 유대인들이 천하 각국으로부터 와서 예루살렘에 머물러 있더니 이 소리가 나매 큰 무리가 모여 각각 자기의 방언으로 제자들이 말하는 것을 듣고 소동하여 다 놀라 신기하게 여겨 이르되 보라 이 말하는 사람들이 다 갈릴리 사람이 아니냐 우리가 우리 각 사람이 난 곳 방언으로 듣게 되는 것이 어찌 됨이냐 우리는 바대인과 메대인과 엘람인과 또 메소보다미아, 유대와 갑바도기아, 본도와 아시아, 브루기아와 밤빌리아, 애굽과 및 구레네에 가까운 리비야 여러 지방에 사는 사람들과 로마로부터 온 나그네 곧 유대인과 유대교에 들어온 사람들과 그레데인과 아라비아인들이라 우리가 다 우리의 각 언어로 하나님의 큰 일을 말함을 듣는도다 하고 (행 2:5-11).

사도행전은 오순절에 베드로의 설교를 들은 사람들 중 3천 명이 예수의 이름으로 세례를 받았다고 알리고 있다. 메소포타미아에서 온 사람들 중에는 이 날 베드로의 말을 믿고 새로운 메시지를 갖고 가족과 공동체의 본거지로 돌아간 사람이 있었다.

교회의 전승에 따르면, 좋은 소식을 메소포타미아에 처음 가져온 것은 사도 도마와 앗다이[Addai, 다대오(Thaddaeus)]와 그 제자인 앗가이(Aggai)와 마리(Mari)로 전해지고 있다.[4] 도마와 앗다이는 12사도이며 앗가이와 마리는 예수와 함께 한 70인 중 두 사람이다. 이 전승을 의심할 이유는 없지만 이 사항들을 역사적 관점에서 보면, 사도행전에 기록된 팔레스타인, 시리아 그 부근에서 벌어진 것과 같은 것이 메소포타미아에서도 일어났다고 생각할 수 있다. 거기서도 복음은 처음 유대인들에게 알려진 것이다. 메소포타미아에 살던 유대인들 중에는 순례와 장사

---

4 『교회사(Ecclesiastical History)』: 카에사리아(가이샤랴)의 주교 유세비우스(260-340)의 『교회사』에 근거하고 있다. 그는 교회사의 아버지로 여겨지고 있다. 사도 시대부터 그의 생존 중일 때 기독교사의 이야기는 이 시대의 주요 정보의 바탕이 된다.

때문에 팔레스타인까지 여행하고, 기독교의 메시지를 접하고, 이 좋은 소식을 가족과 친구들에게 전하고 초기 기독교 공동체를 설립했을 가능성은 충분히 있다. 메소포타미아에 살던 많은 유대인을 생각한다면 어쩌면 그런 일이 있었을는지 모른다는 등 그 정도의 것은 아니다.

어떤 이들은 기독교가 에뎃사(Edessa)에서 이라크로 들어갔다고 믿는 반면, 다른 이들은 메소포타미아에 최초의 기독교 메시지가 도착한 것은 아르벨라(Arbela)였다고 주장한다. 또 다른 이들은 이 신앙은 바다를 통해 메소포타미아 남부에 전달됐다고 믿는다. 우선 바빌론에 전달됐으며 이어 아디아베네(Adiabene), 니시비스(Nisibis)에 전해졌다는 것이다. 아마도 기독교는 이들 모든 루트를 통해 동시에 이라크에 도착되었다고 생각하는 것이 확률이 높다는 것은 당시 이들 세 곳에는 유대인이 있었고, 당시의 사람들은 육로, 해로를 통해서 광범위하게 이동했기 때문이다.

2세기 — 메소포타미아에 있어 초기 기독교의 존재

기독교 저작과 순교자가 있었다는 것 등에 의하면, 메소포타미아에는 교회가 존재했던 역사적 증거가 있고, 기독교가 서기 2세기까지는 상당히 확립되었던 것을 알 수 있다. 아래는 이 사실을 입증하는 가장 중요한 역사적 증거 중 하나이다.

타티아누스(Tatianus, 120-180년경)

앗시리아의 땅 아디아베네의 귀족 출신으로 부모님은 이교도였지만 기독교로 개종했다. 개종하면서 그는 로마에 가서 유명한 기독교 변증가인 순교자 유스티누스(Justin Martyr)의 제자로 입문했다. 타티아누스는 많은 철학서와 신학서를 그리스어와 시리아어로 썼다. 그가 쓴 것 중 가장 유명한 것은 『디아뗏사론(Diatessaron)』이다. 경전의 4복음서를 한 권으로 정리한 것으로 '복음서조화(福音書調和)'라고도 불린다. 마태복음을 중심으로 그에 마가복음, 누가복음, 요한복음을 더한 것이다. 그는 그것에 그 당시 돌고 있는 정경에서 제외된 다른 복음서의 발췌문 몇 개를 포함시켰다.

그는 이 『디아뗏사론』을 시리아어로 쓴 것으로 추정되지만 그리스어로 쓴 후 시리아어로 번역했을 가능성도 있다. 이것은 이후 300년간 그 지역에서 시리아어를 사용하고 있는 사람들 사이에서 일반적으로 사용되고 있었다. 5세기가 되어서 정식으로 경전 복음서(『뻬쉿타』)로 교체하기에는 강한 저항이 있었다.

바르다이산(Bardaisan, 154-222년)

기독교도 지식인으로 그 이름부터 에뎃사 출신으로 생각된다(다이산 강이 에뎃사의 중심을 흐르고 있다). 그는 귀족 태생으로 오스로에네(Osrhoene) 왕 아브가르 8세(Abgar VIII), 일명 아브가르 대왕(재위 177~212)의 친구였다. 왕은 그의 선교의 결과로 2세기 말에 기독교로 개종했다고 생각된다. 바르다이산의 사상은 그리스 철학의 전통에 제대로 뿌리내리고 있어 그의 작품이 그 철학의 영향을 받고 있는 것은 분명하다. 그는 신학과 철학 책을 썼지만 대부분은 시리아어이다. 또 자신의 사상을 전하기 위해 시와 교육적 노래를 썼다. 에뎃사에 학교를 건설하고 많은 제자를 얻었다. 『각 국의 법률(The Book of the Laws of the Countries)』이라는 책 속에서 운명과 자유 의지에 대해 논하고 있다. 이 책은 아마도 제자 필립이 썼을 것이다. 그 기술(記述)은 플라톤과 소크라테스의 대화로부터 배워서 두 사람의 대화 형식을 취하고 있다. 2세기 말에는 기독교 공동체가 있었던 동서의 지역 이름을 거론하고 있는데, 일부는 현재의 북아프가니스탄에 있는 박트리아(Bactria)까지 미치고 있다.

아베르키우스(Abercius)의 묘비명

아베르키우스(167년경 사망)는 2세기 후반 소아시아의 도시 히에라폴리스(Hierapolis)의 주교로 있었지만 그는 동방에 있는 같은 신앙 공동체를 찾고 있었다. 비문에는 다음과 같이 쓰여 있다.

"나는 시리아의 평원, 그리고 모든 마을들을 보고 유프라테스 강을 넘어 니시비스에 이르렀다. 어디를 가도 기독교도가 있어 말할 기회가 있었다."『에뎃사 역사』(기원후 200년부터 540년까지 에뎃사의 역사가 쓰여 있다.)

6세기에 적힌 문서이며, 서기 200년부터 시작되고 있는데, 에뎃사 교회가 201년 홍수로 무너졌다고 한다. 이 홍수에 대해서는 다른 자료에도 남아 있다.

니케아 공의회(325년)

공의회 기록 문서에는 325년에 열린 공의회에 메소포타미아의 대표로 두 주교가 출석했다. 그 외에도 동방교회의 대표가 모였다.

부활절 날짜의 논쟁

카이세리아(Caesarea)의 유세비우스(Eusebius)『교회사(Ecclesiastical History)』에서 부활절을 언제 축일로 하느냐에 따라서 아프리카 교회와 로마 교회와 서방 교회 사이에서 논쟁이 있었다고 쓰고 있는데, 그때 메소포타미아의 교회도 의견을 말하도록 요구되었다. 189-190년에 메소포타미아의 주교들이 모여서 서방교회에 찬성한다는 결정이 이루어졌다고 썼다. 그들은 관계하는 교회에 편지를 써서 자신들의 결정을 전했다.

타티아누스와 바르다이산은 나중에 이단 선고를 받았으나, 역사적 관점에서 보면 그들의 중요성은 크다. 아디아베네의 이교도 귀족 출신 지식인이 2세기 중반 경에 개종했다는 것은 꽤 튼튼한 공동체가 있었다는 것이고, 그것이 사회 상류층에까지 침투하기 시작했음을 나타내고 있다. 이는 2세기 후반에 개종한 바르다이산의 경우도 마찬가지다. 2세기 말에는 에뎃사에 교회와 주교가 있었다는 것은 초기 시절부터 기독교의 존재가 확립되어 있었음을 나타내고 있다.

메소포타미아의 기독교가 아르벨라이거나 아니면 에뎃사에서 처음 시작되었는지를 조사한 후에, 길먼(Gillman)과 클림케이트(Klimkeit)는 "AD 170년까지는 이 지방뿐만 아니라 멀리 박트리아까지 기독교가 존재하고 있었다고 하는 것은 이거야 말로 확실한 증거이다"라고 결론짓고 있다.

이라크 교회의 출현

처음 2세기에 기독교가 이라크에 침투하기 시작한 것은 파르티아인이 통치하던 시대였다. 파르티아인은 종교에 대해 너그러워 사람들이 어떤 종교든 차별되지 않고 예배할 수 있었다. 기독교가 제국에 도입되는 것에 관하여서도 관용했던 것이다. 224년에 그 뒤를 이은 사산 왕조는 카르티르(Kartir) 대주교의 영향 아래 286년에 조로아스터교를 국교로 정했다. 조로아스터교도는 민중들에게 자신들의 종교를 강제로 강요하지 않았고, 조로아스터교도 이외의 이교도들이 자신의 종교에서 기독교로 개종하는 데도 반대하지 않았다. 하지만 조로아스터교도, 특히 상류층 교도가 타종교로 개종하는 것은 사형에 해당하는 범죄였다. 그런 이유로 인구의 다수를 차지한 많은 이교도의 대부분이 기독교로 개종했다. 기독교의 메시지가 처음 전파된 많은 유대인들이 그러했다. 기독교는 조로아스터교도에게도 매력적이었다. 그것은 개인의 구원을 제공했기 때문이며, 때를 놓치지 않고 우선적으로 하층 계급에서부터 시작되면서 점차 침투되었다.

3세기까지, 기독교는 페르시아 제국 내 모든 계층의 사람들에게 널리 확산되어 공적인 종교인 조로아스터교를 위협하기 시작했다. 기독교도의 수는 눈에 띄게 늘었는데, 그것은 그 지역에서 선교의 결과만이 아니고 로마 황제의 박해로 많은 기독교도이 로마에서 페르시아 영내로 도망쳐 온 것에도 영향이 있다. 거기에 더해서 페르시아와 로마의 전쟁으로 인해 로마 제국의 포로를 대거 페르시아 제국에 데려온 것 때문이기도 하다. 가장 유명한 것은 253년 샤푸르 1세(Shapur I, 재위 241-272)가 안티오키아를 약탈했을 때 안티오키아(Antioch), 카파도키아(Cappadocia), 킬리키아(Cilicia, 실리시아), 시리아에서 많은 기독교도를 데리고 와서 페르시아의 각 주에 정착시켰다. 기독교도들은 메소포타미아와 페르시아에서 상인이나 직공으로 일하며 기독교의 복음을 전파하는 일에 기여한 것이 틀림없다. 메소포타미아에는 안티오키아의 데메트리우스(Demetrius) 주교가 있었지만, 그는 이윽고 벤 라파트(Beth Lapat), 일명 쥰디샤프르(Gundeshapur, 군데샤프르)의 주교를 맡게 됐다.

로마인 박해로부터 피해서 온 피난 장소로는 아디아베네일 가능성이 가장 높다. 기독교 공동체의 규모는 급속히 확대되어 3세기 초까지는 아디아베네[5], 카르카 베스 슬로흐[Karka Beth Slokh, 키르쿠크(Kirkuk)], 니시비스, 벤 라파트, 레이 아르다쉬르(Ray Ardashir)[6]와 셀레우키아 크테시폰(Seleucia-Ctesiphon)[7]이 메소포타미아의 교회 중심지가 되었다. 4세기 초에는 페르시아 제국의 수도 셀레우키아

---

5 아디아베네(Adiabene): W. A. 위그램 목사는 『아르벨라의 연대기』에서 무시하 자하를 인용하고 있는데, 자하는 아르벨라의 주교 역사를 쓴 다음 225년까지는 아르벨라에는 20명의 주교와 18명의 주교가 있었다고 한다. 그러나 이 신뢰성에 대해서는 학자 간에 문제시되고 있다.

6 레이 아르다쉬르(Ray Ardashir): 현재 테헤란 근교이다. [지도 1] 참조.

크테시폰의 바바(Papa) 주교(310-329)가 자신이 제국 내에서는 다른 주교보다 상위에 있다고 주장했다. 마치 로마 주교가 로마 제국 내의 다른 교회보다 상위에 있는 것과 마찬가지다. 이에 따라서 3세기 말경에는 페르시아 제국 내에는 대규모로 탄탄한 교회가 있었다는 것을 알 수 있다.

새로운 종교의 성장은 페르시아 왕들의 태도 여하에 힘입은 바가 컸다. 첫 번째 아르사키드(Arsacid, 알사케스) 왕조는 아직 위협이 되지 않은 기독교에 대한 구체적인 정책이 없었다. 그러나 아르사키드 왕조가 224년 사산 왕조에 의하여 전복되자, 아르다시르 1세(Ardashir I)는 기독교도들을 어떻게 다룰 것인가 하는 문제에 직면했다. 공인한 것은 아니지만 그는 소수파의 기독교도를 존경했고, 크테시폰 인근에 세운 수도에는 코헤(Kokhe) 교회[8]가 들어가 있었다. 그 교회의 유적은 지금도 바그다드 근처에서 볼 수 있다.

---

7 셀레우키아 크테시폰(Seleucia-Ctesiphon): 페르시아 제국의 수도. 아랍인에 의해서 알 마다인(al-Mada'in)으로도 불린다. [마다인은 마디나시(市)의 복수형이다, '마을 마을'의 의미이다] 그 유적은 바그다드 남쪽 30킬로미터의 살만 바크로 보인다. 알 마다인은 몇몇 도시가 모인 복합 도시(역사가에 의해서 5에서 7개 도시의 집합체)이다. 이 중 가장 오래된 것이 셀레우코스(Seleucos)이며 알렉산드로스의 장군 셀레우코스에 의해 근대화된 고대 도시로 티그리스강 서쪽에 위치하고 있다. 두 번째 복합 도시는 크테시폰(ctesiphon)으로 셀레우키아의 북쪽 약 4.8킬로미터에 위치한 티그리스강 동쪽에 있다. 거의 틀림없이 파르티아인의 마을로 기원전 129년 셀레우코스를 정복했을 때 그들의 수도가 되었다. 세 번째 도시는 페아르다쉬르(Feh Ardashir)이고, 230년 사산 왕조 아루다실 1세에 의해서 건설된 것이다. 그 장소는 크테시폰의 남쪽 티그리스강 동쪽에 있는 곳으로 원래 왕의 가신(家臣)들이 살던 작은 집이 있던 코헤 지역에 있었다. '코헤'라는 지명은 '작은 집'이라는 뜻이다. 아르다시르가 마을 건설을 시작할 때에는 이미 교회가 하나 있었고 마을 안에 세우게 했다. 1세기가 끝날 쯤 티그리스강이 그 유역을 바꾸는 바람에 코헤 지역이 티그리스강 서쪽에 위치하게 됐다. 그래서 크테시폰의 이웃 마을이라기보다는 셀레우키아의 옆 동네가 됐다. 그래서 코헤에 대한 유적은 티그리스강 동쪽보다 서쪽에서 볼 수 있다. 원래 장소가 있던 곳에서 쉽게 상상할 수 있다.

8 코헤 교회(Kokhe): 페르시아의 수도 크테시폰에 세워진 초기의 교회 중 하나는 이라크 수도 바그다드 근처에 유적이 남아 있다. 전설에 따르면 이 교회의 건설은 사도 마리가 한 것으로 알려졌다. 「마리행전」에 따르면 사도는 페르시아 제국의 수도에 와서, 거기에 기독교 공동체 건설을 시작했다고 되어 있다. 그는 아르타밴 왕의 여동생 병을 고치자 코헤에 과거 이교도의 사원이 있던 작은 토지를 주었다. A. 아부나는 이 원래의 중심부에, 3세기 초에는 교회가 세워졌다라고 하고 있다.

4세기 — 대 박해

3세기에는, 페르시아 제국 내에서 조로아스터교 사제의 영향이 커짐으로써 사산 왕조의 지배자에 의한 기독교의 박해가 산발적으로 발생했다. 일반적으로는 조로아스터교의 배교(전향)에서 생긴 것이었다. 그러나 샤푸르 2세(309-379)의 시대인 339년부터 379년까지 가장 큰 박해가 일어났고, 16,000명의 순교자가 나왔다는 기록이 있다. 이는 비잔틴 제국의 초대 황제이며 기독교를 받아들인 콘스탄티누스와 페르시아의 샤푸르 2세 사이의 협상이 결렬된 데에 따른 것이다. 정치 협상 중에 콘스탄티누스 황제는 샤푸르 2세에게 페르시아 제국 내의 기독교도('우리 백성'이라고 불렀다)을 보호해줄 것을 요구했다. 이 협상이 실패하자 상황은 악화됐고, 페르시아 제국 내에서의 기독교도들의 국가에 대한 충성심이 의문을 받기 시작했다. 기독교도들은 로마와 협조하고 있다고 비난을 받고 있었다. 지방에서 박해가 318년, 327년, 339년에 일어났고, 그 후로도 계속해서 힘든 박해가 일어났다. 샤푸르 2세는 시몬 바 스바에(Shimon Bar Subba'e)에서 주교(Shimon I, 시몬 1세)를 불러 기독교도들에게 2배의 세금을 받아 내도록 요구했다. 주교가 백성들이 가난하기에 그런 무거운 세금을 부과해서는 안 된다고 이를 거절하자, 왕은 주교와 사제들을 불러서 총주교의 면전에서 전원을 죽였다. 그리고 나중에는 총주교도 처형되었다. 이 박해는 379년 샤푸르 2세가 사망할 때까지 계속되었다. 이 박해는 약 40년간 계속되었으므로 '40년 박해'로 불린다.

이 시대의 순교자 이야기 중 하나로 특히 주목할 만한 인물이 있다. 지금도 이라크에는 그의 이름을 따서 세운 수도원이 존재하고 있기 때문이다. 그 인물은 마르 베남(Mar Behnam)이다. 그는 샤푸르 2세 아래에서 다스리던 앗시리아 왕 센나케리브(Sennacherib)의 아들이었다. 사냥을 나가서 미아가 되어 모술의 북쪽 산중의 동굴에서 하룻밤을 보내야 했다. 그곳에서 그는 동굴 중 한 곳에 살던 마르 맛타(Mar Matta)를 만났는데, 마르 맛타는 그에게 새로운 종교를 전했다. 베남은 그 성인에게 큰 감명을 받았고, 그가 신기한 힘을 가지고 있다고 듣고서 불치의 피부병을 앓던 여동생 사라의 병을 고칠 수 있느냐고 물었다. 여동생이 마르 맛타에 의해 치료되자 베남과 그의 여동생 사라 둘 다 기독교도가 되었다. 아버지가 이 소식을 듣고, 그들에게 이 새로운 종교를 버리도록 요구했다. 그러나 두 사람의 결심은 굳게 서서 이 새로운 신앙을 지켜 갔다. 그들의 결심이 굳은 것을 보고 왕은 두 사람을 처형토록 했고, 자신은 미쳐버렸다. 왕비는 왕을 돕겠다고 베남과 사라의 처형 장소에 데려가자 왕은 기적적으로 치유되었다. 왕과 왕비는 마르 맛타로부터 세례를 받았고, 자신의 아들과 딸이 죽은 곳에 기념비를 세우라고 명령했다. 이것이 마르 베남 수도원의 중심을 이루는 중심 장소가 되었다. 또 마르 맛타에게 무엇을 하기를 원하는지 물었고, 산상에 수도원을 세웠다. 마르 맛타는 거기에서 계속 살았다. 그 장소는 데르 마르 맛타로 알려지게 되었다.

    샤푸르 2세의 사망 후, 기독교도들의 상황은 개선되었다. 399년 야즈데게르드 1세(Yazdgird I)가 즉위할 때까지 작은 박해는 계속되었다. 야즈데게르드 1세는 비잔틴 제국과 평화를 위한 협상을 시작했고, 양국의 외교 협상이 시작되었다. 이 협상에서 기독교의 성직자들이 중요한 역할을 했고, 메소포타미아의 주교들을 주도로 한 페르시아 외교단이 비잔틴 제국에 파견되었다. 마찬가지로 페르시아 궁내에서는 비잔틴 교회의 멤버가 비잔틴 제국의 대표로서 머물고 있었다. 아람 사람 마이페르카트(Maipherqat)의 마루타(Marutha) 주교에게 인솔된 비잔틴 대표단 한 사람의 영향으로 야즈데게르드 1세는 기독교도를 석방하고 교회 재건을 허용했다.

3장

5세기와 6세기

1. 동방교회

독립 교회로서 동방교회의 설립

박해가 끝나자 페르시아 제국 내의 기독교도들은 교회 조직 마련을 시작했다. 이에 관해서 열린 최초의 중요한 행사는 메소포타미아와 페르시아의 주교들을 소집하고 총회의(시노도)를 한 것이다. 이 총회의 개최를 촉구한 것은 비잔틴 제국의 대사 마이페르카트(Maipherqat)의 마루사(Marutha) 주교이다. 그는 뛰어난 의사로서 야즈데게르드 1세를 섬김으로써 그와 친해지고 있었다. 야즈데게르드 1세의 허락을 받아 410년에 이삭 주교는 총회의를 열었다. 이것이 제1회 동시리아 회의이며 이삭 총회의로도 불린다. 이 회의에는 동방교회에서 40명의 주교가 참석하고 마루사 주교도 참석했다. 마루사 주교가 가져온 서방 교부들의 편지가 총회의에서 낭독되고 총회의는 정경과 니케아 신조를 받아들였다.

페르시아의 지배자는 자신의 지배하에 있는 기독교도들에게는 어느 정도 자치권을 갖는 공동체로 인정하고, 그 대가로 자위(自衛)하도록 책임을 맡겼다. 교회의 지도자들은 예를 들면 결혼, 상속, 개인적인 분쟁 등의 공동체 내부의 일에 대해서는 자체 처리를 하도록 요구되었고, 왕에 대해서는 공동체 행동에 책임을 갖고 세금 징수의 책임을 졌다. 페르시아 제국 내에서 주교의 임명권은 수도 셀레우키아 크테시폰 주교에게 주어졌으나, 수도의 주교 임명은 왕(샤, '샤'는 왕, 지배자를 의미하는 페르시아어)의 허가가 필요했다. 이것으로 수도의 주교가 교회의 최고 수장 주교로도 생각되었고, 교회 전체가 페르시아 제국 하나로 묶어지게 되었다. 이때 이후로 종종 가끔씩 '페르시아 교회'로 불리게 되었다. 이 총회의에서 각각 부(府)주교를 가진 6개의 '부(府, 프로빈스)'를 인정받았다. 주교 중 10명은 카타르와 라이 등 먼 지방이기에 부(府) 주교 관할구 밖이었다.

424년에는 별도의 총회의가 열리고 다디소(Dadisho)가 주교이었기에 다디소 총회의로도 불린다. 그 회의는 바그다드의 남서쪽에 있는 아랍 봉토(封土)의 수도 알히라(al-Hira)에서 개최되었다. 이 총회의에서 페르시아 제국 내의 교회는 서방의 영향에서 독립하는 것을 선언했다. 이는 비잔틴 제국과 협력 관계가 있다고 비난될 것을 배제하려고 하는 정치적인 움직임이었다. 야즈데게르드 1세 통치의 끝에 다시 박해가 시작되고 다디소 주교는 로마 제국 지지자라는 혐의로 투옥되었다. 야즈데게르드의 후계자 바흐람 5세(Bahram V, 재위 421-439)와 비잔틴 황제 테오도시우스 2세(재위 408-450) 사이에 강화가 성립되자 다디소 주교는 석방되어 원래의 공직으로 돌아갔다. 안티오키아와 로마 제국 내의 다른 주요 도시의 대표는 다디소 총회의에는 불참했다. 셀레우키아 크테시폰의 주교를 총대주교(프라이머시)로 하는 의제가 승인되어 로마나 안티오키아나 다른 관구 주교에게 의견을 요구할 필요가 없는 것이 분명해졌다. 이는 논쟁이 일어났을 때 최종 결정은 동방교회의 수장인 셀레우키아 크테시폰의 주교가 내린다는 의미이다. 이 단계에서는 신학은 별로 문제되지 않았고, 서방 교회로부터의 분리가 주 의제였고 정치적 동기에 의해서였다.

486년 아카키오스(Akakios) 주교가 셀레우키아 크테시폰에서 총회의를 열어 동방교회의 뚜렷한 신앙의 신조를 작성했다. 거기에서는 그리스도 양성론 신학이 분명히 밝혀지고 있다. 이 일에 대해서는 나중에 검토하기로 한다. 이로써 페르시아 제국 내의 공식 교회는 자주적 관리에 근거한 자치 교회가 되었을 뿐만 아니라 서방의 다른 교회와는 다른 신학을 고백하게 되었다. 이는 메소포타미아에서도 이 신학에 찬성하지 않는 기독교 중심지, 특히 티크리트나 데르 마르 맛타[1] 주변의 교회를 배제한다는 것은 아니다. 자세한 것은 본 장(章)의 2절 '시리아 정교회' 항에서 언급하고자 한다.

동방교회의 총회의는 그 후 몇 차례 더 열렸다. 544년 마르 아바 1세(Mar Aba I)의 총회의는 동방교회의 일치를 공고히 한 것으로 중요했고, 이소야브 1세(Ishoyab I)가 개최한 총회의에서는 모프수에스티아의 테오도로스 교리의 권위가 추인되고, 그를 기념하는 식이 열렸다.

동방교회의 총주교좌(座)는 페르시아 제국의 수도 셀레우키아 크테시폰에 설치하였다. 그곳에 메소보타미아의 최고(最高) 교회 중의 하나인 코헤 교회가 세워졌다. 8세기 중반에 새로 태어난 아랍의 아바스 왕조의 수도가 된 바그다드로 주교 자리가 옮겨진 뒤에도 주교들은 모두 코헤 교회에서 임명됐다. 메소포타미아에 있는 다른 중요한 중심지는 아디아베네, 니시비스, 알 히라, 바스라였다.

서방 교회로부터 독립했다는 것은 비잔틴 제국과 완전히 분리됐다는 점에서 사산 왕조의 왕과의 관계가 강화되어진 것이다. 따라서 동방교회는 이렇게 페르시아 제국 내에서는 꽤 행동의 자유가 있는 국민의 교회로 되었고, '페르시아 교회'라고 불리게 됐다.

---

1 데르 마르 맛타(Der Mar Matta): 데르라는 것은 '수도원' 내지 기독교도의 거주 지역이고, 마르는 '거룩할 성(聖)'이기에 데르 마르 맛타는 '성 마태 수도원'의 뜻. 원문에서는 다양하게 표시되어 있지만, 이 책에서는 '데르 마르 맛타' 또는 '마르 맛타 수도원'으로 한다.

동방교회의 확대

독립과 자치를 획득하자, 곧 동방교회는 활발한 활동을 시작했다. 동쪽으로 향하여는 이란, 중앙아시아, 중국, 남쪽으로 향하여는 페르시아만(灣) 지역, 예멘, 아라비아반도의 다른 지역, 멀리는 소코트라(Socotra)까지 선교를 펼쳤다. 그들은 어디를 가든 책을 가지고 다녔고 학교, 병원, 수도원을 건립했다.

이란

기독교는 이른 시기에 이란에 도착했다. 성령강림날에 기독교 말씀 선포에 응답한 사람 중에는 "파르티아인, 메디아인, 엘람인"(행 2:9)이 있었다.

4세기에 기독교 중심지가 건설된 것에 대해 역사적 문서에도 기록되었다. 그 중에서도 엘람(이란 남서쪽에 있었고 '리우 아르다쉬르'라고도 한다), 레이(현재의 테헤란)와 또 일명 벧라파트로 불리는 준디샤푸르(Jundishapur)에도 건설되었다. 준디샤푸르에는 367년에 수도원이 건립되었고, 6세기에는 학교가 세워진 것으로 알려져 있다. 이 학교에는 신학부와 의학부, 두 개의 학부가 있었는데 모두 동방교회의 부(府)주교의 관할 하에 있었다.

동부 이란[호라산(Khorasan)]에는 메르브(Merv)와 헤라트(Herat)의 두 도시가 주교좌가 있었고, 410년의 제1회 동방교회 총회의에 대표로 참석했다. 두 곳 모두 6세기 중반에는 부(府)주교의 자리를 갖게 되었다. 이러한 초기 중심지로 동부로 향하였고, 중앙아시아와 중국으로 선교사가 보내졌다.

중앙아시아

중앙아시아와 박트리아는 이란과 다른 중동의 지역을 중국과 연결하는 광대한 지역을 차지하고 있었다. 그곳에는 실크로드로 알려진 바둑판과 같은 도로망이 있었고, 상인들은 그 교통망으로 주로 비단을 구하기 위해 중국으로 여행했다. 이 길에는 무역상인, 외교 사절, 병사들이 섞여 있었고, 위대한 세계 종교의 선교사들과 승려도 여행하였다. 이런 이유로 기독교의 복음이 이 지역까지 빠르게 퍼져나갔다고 해도 놀랄 일은 아니다. 이미 제2장에서 말한 것처럼, 박트리아에 기독교도들이 있었다는 것을 2세기 말의 저자 바르다이산이 기록하고 있다. 더불어 저자 미상의 250년경의 문서(『사도들의 가르침』)에서 카스피해 연안 길라니아인(Gilanians)이나 옥소스강[2] 연안의 터키인 중에서 기독교도들이 있었다고 전하고 있다.

그러나 이 지역에 기독교도들이 있었다는 뚜렷한 증언이 처음 나타난 것은 그 몇 세기 이후이다. 최근 고고학 발견에 따르면, 6세기까지 서투르키스탄[3]에 잘 확립된 기독교 공동체가 확립되었다는 것이 밝혀졌다. 동 이란족의 소그드인(Sogdians)이 시리아어의 기독교 문서를 그들의 언어로 활발하게 번역했으며, 그런 내용이 담긴 문서가 발견되었다. 동방교회의 총주교 티모테(Timothy I, 디모데) 1세는 기독교를 동방으로 넓히기 위해 중요한 역할을 한 인물이고 한 터키왕이 동방교회 기독교를 받아들였다고 말한다.[4] 그의 편지 한 통에는 터키왕이 기독교도가 됨으로 부(府)주교 자리를 만들어 달라고 간청했다고 쓰여 있다. "터키왕과 그의 국가 대부분의 사람이 낡은 우상을 버리고 기독교도가 되었다. 왕은 우리에게 편지로 이 나라에 부(府)주교

---

2 옥소스(Oxus)강: 일명 암다리야(Amdariya), 아랄해로 쏟아져 흐르는 중앙아시아 최대의 강. 고대 그리스에서는 옥소스(OXOS), 라틴 이름으로는 옥서스(OXSUS)또는 옥사스로 불렸다. 아프가니스탄 영내 파미르 고원의 빙하에서 시작된다. 힌두 쿠시 산맥의 북쪽으로 흘러 내려가다가 타지키스탄과 아프가니스탄과의 국경을 이루고, 이어서 우즈베키스탄공화국과 아프가니스탄과의 국경을 이루고 후 투르크메니스탄, 우즈베키스탄의 두 공화국을 지나 아랄해로 들어간다.
3 서투르키스탄(West Turkestan): 옥소스강 동쪽에 위치한 소그드 왕국이며 사마르칸트, 부하라, 타슈켄트 등의 유명한 도시를 포함하고 있다.
4 터키왕(Turkish King): 바움과 윙크라(Baum and Winkler)는 18세기에는 카슈가르의 군주가 기독교 신자였다고 전해진다.

자리를 만들어 달라고 썼다. 그리고 우리는 그렇게 했다." 그는 또 "터키인을 위한 주교를 임명한 후 티베트에서도 한 사람을 임명할 예정이다"라고 썼다. 9세기까지는 사마르칸트(Samarkand)가 동방교회의 부(府)주교 자리였다. 기독교는 서투르키스탄에서 상당히 전진해서 10세기까지는 동투르키스탄[5]까지 도달한 것이다.

중국

중국에는 6세기라는 이른 시기에 이미 기독교가 있었을 가능성이 있지만, 중국에 기독교가 확산된 것은 당(唐) 왕조 시대(618-907)이다. 당시 중국은 정치적으로 넓은 지역을 지배하고 다양한 문화와 접하게 됐다. 태종 황제(재위기간 626-649)는 최초의 기독교 선교사 아로펜(A-lo-pen, 아라본)을 공식적으로 받아들였다. 638년에 나온 칙령에서는 페르시아인 경교[6]승려 아로펜이 성경과 새 종교를 중국에 가져온 것을 언급하며 그 가르침이 신비롭고, 놀랍고, 평화롭고, 살아갈 목적과 완성을 제대로 가르치고 있다고 하면서 제국 내로 전파하는 것이 옳다고 알리고 있다.

중국 동방교회의 활동에 대한 주된 정보의 바탕이 되는 것은 유명한 서안(西安)의 비문(碑文)[7]이다. 이는 781년에 동방교회의 수도원에 세워진 것이며, 예수회 사

---

5 동투르키스탄(East Turkestan): 중앙아시아에 있고 중국과의 국경 서쪽에 위치한다.
6 경교(Jing jiao): 635년에 중국에 전달된 기독교. '빛의 종교(Luminous religion)'라고 하는 뜻이다. 당나라 태종이 다스릴 때 635년 페르시아인 선교사 아로펜[아라본(阿羅本)]을 단장으로 한 전도단(선교단)]이 전한 것이다. 일반적으로 네스토리우스파라고 하는데 거기에 의문을 가진 자가 늘고 있다. 태종은 그들을 궁중으로 맞아서 그 경전의 번역을 허용하며 포교를 권했다. 그래서 중국 전역에 경교가 퍼졌다. 교회는 '대진사(大秦寺)'로 불렸다.
7 대진경교 유행 중국비(Memorial of the Propagation in China of the Luminous religion from Daqin): 일반적으로 '경교비(Nestorian Stele)'로 불린다. 현재 중국 시안(서안) 비림(碑林)에서 볼 수 있다. 비 앞면에는 한자로 된 제목, 기록자 이름[승경정(僧景淨). 아담], 본문, 후기, 기록자 이름[수엄(秀嚴)]이 기록되고 있고, 한자 총 수가 1700자 남짓, 시리아어 글이 두 줄로 구성되어 있으며, 더 아래쪽에 한자 27자를 포함한 시리아문 19행의 후기가 있다. 비 측면에는 시리아 문자와 한자로 승(僧, 주교, 사제 등) 70명의 이름이 새겨져 있다. 본문은 천지 창조, 메시아의 출현과 승천, 경교의 의의, 대진(大秦, 여기에서는 시리아, 페르시아)기독교와 당 왕조와 관련, 운문으로 된 당 왕조에 대한 노래글로 구성되어 있다.

제가 1623년에 고고학 조사를 하고 있을 때 발견한 것이다. 이 글의 본문은 중국어로 쓰여 있었고, 경교 선교사 아로펜의 도착에서부터 그 비가 새겨질 때까지 '대진경교(大秦景教)'라고 불리는 기독교의 역사를 간단히 말하고 있다. 이 비석에는 635년 아로펜이 태종 황제에게 대환영을 받은 모습이 언급되어 있고, 그에 이어서 이 종교를 지지한 4명의 황제의 이름도 올리고 있다. 더욱이 '이사(伊斯)'[8]라는 이름의 경교 사제이자 중국의 장군이기도 한 인물도 기술되어 있다. 그가 비석 건립에 책임을 가진 인물이다. 이 비석에는 성경이 중국어로 번역된 것, 21명의 수도승이 있는 대진교의 수도원이 수도에 세워진 것, 또 이 수도원 벽에는 황제의 초상화가 그려져 있다고 기술되어 있고, 황제와 새 종교 사이에 깊은 관계가 있음을 지적하고 있다. 비석의 측면에 시리아어로 쓰여 있는 수도승과 사제의 이름은 이 비문의 작성자이며, 동방교회 사제인 아담[중국 이름은 경정(景净, Jhing Jhing)]을 포함한 128명에 이른다.

이 비석 외에도, 20세기 초 중국 북부 돈황의 밀폐된 한 동굴에서 사본이 발견됐다. 그중에는 중국어로 번역된 문서 몇 점이 있다. 이에 따르면, 8세기까지는 중국에서 경교(중국의 기독교)가 상당히 자리를 잡고 있었다. 바움(Baum)과 윈클러(Winkler)는 다음과 같이 말한다. "첫 번째 천년기가 끝날 쯤에는 신약성경의 번역과 구약성경의 일부를 포함 500여 권 이상의 문서가 시리아어에서 중국어로 번역되어 있었다."

경교는 7세기까지는 중국에서 크게 번성했고, 8세기 말까지 10개의 관구를 가졌고, 4개의 총주교 자리를 갖게 됐다.

9세기가 되자 점차 쇠퇴의 징후가 나타나기 시작하여 845년 외국 종교에 대한

---

8 이사(伊斯, Essu): '이즈도브지도' 등 다양하게 읽는 법이 제안되고 있다.

대박해가 일어나면서 그 어려움이 더 커졌다. 경교뿐 아니라 불교의 수천 명의 승려와 여승이 세속인의 생활로 돌아갈 수밖에 없게 되었다. 또 대량 학살이 있었던 것도 보고되었다. 경교의 쇠퇴는 계속되었고, 10세기 마지막 무렵까지는 동방교회는 사실상 중국에서 사라졌다.

1271년에 쿠빌라이 칸[9](1215-1294)이 몽골 왕조(원나라, 元)를 세운 뒤, 13세기부터 14세기 걸쳐 경교는 중국에서 다시 부활했다. 대부분의 몽골 황제는 종교, 특히 경교에 관대한 태도를 보였다. 쿠빌라이 칸의 어머니 소르칵타니 베키(Sorghoqtani Beki)는 경교신자였다. 쿠빌라이는 경교 학문에 관심을 보이며 경교의 영향을 받았으나, 자신은 개종하진 않았다.

유명한 베네치아의 여행가 마르코 폴로(1254-1325)[10]는 그가 쓴 『동방견문록』에서 황제들이 왕궁에서 어떻게 경교의 제사를 거행하고 있는지를 서술하고, 동방교회의 많은 경교 신자들이 관청에서 활발하게 활동하고 있는 것에 주목하고 있다.

인도

인도 대륙의 서해안에 기독교가 존재하는 것은, 전승에 따르면 예수의 열두 사

---

9   쿠빌라이 칸(Kublai Khan): Qubilai, Khubilai '쿠빌라이', '쿠빌라이 칸', '칸' 등 다양하게 표기된다. 한자로는 '忽必 汗'으로 표기한다. '칸 또는 한'은 황제의 뜻.

10   마르코 폴로(Marco polo): 『동방견문록(Travels of Msco polo)』의 저자. 1275년 바리크(베이징)에 도착했고 중국에 17년간 머무르며 1295년에 베네치아로 돌아갔다. 그는 실크로드를 타고 여행하면서 중앙아시아와 중국의 정보를 기록했다. 그의 아버지와 숙부가 그 전에 중국으로 여행하면서 쿠빌라이 칸을 알현하고 칸이 교황에게 기독교 선교사를 파견하도록 요구했으며, 기독교가 다른 종교에 이기고 있음을 증명하면 좋겠다고 바라고 있는 정보를 1269년 아크라의 십자군에게 전했다. 교황이 공석이었기에 대응이 늦어지면서 교황 그레고리는 폴로와 함께 니콜라스 비찬챠와 윌리엄 두 탁발 수도사를 파견했다. 그리고 그들에게 칸 앞으로 가는 친서를 맡겼다. 두 나이 든 폴로와 마르코 폴로 일행이 수도사와 함께 아크라로 향해 출발했다. 그러나 그 지역의 정치의 혼란에 막혀서 쿠빌라이 칸이 있는 곳까지는 도달하지 못했다.

도 중의 하나인 도마의 선교 결과라고 하고 있다. 전해지는 바에 의하면, 도마는 군다파르(Gundaphar) 왕의 궁궐을 짓기 위해서 인도에 갔다고 한다. 도마는 왕궁을 짓기 위해 왕으로부터 많은 돈을 받았으나 가난한 사람들이 많이 있는 것을 보고 참을 수 없었고, 왕이 더 사치스러운 생활을 하기 위한 궁전을 짓고 싶지 않았다. 그는 가난한 사람들에게 돈을 나누어 주고 기적과 치유를 행하며 돌아다녔다. 왕이 그에게 건설 진전 상황이 어떻게 됐는지 물어 보자, 도마는 궁전 건설이 완성되었다고 답했다. 왕이 그 건물을 보여 달라고 하자, 도마는 그 궁전은 지상이 아니라 하늘에 있다고 답했다. 그러자 도마는 감옥에 갇혔고, 왕은 도마가 갇힌 뒤 꿈속에서 죽은 동생으로부터 도마가 왕을 위해 천국에 세운 왕궁의 이야기를 들었다. 아침에 일어나자, 왕은 도마를 다시 불러 자신에게 구원의 메시지를 전하고 세례를 베풀어 달라고 부탁했다. 왕이 기독교도가 되자 왕국의 전 국민이 그에 이어 기독교도가 되었다(「도마행전」 참조). 이 이야기의 세세한 부분은 전설일지 모르지만, 그러나 최근의 발굴에 의해 군다파르 왕의 이름이 새겨진 동전이 출토되었는데 그것이 1세기의 것으로 드러났다. 그뿐만이 아니다. 인도 서해로(西海路)의 항해가 그 당시 상당히 자주 행해졌다. 이러한 사실들은 성 도마의 인도 선교 전승과 연결되고 오랜 시절부터 교회가 확립했음을 시사하고 있다.

    3세기 중반까지, 어쩌면 2세기 말까지 인도에 확실하게 확립한 기독교 공동체가 존재했다는 것은 역사적으로도 증명된다. 인도의 기독교 공동체는 동방교회와 오래전부터 관계가 있었다. 바스라의 주교 다비도는 296년부터 7년에 걸쳐 케라라주(州)를 방문하고 있었다. 이어 354년에는 에뎃사의 요한이 동방교회의 부(府)주교에서 인도의 3번째 주교로 임명됐다. 9세기 초에는 티모테 1세가 인도의 주교를 임명한 것으로 알려졌다. 그리고 같은 세기 말에는 동방교회의 부(府)주교를 갖게 됐다. 인도의 사제는 교육을 받기위해 메소포타미아에 보내졌고, 인도의 부

(府)주교 자리와 동방교회의 관계는 16세기까지 이어졌다.

지금도 전례식이 시리아의 전통에 따라서 이뤄지고 있다는 점에서도 인도에는 이런 초기 시기부터 기독교도가 있었다는 것을 확실히 증명하고 있다.

아랍인

성령 강림으로 기독교 복음을 들었던 사람들 중에 아랍인이 포함되어 있었다(행 2:11). 또 바울은 다마스커스에서 회심하고 아라비아에 3년 동안 지냈다고 전해지고 있다(갈 1:17~18). 마르쿠스 율리우스 필리푸스(Marcus Julius Philipus, 재위 244-249) 황제는 아랍인의 필리푸스로 알려졌으며 기독교 신자였다. 그는 예루살렘 최초의 아랍인 주교와 동(同) 시대였다. 뒤에는 다른 아랍인 기독교 공동체를 위해서도 수많은 주교가 임명됐다. 그들은 아라비아 반도뿐만 아니라 사산 제국과 로마 제국 내 모든 기독교 공동체의 주교가 되었다. 그런 까닭에 451년의 칼케돈 공의회에는 각지의 아랍인 공동체를 대표하는 18명의 부(府)주교와 주교가 참가했다.

메소포타미아에서는 3세기 초 타누흐(Tanukh)족 출신의 아랍인이 유프라테스 강 서쪽 쿠파에서 몇 마일 남쪽으로 떨어진 곳에 정착했다. 그들은 처음 천막에 살다가 잠시 후에는 그곳에 영주하게 되고 그 장소는 알 히라[11]라고 불리게 되었다. 이것이 결국 소규모의 아랍 속령(屬領) 왕국 라흐미드(Lakhmids)의 수도가 되었고 사산 왕조와 협력하게 되었다. 기독교는 380년까지 알 히라 사이에서 제대로 자리 잡고 있었다. 알 히라는 410년 셀레우키아 크테시폰에서 열린 이삭 총회의에 주교로 18명을 대표자로 보냈다. 다디소 총회의는 알 히라에서 열렸다([표 3] 참조).

---

11 알 히라(al-Hira): '히라'는 시리아어 '히루타'가 어원이고 '야영지'의 의미로 알 히라는 메소포타미아에 있는 아랍의 영속 국가이며 라흐미드의 수도가 됐다. 바그다드 남서쪽, 현재 이라크 나자프와 카르발라 근처이다. 필립 히티(Philip Hitti)는 이븐 루스타(ibn Rustah)를 인용하면서 쿠라이시가 쓰는 법을 배운 것은 알 히라였다고 하는 전승에 남아 있다.

라흐미드의 왕들은 훨씬 나중까지도 기독교로 개종하지는 않았지만, 후하게 대하였기에 상당수 사람들이 기독교로 개종했다. 아랍인 저자들은 알 히라의 아랍인들을 '이바드(Ibad)'라고 불렀다. 그 의미는 '(예수의) 예배자'라는 뜻이다.

라흐미드 왕국의 왕들에게는 기독교도인 어머니와 자매들이 있었다. 라흐미드 왕 알 문디르(al-Mundhir) 3세는 기독교도인 어머니 마리아의 통칭 '마 알 사마'('하늘로부터의 물'의 뜻)를 따서 '이븐 마 알 사마(ibn Ma' al-Sama' 하늘로부터의 물의 아들=마리아의 아들)로 불렸다. 그의 아내 힌드는 기독교도였고, 그의 아들 아므루에게도 그의 어머니의 이름을 따서 '이븐 힌드'라고 이름을 붙였다. 왕비 이븐 힌드는 '데르 힌드 알 쿠브라'[12]라는 이름의 수도원을 건설한 것으로 알려졌으며, 이 수도원은 이슬람력[13]으로 2세기까지 존재했다. 그리고 그 수도원에는 비(碑)가 있었고 그 비에 자신을 "그리스도의 동정녀, 그리스도 나의 엄마, 그리스도 우리의 딸"(기독교도이면서 아들 한 명이 기독교도 그리고 양친 부모도 기독교도임을 의미함)이라고 부르고 있다. 누만 3세(Nu'man III)의 딸인 또 다른 기독교도인 공주는 자신의 이름을 딴 수도원 '알 랏쟈(al-Lajja)'의 보호자였다. 최근의 발굴에 의해서 라흐미드 왕국의 아랍왕이 지배한 나자프와 카르발라 마을에서 몇몇 교회와 수도원의 잔해가 발견됐다.

라흐미드 왕국에서 세례를 받은 것은 마지막 왕 알 누만 3세(재위 580-603)뿐이었다. 그는 아마도 사산 왕조에 충성을 다하지 않았다는 이유로 호스라우 2세(Khosrau II)에 의해 암살되었다. 그 이후 라흐미드 왕국은 사산 왕조에 대항하였고, 페르시아 영토를 습격하였고, 그것이 7세기 이슬람이 대두할 때까지 이어졌다. 알 히라는 동방교회에 있어서 매우 중요한 중심지가 되면서 아라비아반도의 남쪽을 향해서 선교

---

12 데르 힌드 알 쿠브라(Der Hind al-Kubra): '연장자 데르 쿠브라(Der Hind the Elder)'의 뜻. '젊은 데르 힌드(Der Hind the Younger)'라는 왕녀에 의해서 별도의 수도원이 세워졌다.
13 이슬람력(Islamic Calendar): 히쥬라력이라고도 불리며, 무함마드가 천도한 해(서기 662년)을 원년으로 한다. 그러므로 이슬람력의 2세기는 서기 722-821을 말한다.

를 행하였다. 동방교회에 의한 아라비아의 초기 선교활동에 대한 자료는 거의 없다. 그러나 아마 나즈란(Najran)에서 기독교를 전하기 위해서 알 히라로부터 선교사가 왔을 가능성이 있다. 극히 초기에는 기독교의 복음은 아마도 사막에서 독거 생활을 하기 위해서 적당한 장소를 찾은 은둔 수도사에 의해서 전해진 것으로 본다. 이렇다고 하는 것은 상인도 또한 중요한 사역을 했음에 틀림없다. 아랍인들이 아라비아반도, 메소포타미아, 그리고 비잔틴 제국을 향하던 카라반 무역의 중간 상인이었다. 서시리아의 자료에 따르면, 알 히라에 갔을 때 기독교도가 된 한난(Hannan)이라는 이름의 현지 상인의 일이 쓰여 있었다. 그는 신앙을 갖고 나즈란에 와서 자신의 가족과 부족 사람들 다수를 개종시켰다. 게다가 남아라비아, 특히 나즈란에는 상당수의 유대인이 생활하고 있었으므로, 기독교로 개종한 유대인들이 기독교의 복음을 아라비아에 전파했다고 생각된다.

6세기 초, 나즈란의 기독교도들은 예멘의 힘야르족(Himyarite)의 왕 두 알 누와스(Dhu al Nuwas)에 의해 박해를 당하였고 많은 무리들이 죽음으로 몰리게 되었다. 그들은 예멘의 많은 왕들을 죽였다. 기독교도들은 비잔틴 제국과 아비시니아(Abyssinia, 에티오피아의 옛 이름)에게 도움을 청했다. 그들이 원조해 오자 예멘 전역을 지배하기에 이른다. 예멘의 총독에 임명된 아브라하(Abraha)는 그곳에 대성당을 건설했다. 예멘이 597년에 페르시아의 영토가 되면서, 동방교회는 선교사를 보내고 본래의 아라비아반도에서 그들의 형식에 따른 기독교를 수립했다. 바스라와 걸프 지역(카타르, 바레인, 알 하르지)에는 다수 아랍인 기독교 공동체가 있었다. 225년 벳 카트라예(Bet Qatraye, 현재 카타르)에 동방교회의 주교좌가 생기고, 그 주교가 410년 마르 이삭 총회의에 참석한 것은 확실하다. 발굴 조사에 따르면 카타르에 3세기 말에는 수도원이 있었다는 것이 분명하게 되었다. 또 바레인과 알 하르지 등 페르시아만 서안 지역에도 수도원이 있었으나 모두 동방교회에 속했다.

597년 예멘이 페르시아의 지배를 받자 동방교회의 선교사들이 찾아왔다. 동시리아 기독교는 이 시기 예멘과 나즈란에서 활발해졌고, 7세기 초에 이슬람이 올 때까지 이어졌다. 상당수의 기독교 신자들이 라다(Radda) 전쟁[14] 중에 이슬람으로 개종하거나 아라비아반도를 떠나기도 해야 했다고 하지만 그 이후도 아라비아반도, 특히 예멘에는 수많은 아랍 기독교도들이 있었다. 티모테 1세 총주교는 8세기 말이 될 때까지 예멘과 산아의 주교를 임명했다.

소코트라 섬(Socotra)

동방교회의 선교 확대의 결과로 6세기에는 소코트라 섬까지 이르렀다. 13세기에 마르코 폴로가 이 섬에 기독교도가 있다는 사실을 보고하고 있다. 마르코 폴로는 섬의 주교가 로마의 교황에게 충성을 하는 것이 아니라 바그다드의 총주교에게 충성을 맹세한다고 듣고 놀라고 있다.

동방교회의 신학[15]

제1장에서 이미 말했듯이, 예수의 본성에 관한 논쟁이 에페소(에베소)와 칼케돈

---

14 랏다 전쟁(Radda Wars): 군주 아브 바키르(Caliph Abu Bakir)가 무함마드가 죽은 후 이슬람 신앙을 버린 아라비아반도의 부족에 대해서 행한 것이다.
15 그리스도론(Christology): 기독교의 초기 단계에서 '예수가 누구인가'가 논의되어 '삼위일체(Holy Trinity)'가 확립되고 또 양성설(dyophysite)이 정통파로 확립했다. 이는 하나의 위격(位格, 그리스어: hypostasis, 영어: person) 중 두 가지 본성(그리스어: physeis, 영어: natures)이 있다고 하는 설이며, '예수 그리스도는 신성을 가지고(즉, 완전한 하나님이다) 동시에 인성도 가진다(완전한 인간이다. 이 인성은 죄 외에는 완전한 것이다)'라고 하는 생각이다. 그 외에 성육신한 예수 그리스도가 단일성(natura)만을 갖는다는 단성설 혹은 단성론(monophysite), 또는 예수 그리스도의 한 위격 안에서 신성과 인성은 합일하고 하나로, 즉 하나의 본성(휴시스)으로 되며, 두 본성은 분할되지도 않고, 혼합되지도 않고 변화하지도 않고 합일한다고 하는 합성론 혹은 일성론(miaphysite) 등이 논의됐지만 모두 정통파에서는 배제되고 이단으로 되었다.

에서 공의회가 열리고 각각의 공의회 결과 교회 내부의 분열이 생겼다. 에페소 공의회에서는 네스토리우스를 콘스탄티노플의 주교 자리에서 추방시키고, 마리아에 대한 정의(定義)에서 '테오토코스(Theotokos, 하나님의 어머니)'로 부를 것을 확인했다. 모프수에스티아의 테오도로스의 신학을 따랐던 자들을 '네스토리우스파'라고 불렀고 이단으로 되어졌다.

동방교회는 네스토리우스를 퇴위시킨 에페소 공의회에 대표를 보내지 않았고, '네스토리우스파'라는 것은 스스로 붙인 이름이 아니다. 사실, 동방교회의 신도들은 오래전부터 자신들의 교회가 이 이름으로 불려지는 것에 대해 반대했다. 10세기 아랍작가 알 마수디(al-Mas'udi)는 동방교회의 신도들이 비잔틴 교회에 기원을 둔 '네스토리우스파'라는 호칭에 반대하고 있다고 말한다. 이 교회 총주교는 말하기를 네스토리우스는 동방교회의 언어를 한 적도 없고, 그러므로 총주교도 아니기에 자신들을 '네스토리우스파'라고 부르는 것은 잘못이라고 말했다. 동방교회가 네스토리우스를 흉내 낸 것이 아니라 오히려 네스토리우스가 동방교회를 모방한 것이다.

메소포타미아의 주요 기독교 중심지에서는 초기 단계에서부터 모프수에스티아의 테오도로스의 신학을 받아들였다. 그의 신학은 에뎃사에 있는 '페르시아 학교'에서 정식으로 배우고 있었고, 그의 작품은 이바스(Ibas, 435-457) 주교에 의해서 시리아어로 번역됐다.

동방교회의 신학은 486년 아카키오스가 셀레우키아 크테시폰에서 개최한 총회의에서 정리된 후 공식으로 확립됐다. 총회의 신앙고백은 보존되어 다음과 같이 기술하고 있다.

"우리는 그리스도가 그 섭리에 있어서 신성과 인성의 두 본질을 갖는다고 믿고 고백한다. 때문에 아무도 굳이 이들 두 본질이 혼재, 혼합, 혼란하려는 혼합론을 도입시켜서는 안 된다. 신성은 그 속하는 곳에 유지되고 있지만, 이들 두 가지 본질의 원형을 결합하고 있는(그리스도야말로) 유일한 주이며 유일한 예배 대상자이다. 그것은 신성이 인성과 완전하게 해서 불가분(不可分)의 결합이 된 것이기 때문이다. 만약, 고난과 변화가 우리의 주로 동반하고 있다고 생각을 갖고, 우리 구세주의 프로소폰(prosopon)의 결합에 관하여 완전한 하나님이며 완전한 사람이라고 고백을 유지하지 않고 그것을 남에게 가르치는 사람이 있으면 그 사람은 저주받아야 한다."

동방교회 신학의 최종적 공식문은 7세기 초 대(大) 마르 바바이(Mar Babai)에 의해서 완성되었다. 그는 인성과 신성을 혼합하는 어떤 교리도 부인했다. 그가 작성한 성명은 예배 식문(式文)에 편입되어 있다.

"신의 아들 예수는 하나이며 두 본질을 가지고 모든 것에 의해서 예배되어진다. 그 신성은 모든 때보다 앞선 아버지에게서 태어났다. 독생자의 인성은 시간의 참에 이르러서 결합하고 일체가 되고 마리아를 통해 태어났다. 독생자의 신성은 어머니의 본성이 아니고, 아들의 인성은 아버지의 본성도 아니다. 이 두 본성은 본성이 되는 인격(크노메)에 있어서, 즉 하나의 사람이 되는 한 인격에서 유지되고 있다."[16]

대(大) 바바이는 동방교회의 가장 뛰어난 인물 중 하나이고, 608-628년까지 총주교 자리가 비어 있을 때 교회를 이끌었다. 그가 남긴 저서는 방대하고 사산 왕조 호스라우 2세[17] 앞에서 열린 시리아 정교회와 동방교회의 논쟁에서 그의 신학적

---

16 『동방 기독교 역사』[교문관, 2014년, 아지즈 S. 아티야 지음, 무라야마(村山盛忠) 역]에서 인용. 또한 크노메는 크노마의 복수형.
17 호스라우 2세(Khosroe II): 이즈음에는 '단성론'자로 불리는 서시리아 기독교도들은 이라크에서 다른 공동체를 발전시키고 시리아 정교회를 형성했다.

계통론이 사용되었다. 그는 그리스도의 본질에 관해서는, "예수는 두 개의 '크노마(Qnome)'와 하나의 '파르소파(Parsopa)'를 가진 두 개의 '캬네(Kyane)'를 갖고 있다"고 동방교회의 입장을 분명히 밝혔다. 또 '하나님의 어머니(=테오토코스)'란 호칭을 공개적으로 부정하고 '메시아의 어머니(=Christotokos, 크리스토토코스)'란 호칭이 정당하다고 밝혔다.

'삼위일체 신학'을 정식화하기 위해서 시리아어 '크노마'가 그리스어의 '휴포스타시스(hypostasis)와 동의어로 취급되었다. 그러나 바바이의 기독론에서는 크노마는 자존하는 '휴포스타시스'를 표현하는 것이 아니라, 그가 쓴 『The Book of Union』에 의하면 '캬냐(Kyana)'나 '퓨시스(Physis)'는 각각 추상적인 본질이며, 구체적으로 생존하기 위해서는 크노마가 필요하게 됨으로 여기서 말하는 크노마란 추상적인 본질이 구체적으로 존재하기 위해서 필요한 것이라고 밝혔다. 그리고 이 두 본질은 두 크노마가 통합하여 하나의 파르소파가 된다. 이렇게 해서 동방교회의 신학은 "그리스도가 두 가지 본질과 두 개의 페르소나를 갖는다"라는 오해가 생기게 된 것이다. 그것은 최초에 크노마가 페르소나와 같은 뜻으로 사용되었기 때문이다. 동방교회는 그리스도를 "두 크노마를 가진 두 본질을 가지면서 유일한 페르소나이다"라고 생각하고 있다.

동방교회의 문화

시리아어와 시리아 문화는 동방교회의 주요한 기둥들이다. 제1장에서 말한 것처럼, 페르시아인이든 아랍인이든 인도인이든 기독교로 개종한 자들은 모두 에뎃사에서 사용됐던 아람어 방언인 시리아어를 배웠다. 이윽고 시리아어라는 말이 기독교와 동의어가 됐다. 이런 경향은 시리아, 팔레스타인, 남터키뿐만 아니라 메소포타미아에서도 마찬가지였다. 교회가 어디에 세워지더라도 회중들의 민족이나 언어에 관계없이 전례식(典禮式)은 시리아어로 행해졌다. 예를 들어, 동방교회의 아랍 기독교도들은 스스로를 시리아계(=기독교도이다) 아랍인이라고 자칭했다. 학문의 중심지에서 주요 언어는 시리아어였다. 최고조로 4세기 말에는 그리스어, 그리스 수사학, 그리스 철학이 이들의 모든 곳에서 가르칠 수 있게 됐다.

시리아어의 기독교 문서는 2세기부터 풍부하게 되었다. 하지만 초기의 문서는 거의 남아 있지 않다. 바르다이산과 타티아누스의 저작은 2세기에서 3세기 초의 것이지만, 후에 이단으로 여겨졌다. 이미 언급했듯이 타티아누스의 『디아텟사론』은 2세기 것으로 중동 지역에서 널리 사용되었다. 「도마행전」, 『솔로몬의 송가』와 『구약성경』이 히브리어에서 시리아어로 번역됐지만 역시 이 초기시대의 것이다. 『솔로몬의 송가』는 특히 흥미를 준다. 작가는 불명하지만 1세기의 말에서 2세기 초에 쓰인 것으로 구원에 관한 시형식의 찬송가이다.

「도마행전」은 3세기의 것으로 사도 도마의 인도 선교 이야기를 전하고 있다. 「도마행전」에는 '빛의 신부의 노래'와 '진주의 노래'라는 보다 오래된 시(詩)가 들어 있다. 그러나 2세기에 가장 중요한 시리아어 문서는 히브리어 원전에서 시리아어로 번역된 구약 성경이다.

4세기에는 아프라하트(Aphrahat)와 시리아의 에브라임(Ephrem)이라는 두 위대한 인물이 나왔다. 여기서 강조하고 싶은 것은 이 초기 시리아어 저자들은 동방교회뿐 아니라 모든 시리아어를 말하는 기독교도들에 의해서 그들이야 말로 자신들의 생각을 주장한 인물로 간주되고 있다. 그것은 그들이 교회 분리 이전에 쓰고 가르쳤기 때문이다. 이 두 사람은 시리아 정교회뿐만 아니라 동방교회로부터도 존경을 받고 있다.

페르시아의 현인 아프라하트(Persian Sage Aphrahat, 345년 사망)

아프라하트는 초기 동방 시리아 교부 중 가장 유명한 인물 중 하나이다. 그는 '페르시아의 현자(賢者)'로도 불린다. 그는 북부 메소포타미아에서 태어났으며 젊어서 기독교로 개종했다. 그는 당시 유명했던 '계약의 아들'이라는 금욕주의의 무리('금욕주의와 신비주의' 항 참조)에 가세했다. 그는 이것이야말로 교회 생활의 중심이라고 생각했다. 그는 아마도 교회의 중요한 지위인 주교가 된 것 같다. 그에 대해서는 그의 23편의 저작이 『논증(Demonstrations)』으로 널리 알려졌지만 이는 '설교집'으로도 불린다. 그의 저작은 시리아어만 사용했고 그 방법론은 정통적이다. 그의 신학은 당시 유행한 서방 헬레니즘 기독교에는 관심도 주지 않았고, 오히려 유대교 전통으로부터 강한 영향을 받았다. 그가 논하고 있는 테마 중에는 유월절과 할례가 있다. 그는 또한 40년 동안 샤푸르 2세(Shapur II)에 의한 박해의 목격자이며 그것을 글로 썼다. 후대 전승(傳承)에 의하면, 그는 마르 맛타 수도원과도 관련이 있다고 한다.

시리아인 성(聖) 에브라임(Saint Ephrem the Syrian, 306-373)

니시비스에서 태어났고 부모는 기독교 신자였다고 생각된다. 그는 니시비스의 주교 야코브[18]로부터 보조사제에 임명되어 '계약의 아들'에 가세했다. 363년 사산 왕조에서 니시비스가 분할 양도되자 에뎃사로 이사했다. 그는 에뎃사에 정주했는데, 그곳에서 대부분의 중요한 작품을 썼다. 그가 에뎃사에 가서 보고 놀랐던 것은 기독교 다수의 분파가 있었고, 정통 기독교는 소수파이고 주교의 한 이름을 따서

---

18 니시비스의 야코브(Jacob of Nisibis): 니시비스의 주교로서 325년의 니케아 공의회에 참석한 것으로 알려지고 있다. 에브라임이 동행했다고 믿고 있는 사람도 있지만 의사록에는 그가 공회회의에 참석했다는 증거는 없다.

'팔루트파(Palutians)'로 불리고 있는 것을 알게 된 것이었다.

그는 그리스 철학과 그리스어의 전문 용어를 잘 알고 있었다고 생각되지만 그것을 염두에 두고 시리아어만 사용해서 썼다. 아프라하트처럼 그는 석의를 하는 데 있어서 유대교의 유형론과 상징을 사용하였다. 그의 방대한 신학, 석의, 수도 생활에 관한 작품은 대부분 시의 형태로 쓰였다. 그리고 영감에 의한 이것들의 소산은 대체로 성경적이다. 그의 성가(聖歌)나 기타 작품들은 일찍부터 그리스어, 아르메니아어로 번역되었다. 나중에 슬라브어나 다른 유럽 언어로도 번역됐다. 틀림없이 그가 쓴 것으로 알려진 성가(聖歌)가 500곡 이상 현존하며, 또한 매우 아름답고 통찰력이 풍부하다. 그가 죽은 후에 성가는 내용별로 편찬되었지만 그중에서도 유명한 것은 '신앙', '천국', '그리스도의 음부에 내려감'이다.

몇몇 성가는 이단에 대항하기 위해 쓰였다. 그의 '이단 반박을 위한 성가'에서 혼합주의,[19] 점성술, 마술 특히 당시 에뎃사와 그 주변에서 힘을 갖고 있던 아리우스파, 마니교,[20] 마르키온파[21]에 집요하게 반대하고 있다. 이들 작품에서 에브라임은 진정한 교회의 표시로 다음의 것을 들고 있다. 즉 첫째로 교회를 나타내는데 예수의 이름과 칭호를 사용하고 있는 것, 둘째로 사도 계승의 중요성, 즉 처음의 사도들에서 안수(성직자 임명의 의식)를 계승하고 있는 것, 셋째는 성전례(聖典禮)와 니케아 신앙고백이 더해져 완전한 성경을 갖는 것이라고 하고 있다.

---

19 혼합주의(Syncretism): 다른 신앙이나 모순되는 신앙을 결합, 혼합하는 것 혹은 여러 학파, 유행하는 학파의 실천, 습관을 혼합하는 것. '혼합주의', '절충주의', '각 교회 혼합' 등.
20 마니교(Manicheans, 摩尼敎): 마니의 추종자이다. (이하 역자-하마지마) 사산 왕조 페르시아의 마니(276/277)를 시작의 원조로 한 이원론적 종교. 유대교, 조로아스터교, 기독교, 그노시스주의 등의 흐름을 이어가고 있으며, 경전종교(經典宗敎)의 특징을 갖는다.
21 마르키온파(Marcionites): 마르키온을 따르는 자로 그노시스파라는 수많은 그룹에 포함된다. 그노시스주의의 영향은 2세기에 널리 미치고 있었다. 그들은 특별한 지식, 즉 '그노시스'가 구원하기 위한 방법이라고 믿고 있었다. 그노시스주의를 믿는 사람 중에는 사람으로서의 예수는 단순한 그림자일 뿐 실제에 있던 것은 신성만이 있었다라고 믿고 있던 사람도 있다.

그는 또 구약성경 각 서와 『디아텟사론』(당시 사용되어졌던 신약성경. 제2장의 타티아노스 항을 참조)의 주해를 썼다. 그의 『디아텟사론』 주해는 이 잃어버린 작품인 『디아텟사론』의 흐름과 구성에 관한 정보를 많이 제공해주기 때문에 특히 중요하다. 그의 전례용 시는 그리스와 시리아 성가의 발달에 큰 영향을 주었다. 그는 금욕생활과 고난을 기독교 메시지의 중심이라고 생각했으나, 가난하고 병든 사람들을 의식하지 않았고 신앙생활에는 학문이 중요하다고 했다. 흑사병(페스트) 확산 때는 구호 활동에 적극 참여했다. 그는 저작 활동 외에도 에뎃사 학교에서 가르쳤는데, 그 덕분에 이 학교는 유명해졌다. 당연하면서도 그는 시리아 기독교의 가장 저명한 교부이다. 그는 동시리아에서도 서시리아에서도 역시 존경 받고 있었다. 이렇게 말하는 것은, 그가 생활하고 저작 활동을 한 것이 시리아 교회의 동서 분열 이전이었다. 그는 1920년에 교황 베네딕토 15세에 의해 '교회 박사(Doctor of the church)'란 칭호가 주어졌다.

에뎃사 학교(페르시아 학교)

한 학자는 이 학교의 기원이 2세기 중반까지 올라갈 수 있다고 하는데, 언제 시작됐는지 정확히 알기 어렵다. 그러나 363년에 성 에브라임의 출신지인 니시비스가 사산 왕조로 넘어가면서 학교가 에뎃사로 옮겨지고는 성 에브라임과 연관성이 생겼다. 그는 교리적인 것만이 아니라 성경 석의도 가르쳤다. 그가 그리스 철학을 잘 알고 있다는 증거는 충분히 있지만, 그것을 피하고 시리아어만을 사용하고 가르쳤다.

성 에브라임 이후 학교는 시리아와 그리스 전통의 영향을 강하게 받았고 그중에서 많은 그리스어 작품이 시리아어로 번역됐다. 점차 학교는 종합학교로 되고 신학, 전례학, 성서학뿐 아니라 철학, 의학, 자연과학, 세속 역사, 지리, 음악, 언어 등도 가르치게 됐다.

신학 분야에서는 4세기의 기독론의 논쟁에 참여하면서 스스로를 안디옥 학파의 양성론 신학 지지자로 규정했다. 이는 예수의 인성을 강조하는 파이며 신성을 강조하는 알렉산드리아 학파와 맞섰다. 이 점에서 모프수에스티아의 테오도로스의 신학을 따르기로 한 것이다. 테오도로스는 '해석자'로 불리며 양성론 신학의 보루가 되었다. 그 관내에서는 모프수에스티아의 테오도로스의 저작이 다른 그리스어의 작품과 함께 5세기 초에 그리스어에서 시리아어로 번역되었다. 아리스토텔레스의 철학서가 같은 시기에 그리스어에서 시리아어로 번역됐는데, 아리스토텔레스 논리가 다양한 논쟁에서 매우 중요하다고 여겨졌기 때문이다.

이 학교가 동방교회의 사람들에게 있어서 지도적 교육의 장이 되었다. 신학의 항에서 나열한 것처럼 동방교회는 모프수에스티아의 테오도로스의 신학을 받아들였고, 네스토리우스 등을 존중했으며, 서방 교회로부터 분리 독립했고 페르시아 제국과의 관계를 강화했다. 이윽고 이 학교는 '페르시아 학교'라고 불렸는데, 그것은 주로 페르시아 제국 영토 내에 살던 동방교회의 멤버를 우대했기 때문이다. 이 이름은 동시리아파와 서시리아파가 정식으로 분열하기 전부터 사상적으로는 분리하고 있었기 때문에 특별한 의미를 지니고 있다. 이 학교에서 페르시아 제국의 학생이 배우는 반면 서시리아와 아르메니아는 각각 다른 학교를 창설했다.

이 학교는 431년 에페소 공의회 이후 공격을 받았다. 에뎃사의 주교 라블라(Rabbula)는 '단성론(pro-Miaphysite)'이었으며 그 학교의 신학적 입장을 바꾸려고 시도했다. 시대의 흐름에 맞추어 435년에는 『디아텟사론』을 금지하고 4복음서를 받아들였다. 그는 안티오키아에서 사용되었던 4개의 정경 복음서 시리아어 역 『페쉿타(Peshitta)』의 주해서를 쓰고 『디아텟사론』 대신 이를 공식 성경으로 쓸 것을 강요했다. 이 학교는 489년 제논 황제에 의해 공식적으로 폐쇄되었다. 대부분의 멤버는 니시비스로 도망가서 학교를 세웠고, 그곳이 곧 동방교회의 주요 교육 중심지가 되었다.

니시비스 학교

니시비스 학교는 5세기 말에 에뎃사에서 페르시아 학교가 폐쇄된 후 사산 왕국 내에 창설되었다. 페르시아 제국 내의 기독교는 410년의 관용령(寬容令) 이후 특히 흥왕했다. 이 학교는 니시비스의 주교 바르소마(Barsoma)가 설립한 학교로, 그는 교장에 유능한 나르사이(Narsai)를 선정하고 교원이나 학생을 모아 그들의 거주구역을 만들었다. 나르사이 교장을 비롯한 대다수의 교원은 에뎃사의 박해로부터 피해 온 사람들이었다.

이 학교는 곧 동방교회의 등대가 되고 대부분의 성직자가 이곳에서 교육을 받았다. 에뎃사의 '페르시아 학교'를 모델로 삼고 조직됐으며, 모프수에스티아의 테오도로스 신학을 따랐다. '니시비스 학교'의 원래 교칙의 일부가 남아있어 이 학교의 운영이 어떤 것이었는지 짐작할 수 있다. 학생들은 고도의 훈련을 받으며 여름 동안은 일해서 학비를 벌어야 했다. 동방교회의 대부분의 교사, 선교사, 수도원의 지도자, 고위 성직자는 오랜 세월 동안 이 학교에서 훈련을 받았다. 실제로 7세기 되기 전까지 동방교회의 지도자나 신학자의 거의 전원이 니시비스 학교에서 교육을 받았다. 학내에서 많은 그리스 철학서나 종교서가 시리아어로 번역됐다. 학교의 초대 교장 나르사이는 동방교회의 가장 총명한 인물 중 하나이며, 매력이 넘치는 지식인이며 '성령의 거문고'로 불렸다. 위대한 시인이며 설교자이자 석의(釋義)가이며 신학자였다. 아마도 동방교회에서 감히 견줄 사람도 없는 최대의 시인 신학자라고 할 수 있다. 그것은 에브라임과 아프라하트는 시리아 교회가 동서로 분열하기 이전의 인물이기 때문이다. 그가 쓴 것으로 알려진 300여 권의 설교집 중 80권이 현존하고 있다.

셀레우키아 크테시폰 학교

동방교회가 메소포타미아에서 확산됨에 따라 교육 중심지가 많이 만들어졌다.

마르 아바 1세가 6세기 중반에 셀레우키아 크테시폰 신학교를 창설했다. 그는 조로아스터교의 고위 관리였으나 기독교로 개종하고부터 니시비스 학교에서 배우며 광범위하게 여행을 했다. 페르시아에 돌아가 니시비스 학교에서 가르쳤고, 많은 성경 주해서를 썼으며, 수많은 그리스어 책을 시리아어로 번역했다. 그는 성경을 매우 잘 알고 있는 성직자로, 540년에는 수좌 주교(카토리코스)에 뽑혔다.

그는 동방교회의 총주교(빠트리알코스)로 선정되면서 곧 544년에 총회의를 열어 교회를 강화했다.

쥰디샤프르(Gundeshapur, 군데샤푸르) 학교

쥰디샤프르 학교는 호스라우 아누샤르완 1세(Khosroes Anusharwan I, 531-578)에 의해서 설립되어 의학교로 특히 유명하게 됐다. 이는 비 칼케돈파가 박해를 받는 동안 비잔틴 제국에서 도망한 네스토리우스파의 난민에 의해서 시작되었고 사산 왕조 이후에도 계속됐다. 현재 페르시아에 위치하고 있으며 교원의 대부분은 동방교회에 속해 있고, 그 뒤에도 몇 세대에 걸쳐서 의사를 양성했으며 페르시아 시대만 아니라 이후 아랍 지도자들에게도 쓰임을 받아왔다. 아누샤르완은 유스티누스에 의해서 529년에 폐쇄된 아테네의 플라톤 아카데미로부터 추방된 이방인 철학자를 위한 피난 장소가 됐다.

금욕주의와 신비주의

시리아의 기독교는 초기 단계에서 강한 금욕주의적 성향을 갖고 있었다. 에브라임도 아프라하트도 '계약의 자녀'로 불리는 금욕주의의 교단에 속했다. 이 교단이 아마도 시리아 기독교에서 생겨난 최초의 금욕주의 공동체였다고 생각된다. 회원에는 남녀 모두 포함되어 있었지만 모두 결혼하지 않고 하나의 공동체에서 생활하고 있었다. 그들은 독신인 것이 '거룩함'과 같은 뜻으로 간주하고 '모든 욕망을 제거'하는 것을 의미하는 '마음의 할례'을 강조하며, 그것이 세례의 전제 조건으로 되었다. 그들은 자신들이 교회의 등골이라 생각하여 교회의 모든 활동에 관여하고 있었다. 이 무렵까지는 금욕생활로 혼자서 사막과 산 속에서 고독하게 생활하는 것을 일반적으로 하고 있는 것이었지만, 그들은 공동체로부터 떠나지 않으면서 환자나 이웃들을 돕는 일에 적극 참여했다.

한편, 산과 사막에서 혼자 생활하는 은둔자가, 동방 기독교의 중요한 특징이 됐다. 4세기 말까지는 그들은 공동생활을 하도록 되어 있었고, 수도생활의 핵심을 형성하게 되었다. 메소포타미아의 전통적인 수도원 생활의 창시자는 마르 아우긴(Mar Awgin, 370년 사망)이며, 그와 같은 생각은 이집트에서 가져온 것으로 여겨진다. 그는 70명의 형제들을 데리고 4세기 말에 이즈라 산[22]에 정착했으며, 거기에 훗날 유명한 수도원이 세워졌다.

지도자의 한 사람인 카슈가르의 아브라함(Abraham of Kashgar, 588년 사망)의 개혁에 의해 이 수도원은 동방교회 정통파의 보루가 되었고, 이윽고 페르시아 제국 내 60개의 수도원을 관리하게 되었다. 그는 수도원의 규칙을 정했다. 그것은 성경의 권위와 교부들의 전승에 따르고 기도와 훈련, 중노동, 상냥함 그리고 사랑으로 일치된 생활을 강조했다.

메소포타미아에서 5세기 초기로 거슬러 올라갈 수 있는 또 하나의 수도원은 데르 마르 맛타에서 모술 북서부에 위치하고 있다.[23] 모술 주변에 아직 남아 있는 것

---

22 이즈라(Izla)산: 아미다(Amida)와 니시비스의 사이에 있는 산악 지대.
23 데르 마르 맛타(Der Mar Matta): 이 수도원은 머지않아서 시리아 정교회의 중요한 중심지가 되고 현재에까지 이르고 있다.

이 데르 라반 후르미즈(Der Rabban Hurmiz), 데르 마르 게오르기스(Der Mar Georgis), 데르 마르 미하일(Der Mar Mikha'il), 데르 마르 베남이 있다. 고고학의 발견으로 이라크에는 그 밖에 많은 수도원과 교회가 알 히라, 셀레우키아 크테시폰, 티그리트 등지의 마을에 있었다는 것을 밝혀냈다.

7세기와 8세기에 신비주의 논문을 쓴 뛰어난 인물이 도 명이 있다.

니네베의 이삭(Isaac of Nineveh)

그는 카타르에서 태어났지만 생애의 대부분을 메소포타미아에서 보냈다. 767년 니네베의 주교에 임명됐으나 단 5개월 만에 그 자리를 버리고 은둔생활을 하기 위해 산 속으로 들어갔다. 그는 나중에 라반 샤푸루(Rabban Shapur) 수도원으로 옮겼고 그곳에서 그의 신비적 경험에 대해 글을 쓰는 데 전념했다. 그의 논문 중 28편이 현존하며 『신비적인 논문집(The Mystic treatises)』 또는 『완전한 종교에 대해서(De Perfecta Religiosa)』이란 제목으로 정리되었다. 그의 저서는 교파의 벽을 넘어 곧 바로 예루살렘의 성 사바 수도원의 수도승들 사이에서 퍼지면서, 그곳에서 그리스어로 번역됐다. 이후 아랍어, 그루지야어, 슬라브어, 라틴어로 번역됐고, 최근에는 다른 서방 국가의 언어로도 번역되어 있다.

유한나 알 달야타(Yuhanna al-Dalyatha, 장로 요한)

그는 7세기 말 두호크(Duhok)와 제호(Zäkho) 사이에 있는 이라크의 작은 마을에서 태어났다. 그는 남 터키의 알 달야타라는 지역의 학카리 산 속에서 독거생활을 했다. 그는 교회의 지도자들로부터 거부되었고, 그 결과 그가 세상을 떠나자 바로 총주교 티모테 1세는 그의 저작을 읽는 것을 금지했다. 그러나 그의 저작은 수도승의 사이에서는 돌려가며 계속 읽혀졌고, 많은 작품들이 현존하고 있다(논문 28

편, 서간 51권). 최근 들어 밝혀진 것은 유한나 알 달야타의 작품 중 일부가 니네베 이삭의 것으로 보여진다.

니네베의 이삭과 유한나 알 달야타 두 사람 모두 하나님 사랑의 성취와 하나님과 사람과의 완전한 일치의 도달에 관해서 썼다. 두 사람은 하나님과의 합일에 의한 법열(탈혼 상태)을 달성하기 위해서 필요한 단계를 설명했다. 여기에는 금욕생활, 성결, 기도, 영적 계시, 그리고 마지막에 '지복직감'[24]이 포함되어 있다.

두 사람 모두 신비주의해 큰 영향을 주었다. 그것은 메소포타미아에 국한하지 않고 보다 넓은 영역에 영향을 미쳤다. 이러한 것은 결국 그들의 작품이 그리스어나 아랍어를 포함한 많은 언어로 금방 번역됐기 때문이다. 이 책들은 모든 기독교 종파의 승려와 신비주의자들에게 읽혔으며, 그것들이 아랍어로 번역되었기 때문에 초기 이슬람 수피즘에 영향을 미쳤을 가능성도 있다.

금욕주의자와 수도승의 사이에서 그들의 거룩함이 평가가 되어 그들 공동체를 이끌 지도자 후보가 됐다. 많은 사람들이 수도원 밖으로 끌려나오게 되고 주교, 총주교, 선교사가 되었다. 메소포타미아교회의 기독교 역사 초기에 금욕주의와 수도승들의 영향력이 매우 중요해서, 410년 이삭 총회의에서 수도회 수도사(士)의 한 사람은 그들의 지도 아래 두고 있는 주교 보(補)가 그들을 관리하기 위해서 임명됐다.

---

24   지복직관(至福直觀, beatific vision, visio beatifica): 로마 천주교 용어(천사나 성도)로 천국에서 하나님을 보는 것, 하나님의 영광(천국)의 시현이다. 개신교에서는 '성령의 세례', '완전한 성결' 또는 '기독자의 완전'이라고 하는 '완전한 사랑(agape holiness)'의 체험이다. 동방교회에서는 '신화(神化, theosis)' 또는 '신성(神成)'으로 알려졌다. 동방교회의 THEOSIS 개념은 성화의 개념보다도 한 차원 높은 신앙의 수준을 추구하고 있다. 창세기 1:27에 "하나님이 자기 형상(image of GOD) 곧 하나님의 형상대로 사람을 창조하시되" 이 말씀은 우리에게 하나님의 형상(形象)을 닮은 신적인 요소(要素)가 있다는 우리 안에 있다는 의미이다.

2. 시리아 정교회

서문

'시리아 정교회'를 말할 때 교회에 붙여졌던 '시리아인'이나 '시리아 국가'가 아닌 아람어 방언인 '시리아어(語)'을 가리킨다. 시리아의 안티오키아 주변에서 발생한 기독교 공동체는 시리아어를 사용하는 사람들이고, 시리아의 문화를 공유하고 이러한 배경에서 태어난 교회는 당연히 '시리아인'이란 이름을 갖게 된다.

시리아에 복음이 전파된 것은 매우 빨랐다. 예수님의 십자가 사건 후 10년 만에 바울이 다마스커스의 기독교도들을 박해하기 위해 가는 도중 예수의 환상을 보았다고 하는 유명한 사건에서 놀라운 회심(행 9:1-19)을 경험하게 된 것이다. 그는 후에 바르나바(바나바)에 의해서 로마 제국에 속한 주(州) 시리아의 수도 안티오키아로 데려 가게 됐다. 그곳은 가장 성공한 기독교 공동체가 완성된 곳이다(행 11:25-26). 안티오키아는 드디어 기독교 세계로서 최초로 가장 중요한 중심지가 되었다. 기독교 복음이 그리스인에게 처음 전해진 것도 안티오키아였다(행 11:20).

최초의 선교사들이 서쪽으로 보내지게 된 것도 안티오키아였다(행 13:1-2). 예수를 믿는 사람들이 처음 '기독교도'라고 불리게 된 것도 안티오키아였다(행 11:26).

시리아의 인구의 대다수는 이교도인 아람 사람이었지만 기독교 복음을 받아들였다. 안티오키아는 동서가 합류하는 중요한 문화, 상업 중심지였다. 헬레니즘 문화와 아람 문화가 번성하던 다민족, 다언어 도시였다. 시리아 영토에서는 대부분의 주민은 시리아어를 구사했지만 엘리트 사상가들은 오랜 시간에 걸쳐 그리스 문화와 철학을 몸에 익히고 있었다.

콘스탄티누스 황제의 시대까지는 안티오키아는 기독교 3대 중심지의 하나가 되고 있었다. 그리고 다른 둘은 로마와 알렉산드리아였다. 니케아 공회를 개최할 때 이들 세 중심지는 총주교 자리이자 사도좌(座)로 인정받고 있었고, 신앙과 권한은 동등한 입장이었다. 안티오키아의 총대주교 밑에는 시리아, 메소포타미아, 소아시아의 주교좌가 있었고, 알렉산드리아 총주교 자리 밑에는 이집트, 에티오피아, 북아프리카가 있었고, 로마 총주교 자리 밑에는 유럽의 각 교회가 있었다. 그것에 콘스탄티노플 총주교 자리는 381년에, 그리고 예루살렘 총주교 자리가 451년에 더해졌다.

안티오키아는 당시의 여러 지적 논쟁에 적극 참여했고, 다양한 교회 공회의에서 교리와 신조를 형성하기 위한 중심적이고 열정적인 힘의 한 축이 되었다. 안티오키아의 신학교는 알렉산드리아의 것과는 달랐다. 단일기관이 아니라 특별히 유명한 교사의 주위에 모여 각각의 개별 조직의 집합체였다. 안티오키아의 교사 중에서 특히 저명한 자는 안티오키아의 루치아노(Lucian of Antioch, 312년 순교), 요한네스 크리소스토무스(John Chrysostom, 404년 사망), 디오도로스(Diodor, 407년 사망), 모프수에스티아의 테오도로스(428년 사망), 테오도레투스(Theodoret, 458년 사망)이다. 이들 신학자들은 그리스어와 그리스 철학에 능통했으므로 기독교 교리, 신학을 형성하는 것에 있어서 그리스 철학의 방법을 사용했다. 그러나 그들의 해석의 방법은 알렉산드리아 학파와는 달랐다. 안티오키아의 신학자들은 역사적인 방법을 사용하여 본문의 사실상의 진실성을 강조한 반면 알렉산드리아 학파는 영적, 비유적 해석을 사용하여 본문의 역사적 측면에는 별로 관심을 보이지 않았다. 안티오키아 관계 외의 신학자들은 알렉산드리아의 키릴이 대표하는 알렉산드리아의 신학 전통을 선호했다. 그중에는 시리아 정교회 신학자 마버그의 필로크세누스(Philoxenus of Mabbug, 533년 사망)가 있으며, 시리아어로 글을 썼다. 다른 사람은 안티오키아의 세베루스(Severus of Antioch, 538년 사망)로 그도 그리스어로 작품을 썼다.

안티오키아의 전례 중의 찬가(讚歌)는 중동에서 생겨난 것 중에서 가장 오래된 가장 아름다운 것으로 서 시리아 방언으로 불리고 있었다. 안티오키아의 그리스어 전례 본문에서 번역된 것이지만 에뎃사와 예루살렘의 것도 있고 시리아 성가도 포함되고 있다. 교육을 받은 엘리트들은 헬레니즘의 영향을 받았다고 하지만, 안티오키아와 다른 중동의 기독교 공동체는 시리아 문화와 시리아어를 지켰던 것이다.

독립 교회로서 시리아 정교회의 설립

시리아 정교회는 451년 칼케톤 공회의 이후 점차 독립 공동체의 형식을 취했다. 시리아 정교회는 공회의 결정에 동의하지 않는 중동 지역 기독교 공동체 중의 하나였다. 이집트뿐 아니라 오늘날의 시리아, 팔레스타인, 레바논의 종교 지도자와 일반 신도들의 대부분은 이 회의의 그리스도 '양성론'을 비난하면서 이 결정에 따르기를 거부했다. 그 결과 비잔틴 교회와 로마 교회로부터 서 시리아 교회와 콥트 교회가 분리하게 되었다. 후에 에티오피아 교회와 아르메니아 교회가 이에 동조하고, 모두 알렉산드리아의 키릴의 신학을 따르게 되었다. 메소포타미아의 교회는 칼케돈 공의회에 대표를 보내지 않았기에 그 영향을 받지 않았다. 메소포타미아의 교회는 로마 제국의 밖이었고 로마 황제에 의해서 개최된 회의에는 관계하지 않았기 때문이다.

이 분열의 직접 원인은 신학적 차이 때문임은 분명하지만 다른 요소, 가령 정치적, 민족적, 문화적, 사회적 요소도 그 요인이 되었다. 이들 공동체의 궁극적인 분리에는 이들 모두가 중요하게 엮여 있다. 비잔틴 교회는 로마제국 정책을 지지하는 것으로 여겨지고 있지만 그것에 반하여 초기 시리아 교회의 특질은 독립 정신과 자의식에 있었다. 비잔틴 제국의 지원에 의한 결정으로 강제되는 것이 시리아의 민족적 결속과 문화적 정체성을 위협하지 않을까를 느꼈고, 그것을 두려워한 것이다.

서 시리아 교회 안에서 칼케돈 공의회의 결정을 거부한 그룹은 그리스도 단성론을 받아들였기에 이후 비방자인 비잔틴 교회로부터는 '단성론자'라고 불리게 되었다. 칼케돈 공의회의 결정을 수용한 그룹은 '말카이트(Malkites)'라는 이름으로 알려지게 됐다. 이 말은 아람어의 '말카(Malka=왕)'에서 왔고, '왕의 백성'이란 뜻이다. 그것은 왕, 즉 황제의 결정을 지지했다는 것을 의미한다.

어느 쪽 이름도 잘못 붙여진 것으로 사용은 피해야 한다. 각각 반대파로부터 경멸의 의미를 담아 사용된 것임으로 적절하지 못하다. '단성론'이라는 용어는 에우튜케스(Eutyches)라는 신학자가 주창한 그리스도론을 설명하는 데 사용되었는데 적절하지 못하다. 그의 가르침은 칼케돈 공회의뿐 아니라 시리아 정교회에서도 인정되지 못했다. 그는 예수의 인성과 신성을 혼동한 듯하며, 인성이 신성과 혼합해서 일체화된 뒤 그 결과 속성을 식별할 수 없게 됐다고 가르쳤다. 에우튜케스에 따르면, 예수의 인성은 신성에 흡수됐으며 그리스도는 아버지하고만 동질하다는 것이다.

칼케돈 공의회의 결정을 거부한 사람들은 에우튜케스의 신학이 아니라 알렉산드리아의 키릴의 신학을 따랐다. 키릴의 공식문은 "육신을 입으신 하나님 말씀의 본질은 하나"라는 것이다. 그러나 그의 기독론은 그리스도가 완전한 사람이며 완전한 하나님임으로서 두 본질을 갖고 예전부터 존재했으나 육신을 입으실 때 "섞이지도 않고 분리하지도 않고, 혼란하지도 않고 하나의 본질이 되었다"라는 것이다. 그러므로 "예수그리스도는 아버지와 동질이며 동시에 인간과 동질이다. 즉, 완전히 하나님이시고 완전한 사람이시다"라는 것이 된다. 이 신학은 그리스어에서 가져온 '일질론(一質論, 미아피사이트)'이라고 현재 불리고 있다. 그리스어의 미아피사이트(miaphysite)와는 '각종 요소로 구성된 합성물'을 표현하며, 합쳐진 뒤에도 각각 특이한 성질을 계속해서 가지고 있음을 뜻한다.[25]

칼케돈 공의회 이후 시리아와 이집트의 상황은 대혼란에 빠졌다. 안티오키아 교회와 알렉산드리아 교회 안에서 칼케돈파 지도자와 비 칼케돈파 지도자들 간에 대립과 갈등이 생겼다. 시리아와 이집트의 양국에서는 이들 두 파 사이에서 모든 계급층의 충돌이 계속되고 있었다. 어떤 신학자들은 양자를 화해시키기 위해 타협적인 신학을 만들기 시작했다. 그런 해결 가능성을 원했던 것으로 '헤노티콘(Henoticon, 통일령)'이라고 하는 안티오키아의 베드로(페토로스 몬고스) 주교에 의해서 고안된 신학 방법이었다. 이 신학은 양자에게 좋은 타협안으로 제논(Zeno, 474-491) 황제의 지지를 얻었다. 처음에는 받아들여졌지만 칼케돈파로부터 맹공을 받아 로마와 단절될 염려가 생겨났다.

제논 황제가 일질론을 받아들이게 하려는 시도에 실패한 뒤, 비잔틴 황제는 칼케톤 공의회의 결정을 제국 내의 모든 신도들에게 강요하기 시작했다. 안티오키아의 총주교 세베루스(Severus)는 518년에 유스티누스의 명령에 의해서 개최된 총회

---

25 '일체': 합체하여 여전히 각각의 성질을 갖는 것은 일체가 된 부부에 비유할 수 있다.

의에서 면직됐다. 그는 죽음을 면하기 위해서 알렉산드리아의 총주교로부터 피할 수밖에 없었다. 이어 521-527년까지 54명의 주교가 면직되었다. 수도승은 수도원에서 쫓아냈고 많은 사제들에게는 동의하도록 압력이 주어졌다. 그렇게 함으로 성직자가 턱없이 부족하게 되고 교회의 존속에 동요가 생겼다. 그래서 주교 중 한 명인 텔라의 요한이 비밀리에 사제를 임명했다. 그는 페르시아, 아르메니아, 시리아를 널리 여행하면서 사제와 보(輔)사제를 임명하고 사람들에게 용기를 주었다.

527년 유스티누스(Justin) 황제의 뒤를 이은 것이 유스티니아누스(Justinian) 황제이다. 그는 결코 보통의 신학자가 아니었고, 다분히 칼케돈 파이었지만 일질론에도 관용하고 일치를 회복하자라는 결의를 가지고 있었다. 그의 부인 테오도라도 그와 마찬가지로 종교에 관심을 갖고 숨겨진 일질론 지지자였다. 박해가 그치고 531년에 황제는 추방된 수도승들이 수도원으로 돌아가는 것을 인정하고 주교들을 콘스탄티노플에 소집했다. 공동체는 안심의 한숨을 쉬고, 교회는 그 지위를 굳게 했다. 테오도라 황후는 자신의 궁전의 하나를 일질론의 금욕주의자나 지도자들을 위해 개방하고 여기가 532년에 열린 칼케돈파와 비 칼케돈파라는 반대의 입장을 취한 두 파를 공유한 신학회의를 위한 무대가 되었다. 3년 후 세베루스 총주교는 콘스탄티노플에 초청받아 명예로운 접대를 받고 그의 주장을 추진하는 것이 허용되었다. 그러나 많은 사람들은 회의적이었다. 이러한 것은 콘스탄티노플의 성직자와 수도승들이 로마 교황과 하나가 되어 유스티니아누스 황제의 화해안에는 계속 반대했기 때문이다.

교황은 536년 콘스탄티노플에 와서 유스티니아누스(칼케돈 신학을 믿고 있는 것처럼 생각되었지만)와 같이 하나가 되어서 공의회 결정을 전 주민에 강요하기 시작했다. 콘스탄티노플 총주교는 파면되고 총회의가 열렸다. 비 칼케돈파 지도자들은 파문당했다. 이어서 황제의 칙령이 나왔고, 다시 박해가 시작됐다. 총주교 세베루스의 저작은 불 태워지기를 명령받고 그는 다시 이집트로 피난 가서 2년 후에 사망했다. 텔라의 요한은 추적당한 후 체포되어 처형됐다.

이 시점에서 서시리아 교회는 다시 지하로 들어갔고 교인 대부분은 비잔틴 지배에서 피하여 사산 왕조 지역으로 도망쳤다. 초기의 지도자들이 투옥되거나 살해되거나 하면서 상황은 다시 위급해졌다. 두 중요한 인물이 그 위기를 구했다. 한 사람은 콘스탄티노플에서 탈출한 헤파이스토우(Hephaistou)의 요한이었고, 사제를 임명하고 신도에게 격려하면서 각지를 순회했다. 다른 사람은 가사니드(Ghassanid) 아랍의 왕,[26] 하리스 바르 자발라(Harith bar Jabala)이다. 그는 542년 자신의 나라를 위해 주교를 원해서 콘스탄티노플에 왔다. 그는 비 칼케돈파를 지지하고 그녀는 아라비아의 테오도루스와 야코브 바라데우스(Jacob Baradeus)를 임명하고 테오도로스는 아랍 주교로, 야코브 바라데우스는 에뎃사의 주교로 임명되었다.

야코브 바라데우스(500-578)는 강한 의지의 소유자로 높은 교육을 받은 인물이었다. 시리아어뿐만 아니라, 그리스어와 아랍어도 익히고 있었다. 자신의 신앙을 전파하는 데 열심인 그는 누더기 옷을 입고 메소포타미아와 시리아 전역으로 마을 마을로 순회하며 신도들을 격려하고 사제와 보(輔)사제들을 임명했다. 현상금을 걸려 추적당하고 있었기에 낮에는 숨어 있다가 야간이면 변장을 하여 이동하면서 서 시리아 교회를 세우는 데 성공했다. 이라크에서는 559년 아후다마(Ahudama)라는 인물을 주교에 임명했다. 아후다마는 티크리트에 살고 있었던 것 같고 동방 시리아 정교회의 초대 부(府)주교가 된 인물이다.

---

[26] 가사니드인(Ghassanids): 3세기 말에 예멘에서 이주해 다마스커스의 남동쪽 시리아 내에 왕국을 세운 아랍인이다. 그들은 바로 기독교로 되면서 아랍어를 버리지 않고 시리아화로 되었다. 5세기 말까지는 비잔틴 제국의 정치적 영향 하에 놓여 있었고 제국의 지배하에 있는 완충 국가가 됐다. 그들은 비잔틴을 돕고 아라비아 반도에서 베두인족이 대량으로 들어오는 것을 막았다. 또 비잔틴과 협력해서 적(敵)인 사산 왕조와 싸웠다.

야코브 바라데우스는 이 시기의 시리아 정교회에 있어서 둘도 없는 중요 인물이지만 비잔틴으로부터 쫓기고 있었다. 이 공동체는 그의 이름을 따서 '야콥파'라고 불리게 되었다.

이 이름이 부적절한 것은 반대파 비잔틴에 의해서 경멸적인 의미에서 붙여진 이름이고 시리아 정교회는 그보다 이전부터 존재했기 때문이다. 이전에는 이 이름으로 시리아 정교회를 부르는 것이 일반적이었지만, 때로는 그 회원들 사이에서 그렇게 부르는 경우가 있었다. 시리아 정교회는 야코브 바라데우스를 가장 위대한 성인으로 존재감을 갖고 있지만 야콥파라고 부르는 것은 피해야 한다.

시리아 정교회는 6세기 말까지는 주로 시리아, 레바논, 팔레스타인, 그리고 이라크의 일부에서 독립된 교회로서 발달했다. 오늘날의 정식 명칭은 '안티오키아 및 동방 전역에 있어서 시리아 정교회'이며 그 총주교는 '안티오키아 및 동방 전역 총주교'라는 칭호를 갖고 있다. 이것에서 보듯이 초기 기독교 지도력의 중심지였던 안티오키아는 지금도 중시되고 있다. 7세기에 이슬람교가 출현하기 전까지는 안티오키아는 기독교도들에게 있어서 행정상, 지적 중심지로서 계속됐다. 공식적인 지도력의 중심지는 안티오키아로 계속했지만 총주교의 실제 거주지는 518년 안티오키아로부터 정치 정세에 의해서 여러 곳을 전전 이동했다. 그리고 20세기 중엽 마르딘의 데르 알 자파랑(Der al-Zaʻfaran)에서 안착하게 되었다. 1933년까지 총주교 자리가 거기에 놓여 있었지만 그 해에 다마스커스로 옮겨졌다.

시리아 정교회, 이집트의 콥트 교회, 에티오피아 교회, 아르메니아 교회 그리고 인도 마랑카라 교회들은 모두 같은 그리스도론을 받아들이고 있다. 그리고 칼케돈파의 '동방 정교회'[27]와 구별하기 위해서 최근 '오리엔트 정교회'라는 이름의

---

27 동방 정교회(Eastern Orthodox Churches): 그리스, 키프로스, 러시아, 루마니아, 불가리아, 체코, 세르비아, 그루지야의 각 정교회가 포함된다.

산하에서 정리되고 있다. 시리아 정교회는 '동시리아 교회'와 구별하기 위해 '서시리아 교회'로 불린다. 동 시리아 교회는 현재 '동방교회'로 불린다. 최근 에리트리아 교회(에티오피아의 콥트 교회의 일부)가 분리하고 독자의 총주교를 선출했다. 그렇게 함으로서 현재 오리엔트 정교회는 6개의 파를 갖게 되었다.

이라크에서 시리아 정교회

메소포타미아의 교회는 410년 이삭 총회의에서 페르시아인에게 인정되었으며, 424년 다디소 총회의 후에는 행정상 안티오키아 교회로부터 독립한 교회가 되었다. 이 시점에서는 신학상 뚜렷한 정의(定意) 설정이 되어졌던 것은 아니다. 이라크의 교회를 독립적으로 이끈 이들 총회의는 네스토리우스를 면직한 에페소 공의회(431년)나, 기독론으로 양성론을 채택하고 서방 교회가 이 결정을 받아들일지 말지의 여부로 분열된 칼케돈 공의회(451년)보다 앞에 열렸기 때문이다.

424년 안티오키아와의 관계가 단절된 것은 주로 교회와 국가 사이에서 귀찮은 사태가 생기지 않도록 하겠다는 정치적 움직임이었다. 이것은 조로아스터교 사산 왕조는 콘스탄티누스 황제가 개종하고 392년 기독교를 국교로 한 이후 비잔틴 제국과는 적대 관계에 있었기 때문이다. 사산 제국 내의 기독교도들은 종종 기독교 비잔틴 제국의 지지자라고 불리며 비난받게 됐다. 페르시아 지배하의 메소포타미아의 상황은 특이했다. 첫째, 상당수의 교회가 칼케돈파나 일질론파의 기독론과는 판이하게 다른 신학을 따르던 것과 둘째, 비잔틴 제국 내에서 불거진 칼케돈파와 비 칼케돈파의 마찰에 영향을 받지 않았던 것이다. 제논 황제의 영향으로 '일질론'이 우위로 되었을 때, 또 489년 에뎃사 학교가 폐쇄되었을 때 교사들이 한 것을 말한다면, 그들은 니시비스로 피하고 거기서 양성론을 가르치는 것이었다. 유스티누스 황제나 유스티아누스 황제가 칼케돈 공의회의 결정을 수용하지 않는 사람들을 박해하기 시작했을 때 메소포타미아의 기독교도들은 페르시아의 지배 아래에 있는 바람에 피해를 보지 않았다. 실제로 일질론 자의 많은 이들이 이 시기에 메소포타미아에서 벗어났다. 553년 콘스탄티노플 공의회에서 모모프수에스티아의 테오도로스의 가르침이 최종적으로 규탄되고 '네스토리오스파'가 비잔틴 제국 내에서 불법으로 되어 진 뒤 에뎃사의 '네스토리우스파'로서 살아남은 자들은 이라크 북부로 옮겼다.

기독론의 정의가 확립하기 전에는 메소포타미아 교회 지도자의 거의 모든 회원들은 모프수에스티아의 테오도로스의 신학을 따랐다. 교회 신자 대부분은 양성론 신학을 가르치던 에뎃사의 '페르시아 학교' 졸업생이었다. 그러나 약간의 교회, 특히 티크리트, 데르 마르 맛타와 니시비스, 신자르, 모술의 주변에 있는 공동체는 일질론을 따랐다. 에뎃사 학교가 폐쇄되자 학문의 중심지가 된 니시비스가 메소포타미아에 양성론을 피력하는 지도적 학자를 계속 보냈다. 창설자 바르 사우마(Bar Sauma)와 교장 나르사이는 둘 다 모두 모프수에스티아의 테오도로스 지지자였고, 그래서 니시비스의 신학교는 이라크에서 양성론 신학의 보루가 됐다. 486년 아카키오스 총주교가 셀레우키아 크테시폰 총회의를 열고 이때 동방교회로서는 최초로 기독론으로서 분명히 양성론을 유지하는 신조를 신앙 고백으로 내세웠다(제3장 1절 및 [표 3] 참조).

사산 왕조의 왕(샤)들은 기독교의 어느 파를 지지할까 특정짓지 않았기에 서시리아의 기독교도들은 사산 제국 내에서 수가 늘어나기 시작했다. 그것은 많은 난민이 특히 유스티누스와 유스티아누스 황제의 박해로부터 피하여 왔기 때문이다. 게다가 서 시리아인으로 인한 더 열성인 전도가 많은 메소포타미아인을 그들의 신앙으로 개종하게 만들었다. 특히 흥미로운 것은 아랍인 중 바아르바야[28]의 타이족, 우카이루 족, 타누쿠 족, 티크리트와 그에 가까운 안마루 족, 타구루푸 족, 아야도 족이다.

거기다가 페르시아의 호스라우 1세가 전쟁 포로들을 비잔틴 제국에서 데리고 왔기 때문에 기독교도의 수는 갈수록 늘었다. 540년과 573년에 다수의 포로들을 데려왔고 여기저기 마을에 정착하게 했다. 수도 셀레우키아 크테시폰에 근처에 정착한 그들의 거주지는 '신 안티오키아'라는 이름으로 알려지게 됐다.

점차 서 시리아 교회는 메소포타미아에서 동방교회와는 별도의 형식을 취하게 되었다. 독자적인 위계체제, 행정, 예배의 장소를 갖게 되었지만 교회 제도로서는 안티오키아의 가르침을 계속 따라갔다. 그러나 페르시아 당국을 향해서는 동방교회 총주교를 대표로 했다.

이윽고 동서 시리아 교회 간의 대항 의식이 생기고 호스라우 2세(591-628)의 시대에 대립이 극에 달했다. 호스라우 황제의 왕비 시린(Shirin)이 황제의 의사 가브리엘에 인도되어서 시리아 정교회 신앙으로 전향했다. 동방교회 총주교가 공석이 되는 동안 시리아 정교회는 시린과 가브리엘의 영향 아래에서 독자적인 신앙 신조에 따른 총주교 자리를 두도록 했다. 두 사람은 왕에게 압력을 걸어 자신들 교파의 총주교를 임명하도록 했다. 반면 동방교회는 반대 목소리를 높였다. 그 결과 왕은 두 사람에게 각각의 입장을 밝히게 했다. 두 사람은 왕 앞에서 자신들의 신학적 입장을 주장했다. 그럼에도 문제가 해결되지 않아서 호스라우 2세는 비잔틴 제국과의 전쟁 때문에 마음이 상심해져 있었으므로, 이 문제는 그의 재위 중에는 미해결인 채로 두었다.

호스라우 2세의 치세는 장군과 자신의 아들 코바드(Kobad)의 음모 때문에 끝을

---

28 바아르바야(Ba'arbaya): 니시비스, 모술과 싱쟈루 사이의 지역이다.

맞이했다. 호스라우 후에 짧은 기간 동안 통치한 이 아들은 동방교회의 동 시리아교 기독교신자인 샴타라는 협력자를 얻었다. 샴타(Shamta)의 아버지는 호스라우에 의해서 재산을 몰수당했다. 코바드 왕을 섬긴 짧은 기간 동안 샴타는 그에게 영향을 주고 동방교회 자체의 총주교 자리를 신설하도록 했다. 결과적으로 동방교회의 주교 승회(코레지오)가 모이고 628년 이슈야브(Ishuyab)를 동방교회 총대주교로 선출했다.

마찬가지로 시리아 정교회는 조직을 재편성하면서 사산 왕조 당국에 독립된 다른 대표권을 요구했다. 시리아 정교회 총주교는 라반 유한나를 대표자로 파견하고 사산 정부와 회동하고 독립된 조직으로 인정하도록 의견을 말했다. 629년 시리아 정교회는 사산 왕조로부터 페르시아 교회(즉 동방교회)라는 주체로부터 별도의 독립된 교파로 인정받았다.

라반 유한나는 데르 마르 맛타 주교와 그 주변의 4명의 주교를 만났다. 그 결과 전원이 안티오키아 총주교의 지도에 따르기로 결정했다. 이 단계에서 이라크의 시리아 정교회에는 12명의 주교 좌가 있었는데 그중 여섯이 데르 마르 맛타, 모술, 니네베의 부(府)주교의 관할 하에, 다른 여섯은 티크리트 총주교의 관할 하에 있어 전체가 안티오키아 총주교 아래에 놓였다. 티그리트 주교는 이라크와 페르시아에 있는 12개의 주교좌를 책임 졌고 후에 '동방 총주교'로 불리게 됐다.

629년 마루사 주교가 이라크에서 시리아 정교회의 초대 동방 총주교가 되었다. 그는 동방교회의 총주교가 살고 있는 페르시아 제국 셀레우키아 크테시폰에 사는 것이 허용되지 않았기 때문에 티크리트로 거주하였다.

티크리트

티크리트는 시리아 정교회의 동방 총대주교의 사택이 생기기 전부터 기독교도들의 거주지였다. 전승에 따르면 티크리트에는 1세기부터 기독교도이 거주하고 있었다. 초대 주교 마르 아후다마 (Mar Ahudamah)는 이라크의 야코브 바라데우스에서 임명됐지만 티크리트 출신이었다.

이 마을은 아랍 지배가 되고부터 처음 300년간 기독교 중심 도시로서 번창했다. 이 문화적 중심지는 예흐야 이븐 우다이 알 티크리트(Yehya ibn Udai al-Tikriti), 알 파셀 이븐 야일 알 티크리트(al-Fathel ibn Jarir al-Tikriti)의 같은 위대한 철학자, 신학자, 의사를 배출했다.

최근의 연구와 발굴조사 덕분에 티크리트[29]와 그 주변에는 적어도 7개의 교회와 10개 이상의 수도원이 있었던 것으로 나타나고 있다.

9세기부터 티크리트의 기독교도의 일부는 북쪽으로 이주하고 모술과 니네베로 향했다. 특히 모술의 마을이나 콰라 코슈(Qara Qosh)[30]로 향했다. 후에 투르 아브딘(Tur' abdin)과 제지라(Jezirah)에도 이주했다. 817년 이후 모술의 마을에는 티크리트인을 위한 교회가 있었다. 이들이 이주한 것에는 몇 가지 이유가 있다. 티크리트의 기독교 지도자들 중에 상대와의 인간관계에서 다툼이 있었기 때문인 사람도 있지만 이슬람 정부의 통치자가 그의 기독교 신자에 대해서 딤미(넷째 장 참조)를 엄격히 적응하기 시작했고 수도승이나 성직자, 일반 신도를 굴욕적으로 폄훼한 것이 주된 이유이다. 생활이 참을 수 없을 정도로 어려워지고 이주를 시작한 것이다.

---

29 티크리트(Tikrit): 고대의 여행자나 역사가들은 티크리트에는 교회가 10곳 있었다고 전하고 있으나, 이라크 고고학의 정식 보고서는 분명히 증거가 발견된 것은 3곳뿐이라고 보고되어 있다. 카샤의 생각으로는 교회의 몇 개는 수도원일 가능성이 있다고 한다. 그의 저서 『시리아 정교회 본부 티그리트』에서 이 지역의 도미니크회 수도사 장 모리스 후이의 조사와 함께 이라크 정부의 발굴에 의한 최근의 발견에 대한 좋은 논평을 쓰고 있다. 후이는 20년 이상 이라크에 살고 교회와 수도원에 대해서 훌륭한 연구를 하고 있다.

30 콰라 코슈(Qara Qosh): 는 모술 남동쪽에 있는 기독교도이 많은 마을이며 고대에는 바후데다로 불렸다. 10세기부터 11세기에 대량의 사람들이 티크리트에서 탈출했기 때문에 인구가 증가했다. 이 마을에서 온 나의 친구에게서 들은 바에 따르면 콰라 코슈에서 온 사람들은 지금도 티크리트의 친척과 관계를 가지고 있으며, 지금도 양측의 결혼이 가끔 행해진다고 하는 것이다. 또 티크리트의 여성들은 빵을 구울 때에 의미도 모르고 반죽에 십자 표시를 새기는 것으로 알려졌다.

1089년 통치자의 명령으로 악명 높은 습격이 있었고 마르 아후다마 대성당(일명 녹색 교회)이 파괴되고 세간은 약탈당했다. 많은 기독교도이 다른 곳으로 달아났다. 동방 총주교 유한나 2세 살리바(Saliba)는 모술로 피신했다. 다음에 이어진 통치자는 보다 온건한 지도자여서 차기 동방 총주교였던 디오니시우스 무사(Dionysius Musa)는 티크리트로 돌아왔다. 그는 군주의 특별 허가를 받아 교회를 재건했다. 또 기독교도에게 티크리트로 돌아가서 살도록 권유했다. 그러나 이 상황은 오래가지 않았다. 12세기 초에 무력 공격을 받았기 때문이다. 황제(술탄) 기어스 알 딘 무함마드 빈 말리크 샤[31]가 군을 보내 7개월에 걸쳐서 포위가 된 후[32] 티크리트는 함락됐다. 기독교도의 상황은 점점 악화되면서 동방 총주교 자리도 위기에 처해지고, 1156년 최종적으로 동방 총 주교 자리는 모술로 넘어가게 됐다.

데르 마르 맛타(Der Mar Matta), 모술(Mosul), 니네베(Nineveh)

17세기 말까지는, 데르 마르 맛타, 모술, 니네베의 부(府)주교 관할 하에는 6개의 주교 좌가 있었다. 부(府)주교는 원래 데르 마르 맛타의 주교이며 공식적으로는 티크리트에 살고 있었던 동방 총주교 아래의 지위에 있었다.[33] 그러나 그에게는 처음부터 특별한 혜택이 주어졌고 동방 총주교의 권한은 제한되어 있었다. 이것이 오랫동안 많은 장해가 되었고 데르 공동체와 티크리트 공동체 사이에서 치열

---

31 술탄 기아스 알 딘 무함마드 빈 말리크 샤(Sultan Giath al-Din Muhammad bin Malik shah): 이 시기 아바스 왕조의 군주는 명목상의 지배자였으나 실제의 지배자는 셀주크 터키였다. 알 무스타딜이 군주의 자리에 있을 때에는 지아스 알 딘이 셀주크의 통치자였다.
32 이 사건의 세부와 연대는 분명치 않다. 휘는 『압바스 왕조 시대의 기독교도 상황』에서 '녹색 교회'는 1106년에 아랍에 넘어갔고 아마 그 해에 포위된 것이라고 전해지고 있다.
33 라반 유한나가 의장을 지냈던 데르 마르 맛타 총회의를 하는 동안 참석한 4명의 주교들은 각각 신자르, 파노하도라(도우훅), 바루만, 샤루조루(술라이마니야)의 대표였다. 나중에 다른 두 사람이 코메루와 에이샤브르 주교에 임명됐다.

한 충돌이 있었다. 특히 티크리트 사람들이 모술이나 그 근교로 이주를 시작한 후에 심해졌다.

1089년 티크리트의 동방 총주교가 모술로 도주했을 때, 그 공동체에는 많은 문제가 발생하고 결국 다음 동방 총주교는 티크리트로 돌아오게 됐다. 그러나 1156년 동방 총주교 자리가 최종적으로 모술에 정착하면서 동방 총주교 이그나티우스 리어질(Ignatius Li'azir)은 두 개의 부(府) 주교 자리를 하나로 묶어 데르 마르 맛타의 주교에게 주어진 특전을 뒤집었다. 그의 칭호는 '티크리트, 니네베, 모술과 동방 전역의 동방 총주교'였다.

시리아 정교회의 특징

선교 정신

동방교회와 마찬가지로 시리아 정교회는 선교 정신이 강해 동방을 향해서는 페르시아, 중앙아시아, 인도, 남쪽을 향해서는 아라비아 반도에 확산되고 있었다. 이 교회의 핵심 인물 중 하나인 시리아사람 미카엘이 12세기에 동 이란, 헤라트, 후라산, 바레인, 그리고 옥소스 강 주변 지역의 주교, 부(府)주교들의 기록을 남기고 있다. 그 최고 번성기에 이라크의 시리아 정교회에는 동방 총 주교 밑에 31개의 주교 좌가 있었다. 하지만 시리아 정교회는 사산 왕조 제국 내에서는 수에서도 영향력에서도 동방교회에는 미치지 못 했다.

시리아 문화

시리아어와 시리아 문화가 시리아 정교회의 두 기둥이었다. 몇 세기 동안 위대한 인물을 배출하는 학문의 중심지가 되었고 풍부한 문화사를 남겼다. 에뎃사에는 일류(一流) 학교가 있었고 489년에 페르시아 학교가 폐쇄된 후에는 이곳이 특히 중요하게 됐다. 이라크에서는 데르 마르 맛타, 신자르, 티크리트[34]가 주요 학문의 중심지로 되었다. 이들 학교에서는 폭넓은 학문을 배웠다. 신학, 철학, 성경연구 외에도 역사, 과학, 음악, 의학, 언어 과목이 있었다. 그리스어와 시리아어를 배웠고 나중에는 아랍어도 배웠다. 유능한 학자들이 각 분야에서 독자적인 책을 쓰거나 그리스어를 시리아어로, 나중에는 아랍어로 번역하는 것에 기여했다.

시리아 정교회의 학자와 위대한 인물의 이름을 모두 내세우는 것은 본서의 범위를 넘어선다. 초기의 시리아인 에프렘과 아프라하트 같은 시리아어 저자에 대해서는 이미 말했지만 그들은 시리아 정교회뿐만 아니라 다른 시리아 동방교회에서도 한결같이 자신들의 학자다고 주장했다.(동방교회의 문화, 참조) 그 후 메소포타미아에서 태어났거나 메소포타미아에서 활약한 유명 학자에 대해서는 다음과 같은 인물을 들 수 있다.

- 세베루스 사부크트(Severus sabukht, 667년 사망): 그는 니시비스에서 태어났으며 수도승이 되었고 킨네스리네에서 교육을 받았다. 유능한 의사이자 수학자이며 철학자이자 교회 출신자로서 천문학과 자연 과학의 탐구를 한 최초의 학자이다.
- 에뎃사의 야코브(Jacob of Edessa, 708년 사망): 폭넓은 지식과 명석한 두뇌를 가졌고 분명하게 판단할 인물로 다른 어느 것과 비교할 수 없을 만큼 뛰어난 학자였다. 그의 저작은 문학 문법, 역사, 법률, 철학, 신학의 분야에 이른다. 페싯타(Peshitta)의 주해를 개정하면서 또 많은 작품을 그리스어에서 시리아어로 번역했다. 그는 교회사의 대부로 알려진 유세비오스의 교회사의 속편을 쓴 것에 그치지 않고 그 보충 및 오류

---

34 신자르와 티크리트는 이라크의 도시이며 신자르는 모술의 북쪽에 있고, 티크리트는 바그다드 북쪽, 바그다드와 모술의 중간에 있다.

등을 정정했다. 안티오키아 근처의 마을에서 태어났고 세베루스 사부크트의 밑에서 킨네스리네에서 훈련을 받았다. 그리고 684년 에뎃사의 주교에 임명되었다.

- **유한나 빈 아디 알 티크리트**(Yuhanna bin Adi al-Tikriti): 893년에 티크리트에서 태어났으며 바그다드에서 알 파라비(al-Farabi)와 비슈르 이븐 맛타(Bishr ibn Matta)의 밑에서 배웠다. 그는 아랍어와 시리아어를 습득하고 많은 철학 서적을 아랍어로 번역했다. 사립의 논리학 학교를 세우고 독자적인 신학과 철학서를 썼다.

- **알 파젤 이븐 자리르 알 티크리트**(Al-Fathel ibn Jarir al-Tikriti): 10세기 말에 티크리트에서 태어났다. 유명한 철학자 의사가 되었다. 시리아어와 아랍어를 습득하고 시리아어 책을 아랍어로 번역했다. 또 의학 논문도 썼다.

- **시리아인 미카엘**(Michael the Syrian, 1199년 사망): 위대한 학자 중 하나로 1166년에 총주교가 됐다. 그의 가장 중요한 작품은 연대기이며, 천지창조에서부터 1194년까지를 다루고 있다. 그중에는 처음 세 번의 십자군의 것이 포함되어 있다. 이 작품은 시리아 정교회의 역사에 매우 중요하며 많은 잃어버린 자료를 보존하고 있다.

- **바르 헤브라에우스**(Bar Hebraeus, 1226-1286): 아브 알 파라그(Abu al-Farag)라고도 불리며, 아마 이 시리아 정교회 중에서 가장 유명한 인물이다. 의사의 아들이며 안티오키아와 트리폴리에서 의학을 배웠으나 나중에 신학을 배우고 성직에 돌아섰다. 그는 주교에 임명되고 1264년에는 시리아 정교회 대주교(브라이메이트)가 되었다. 그의 작품은 백과사전 성격을 지니고, 아랍어로 쓰인 것도 다소 있지만 주로 시리아어로 씌어 있다. 폭넓은 주제를 다루면서 그중에는 신학, 철학, 역사, 과학, 수도원 제도도 담고 있다.

금욕주의와 신비주의

시리아, 팔레스타인, 레바논, 메소포타미아에는 이 파(派)가 건설한 수많은 수도원이 있으며 이 교파가 금욕적, 신비주의적인 성격임을 증명하고 있다. 더불어 사막이나 동굴, 기둥 꼭대기 등에 혼자 사는 유명한 독거 수도사도 있었다. 수도사나 독거 은둔자는 독실한 신앙인들에게 매우 존경받고 있었기 때문에 뒷바라지가 그들에게 맡겨졌다고 해도 놀랍지 않다. 사람들은 그들을 보려고 몰려들어 원조와 조언을 요구했다. 수도원에서 밖으로 나와 주교와 총주교가 된 사람도 많고 종종 그 외 기타 목회 부문에서 책임을 졌다.

수도원은 단지 사람들이 신앙을 실천하고 성스러운 생활을 즐기기만을 위한 장소가 아니라 지식을 구한 장소이기도 했다. 수도원은 학문의 중심지이며 그리스어 문서가 번역되었기도 하고 수많은 독창적인 작품이 나왔다.

이라크에서는 다수의 수도원이 티크리트 시내와 근교에 있었다. 또 모술과 그 부근의 마을들에도 있었고 그중에서 가장 유명한 것이 마르 맛타 수도원이었다. 가장 오래된 수도원의 하나이고 4세기 아미다 출신 맛타에 의해서 생긴 것이다. 그는 배신자 율리우스 황제(363년 사망)의 박해로부터 다른 3명의 수도사와 함께 사산 영토로 피하고 은둔자가 되고 동굴에서 생활했다. 나중에 그 자리에 현재의 수도원이 세워졌다. 다른 많은 사람들이 그를 모범으로 삼고 근처의 동굴에서 같은 생활을 시작하게 되었다. 그렇게 해서 수도원의 핵심이 완성된 것이다. 황금 시절에는 1,000명 이상의 수도사[35]가 생활하고 있었다. 그것은 모술에서 북서쪽으로 20마일 정도에 있는 막로브 산에 있으며, 순례자도 도보로 밖에 오르지 않았지만 20세기 후반에 도로가 정비되어 차로도 오르게 됐다.[36] 그곳은 시리아 정교회 신도에게는 6세기 이후 계속 학문의 중요한 중심지가 되고 있었다. 이곳의 영내에

---

35 지도자 중 한 명인 아브 나스르 알 발티리가 1290년에 쓴 자료에 의하면 7000명이다. 12세기부터 13세기에 걸쳐서 활약한 전기(傳記)작가 야쿠트에 따르면 1000명으로 되어 있다.

36 사담 후세인의 사촌은 순례자로서 데르 마르 맛타를 찾아 아들 얻기를 간구했다. 아들이 태어났을 때에는 도로를 건설하고 수도원을 개축하도록 명령했다.

서 배운 많은 사람들은 이후 시리아 정교회의 사상가가 되면서 지도자가 됐다. 그 중에서 가장 유명한 자가 바르 헤브라에우스이며, 그곳의 주교가 되었고 그의 무덤은 현재도 그곳에서 볼 수 있다.

데르 마르 맛타는 480년 이후 주교 자리가 있던 곳이고, 한동안 시리아 정교회의 주도권을 둘러싸고 티크리트와 겨뤘다. 869년 수도원장과 수도승들은 티크리트의 동방 총주교의 권위를 인정했다.

수도원은 12세기 초부터 네 차례에 걸쳐 쿠르드족의 공격을 받았지만 그럴 때마다 재건되었다. 산에 오르고 며칠 혹은 몇 주간 그곳에 머물며 수행하는 것이 습관이 됐던 순례자들 때문에 19세기에는 숙소 방이 덧붙어 있었다. 그 수도원이 독특한 장소에 있었고 정숙하고 고요한 분위기에다가 유명한 성인의 지도를 원할 수 있는 곳으로 유명한 '성지'로도 되었고, 모든 교파의 기독교 신자뿐 아니라 이슬람교도도 끌어들이고 있었다.

4장

7세기부터 16세기까지

이슬람교도인 아랍 지배하에서 — 7세기부터 13세기까지

메소포타미아는 637년 페르시아군이 카디시야의 싸움에서 패배하면서 이슬람교도[1]인 아랍의 지배하에 놓이게 되었다. 시리아는 636년에 알 야르무크에서 비잔틴 제국이 패배한 후 이미 아랍의 손에 들어갔다. 메소포타미아는 750년까지 다마스커스(다메섹)에 있는 우마이야 왕조에 의해서 지배되고 있었지만 그 이후

---

1   이슬람(Islam): 무함마드(Muhammad, 570-632)에 의해서 시작한 종교이다. 그는 스스로를 마지막 예언자라고 주장했다. 처음 예언자가 아담으로 아브라함과 모세(무-사-)처럼 수많은 예언자들이 이어 신약성경 조밀한 예수(이-사-)도 그중 한 사람이다. 이들 예언자들은 각각의 시대에 각 메시지를 말했다. 그러나 그 메시지는 인간에 의해서 부패되어졌다. 거기에서 올바른 규범을 주기 위해서 마지막 예언자가 필요하게 됐다. 이슬람(Islam)이라는 것은 '신에 대한 복종'을 표하며, 무슬림(Muslim)이라는 것은 '신의 뜻에 따르는 자'이다(본 책의 번역에서는 무슬림은 '이슬람교도'라고 함). 무함마드가 펼친 메시지는 수차례 걸쳐서 그에게 계시된 것이며, 후에 한권의 책 『꾸란』으로 기록되고 있다. 이슬람교도는 지시된 대로의 예배를 드리고, 자신의 공동체 안에서 좋은 일에 힘쓴다. 이슬람의 다섯 기둥은 ① 신은 유일하며, 무함마드는 신의 예언자라는 신앙 고백 ② 1일 다섯 번의 기도 ③ 라마단 월(月)의 단식 ④ 가난한 사람들에게 베품 ⑤ 생애 최소 한 번은 메카에 순례해야 한다. 옛날에 이슬람교는 '회교' 또는 '회회(回回)교'라든지 '마호메트교'로 불리기도 했다. 또 이슬람에는 다섯 개의 계급이 있다. 첫 번째 계급은 이슬람교도, 두 번째 계급은 마와리(이슬람교로 개종자한 자), 세 번째 계급은 딤미[성전(聖典)의 백성, 기독교도, 유대교 신자], 넷 번째 계급은 우상을 섬기는 교도, 다섯 번째 계급은 노예.

새 왕조 아바스 왕조가 대신 이라크에서 지배를 시작했다. 첫 수도는 쿠파였으나 762년 새로운 수도 바그다드가 건설되었다.

시리아와 이라크에서 기독교도들이 취한 처음 반응은 아랍인을 환영하는 것이었는데, 그 의미는 동서의 시리아 기독교도들은 항상 비잔틴과 페르시아의 지배자를 외국의 침략자로 간주했기 때문이다. 비잔틴도 페르시아도 인도 유럽인[2]인 것에 대해서 아랍인들이 자신들과 같은 인종, 즉 셈족[3]이므로 동방교회는 어느 교파의 사람도 아랍인에 의한 친밀감을 느끼고 있었다.

이러한 반응은 특히 시리아의 시리아 정교회 신도들에게 있어서는 거짓 없는 본심에서 나온 것이다. 시리아 정교회가 비잔틴 영내에선 아직 불법이었기 때문에 신도들 중 상당수가 박해로부터 피해서 이라크까지 왔었기 때문이다. 시리아 정교회 사람들에게 있어서는 아랍인은 해방자로 여겨졌다. 드디어 메소포타미아나 시리아나 새로 생긴 아랍 제국 내에서는 시리아 정교회 신도들도 다른 기독교도들과 같은 신분을 확보한 것이다.

기독교도들은 유대인처럼 새로운 아랍의 지배자로부터는 '경전의 백성', 즉 아

---

2 인도 유럽인(Indo-wuropsns): 유사(有史) 전에 얘기되던 언어의 후손이다. 최초 언어는 5천 년 이상 전에 흑해의 북쪽 초원에서 말을 했으며, 이후 몇몇 방언으로 나눠졌다고 생각된다. 이들 방언은 유목민에 의해 유럽과 아시아로 퍼졌고 시간이 지나면서 각각의 언어가 되었다. 그중 몇몇은 여러 단계로 쓴 기록을 남겼다. 이들 언어는 과거 현재를 통해서 다음과 같이 여러 어파(語派)로 나뉘어 있다. 아나톨리아어파(그 대표가 히타이트어), 인도 이란어파(그중에는 산스크리트어, 현재 힌디어, 페르시아어가 포함된다), 그리스어파, 이탈리아어파(라틴어와 거기에서 파생된 프랑스어, 이탈리아어, 스페인어, 포르투갈어 기타 현대어를 포함), 게르만어파(고트어, 현대 영어, 독어, 네덜란드어, 스칸디나비아어족을 포함), 아르메니아어파, 켈트어파(아일랜드어, 웨일즈어 포함), 알바니아어파, 슬라브어파(러시아어, 체코어, 폴란드어, 세르보. 크로아티아어, 기타를 포함) 등의 어파로 분류된다.

3 셈족(Semites): 성경에 나오는 이름이며 노아의 아들 셈을 기원으로 한다. 셈족은 대홍수 뒤 중동에 정착한 사람들로 믿어진다. 셈족은 중동과 아라비아 사막에 살던 여러 사람들의 그룹을 말한다. 그들은 공통된 신체적 특징을 가졌고 같은 어족에 속한 언어를 말한다. 그중에는 아카드어, 앗시리아어, 아람어, 히브리어, 아랍어, 에디오피아어가 포함되고 있다.

르 알 딤미[4](아랍어: ذمّي dimmī[*]; 집합명사: أهل الذمّة ahl al-dimmah[*] 딤미의 국민)는 이슬람법이 다스리는 국가에서 이슬람교도가 아닌 국민을 가리키는 말이다. 딤미라는 용어는 국민 개개인의 삶과 재산, 종교의 자유를 보장하는 국가의 의무에 관련한 것으로서, 단 국가에 대한 충성을 바탕으로 한 것이다. 따라서 딤미는 사회 전반적으로 노예에 비해서는 지위상 월등히 우월하였으나, 이슬람교도보다는 낮은 수준의 권리를 행사하였다. 딤미에게는 세금이 부과되었는데, 그들은 '지즈야'[5]라고 불리는 특별세를 내고 특정한 규칙을 따르는 한 이슬람교로 개종하는 것을 강요 받지 않았다. 지즈야는 이슬람 국가에 보호를 받는 대가로 지불해야 했다. 기독교와 유대교 신자는 군대에 들어가도록 허가를 받지 않았기 때문이다. 이 세금의 적용은 무함마드가 아라비아에 있던 시절까지 올라간다. 무함마드는 그들이 세금을 내는 대가로 신앙의 자유를 보장한다는 조약을 나즈란의 왕과 기독교 당국과 체결했다. 이것은 꾸란(코란) 9:29에 쓰여 있다.

계시경전을 하사 받은 사람들로 알라도 종말도 믿지 않고 알라와 그의 사도가 금지된 것을 금지하지 않고 진리의 종교를 받들지 않는 사람들은 그들이 비하한 손수세(지즈야)를 납부할 때까지 싸우라[9장(회개) 29절].

---

4 딤미(dhimma): 아랍어로 '책임, 비호'을 의미하며 다소 명예와도 관련이 있다. 따라서 '아르 알 딤미'란 이슬람교도가 자신들의 '책임'이라고 하고 있는(이슬람의 비호를 받고 있는) 비이슬람교도가 있다. 이슬람교도는 그들을 보호할 의무가 있다 생각한다. 이슬람교의 발상할 때부터 있은 딤미는 일반적으로는 기독교도와 유대교도를 말하는 것이다. 이 비호를 받고 있는 사람들을 딤미(dhimmi)라고 부른다.
5 지즈야: 이슬람법에서 정한 인두세(人頭稅)로서 원칙은 금납(金納)으로 국고로 걷혀졌다. 이슬람 제국에 정복된 지역의 비아랍인(엄밀하게는 그중 '계전(啓典)의 사람들')는 이슬람교로 개종하도록 강제되지 않고 신앙과 생명, 재산을 보호 받았다. 그처럼 개종하지 않는 비아랍인(딤미)은 그 대신 지즈야라는 인두세(人頭稅). 부인, 아동, 노인 등을 제외한 인간에게 내게 하는)를 내지 않으면 안 되었다. 또 토지 소유자는 땅의 세(地租, 하라쥬)를 내지 않으면 안 되었다.

2번째 군주인 우마르 이븐 알 하타브(Umar bin al-Khattab)가 기독교 국가인 시리아까지 왔을 때, 다마스커스와 예루살렘에서 이슬람의 지배자와 현지의 그리스교도와의 사이에서 다음과 같은 계약을 맺었다. 즉, 지즈야 인두세(人頭稅)를 내고 이슬람 지배자를 따르고 복종한다는 조건으로 교회를 지키고 예배의식과 신앙을 유지하는 것을 인정한다는 것이었다. 이는 '오마르 헌장'으로 불렸다. 지즈야는 매년 부과되고 금액은 각각 개인의 지불 능력에 맞게 달랐다.

이슬람 국가는 신권 정치이자 꾸란에서 영감을 받은 민사법과 종교 규칙을 지켰다. 군주는 아미르 알(=무미닝), 즉 '신도들의 장'이라는 칭호를 갖고 있었다. 이슬람교도 말고는 이 규칙을 따를 필요가 없고, 자기들 종교 지도자의 관할 하에 놓여 있었다. 지도자는 결혼, 상속, 개인적인 논쟁 등 그 종교 내의 일에 책임을 가졌다. 그러나 계약의 규칙은 지켜야 했다. 그것은 지즈야 납부와 '딤미 규정'이라는 것이며 여기에는 두 종류가 있었다. 첫째는 구속력을 동반하면서 이슬람을 지키기 위한 것이고, 또 하나는 구속력은 갖지 않지만 지키도록 권하는 것이다.

이 규칙들의 기원은 불확실하다. 첫 번째 범주는 아마도 이슬람의 초기 시절까지 거슬러 올라가는 것으로 이를 어기는 것은 이슬람의 지배자들로부터도 국가로부터도 보호를 받을 수 없다는 것이다. 두 번째 범주에 드는 것은 우마이야 왕조의 군주, 우마르 이븐 압둘 아지즈(717-720) 시대의 것일 것이다. 딤미의 법칙에 대한 가장 오래된 기록은 10세기 아바스파의 법학자 알 마와르디[6](al-Mawardi, 974-1058)의 것이다.

첫 번째 범주에 관해서는,

---

6 알 마와르디(974-1058): 이슬람교 샤피이파의 법학자. 정치 이론가. 그 저서 『통치론』에 의해 고전적 군주론을 확립했다.

(1) 그들(딤미)은 알라의 책을 폄하하거나 잘못 인용을 해서는 안 된다.

(2) 알라의 사자(使者)를 거짓말쟁이라고 말하거나 폄하하는 말을 사용해서는 안 된다.

(3) 이슬람을 비방, 중상하거나 명예 훼손해서는 안 된다.

(4) 이슬람 여성과 간통하거나 결혼하려고 다가가서는 안 된다.

(5) 이슬람교도의 신앙을 은밀히 해치거나 그들의 부와 종교에 해를 줘서는 안 된다.

(6) 이슬람의 적을 돕거나 이슬람의 스파이가 되거나 해서는 안 된다.

이 범주의 규칙은 강제적이고 이 계약을 깨는 자는 이슬람 국가의 보호를 받을 수 없게 된다.

두 번째의 범주는 다음과 같다.

(1) 특별 눈에 띄는 옷을 입거나 특별한 진이나·벨트를 몸에 붙이거나 해서 외모를 꾸며서는 안 된다.

(2) 이슬람교도의 것보다 높은 건물을 지어서는 안 된다. 같은 높이거나 보다 낮게 해야 한다.

(3) 종소리나 성경 낭독, 예수(우자일)의 이야기를 이슬람교도의 귀에 들리지 않도록 해야 한다.

(4) 이슬람교도 앞에서 술을 마셔서는 안 된다. 또 십자가를 장식함과 돼지를 다 보이는 곳에 두어서는 안 된다.

(5) 죽은 자의 장례식은 눈에 띄지 않도록 하고 공공연하게 울거나 슬픔을 나타내서는 안 된다.

(6) 말을 타서는 안 되지만 노새와 당나귀는 허용된다.

딤미의 규정 중에서도 이러한 부속사항이 명기되지 않는 한, 구속되진 않지만 명기된 경우에는 구속력을 갖는다. 이것이 준수되지 않은 경우는 계약 위반은 되지 않지만, 딤미는 강제적으로 이를 지키도록 요구되고 위반에 따른 징벌이 부과된다.

마와르디에 의해서 부과된 상기의 규칙에 더해져서 비이슬람교도들을 괴롭힌 제약 중에는 이슬람교 신앙 파기에 대한 사형의 벌칙, 행정의 지위를 차지하지 못하는 금지가 있다. 꾸란은 종교에 강제가 있어서는 안 된다고 명기하고 있으나 (2:256, 42:15 참조) 이슬람교의 신앙 파기는 반역죄로 여겨졌다. 행정의 직업을 얻는 것을 금지하는 것은 이슬람 신도들이 기독교도와 유대교도들의 지배 아래에 있어서는 안 된다는 꾸란의 기록에 기인한다.

> 믿는 자들이여 유대교도와 기독교도의 뒤를 돌보아 주어선 안 된다. 그들은 서로 후견인이다. 그리고 너희들 중 그들을 후견으로 하는 자는 그들 안에 있는 자들이다. 참으로 알라는 부정한 백성을 인도할 수 없다[5장(식탁) 51절].

첫 번째 범주 규칙은 무겁게 받아들였고, 지즈야는 모든 딤미들이 지불해야 했다. 그래서 초기부터 많은 가난한 기독교도들은 개종할 수밖에 없었다. 그러나 두 번째 범주 규칙은 이슬람 지배가 되더라도 처음 300년은 거의 사용되지 않았다. 그러나 이슬람 초기 군주(칼리프)들은 현명했고 호의적이기도 했다. 그들은 꾸란에서 사랑에 있어서는 기독교도들이 자신들과 가장 가깝다고 칭찬하고 있는 것을 잊지 않았던 것이다(5:82, 2:62 참조). 그들은 또한 이슬람교도들이 여전히 소수이던 시기에 국가 조직을 유지하기 위해서도 비이슬람교도가 중요하다는 것을 알고 있었다. 딤미는 자신의 일을 계속할 수 있었고, 그중에는 훨씬 뒤까지 정부 고위 관료나 행정에 종사하는 사람도 있었다.

아바스 왕조 문명과 이라크에서의 기독교도

딤미 규정에 묶여 이슬람 국가에서는 점차 기독교 신자의 수가 줄어들고 있었지만 이슬람 치하에서 최초의 300년은 기독교가 번창했다. 그 증거로 계속 이어져서 교회와 수도원이 세워졌고 많은 문서가 나왔고, 선교사가 활동했다.

동방교회의 총주교 이슈야브 3세(660년 사망)는 아랍 지배의 초기를 목격한 주교이지만 침략자에 대해서 긍정적인 태도를 보이고 있었으며, 이슬람교도를 "성직자, 교회, 수도원을 존중하는 신앙의 보호자"라고 말했다. 오만에서 기독교도의 배교가 발생하자 아랍인을 비난하는 것이 아니라 성직자들이 미지근한 때문이라고 비난했다. 그가 총주교의 자리에 있는 동안에 선교사들은 옥소스강을 넘어 터키에 들어가 635년에는 중국에까지 들어간 것이다. 이슬람교도가 위협이라고는 느끼지 않았다. 그는 카타르의 수도승에게 편지를 쓰고 자신의 결정에 머물기를 호소하고 동방에서 선교 활동의 성공을 전하고 있다.

총주교 티모테 1세(780-823)는 한 통의 편지에서, 성령으로 터키인을 위한 부(府)주교가 임명된 것, 또 티베트인을 위해서도 한 명을 임명할 준비를 하고 있다고 썼다. 또 다른 편지에서는 많은 수도사들이 바다를 건너 선교사로 인도와 중국에 가고 있다고 썼다. 43년간 재임 중 그는 5명의 군주 아래 활동했지만 그 누구와도 좋은 관계를 유지하고 있었다. 그는 선교 활동을 발이 닿는 곳까지 추진하고, 6개의 새로운 교회 관할구역을 창설했다. 부(府)주교 임기 중 동방교회는 230개의 교구를 갖고 27명의 부(府)주교가 있었다. 예멘에서는 한 명의 주교를 새로 임명하고 투르키스탄에서는 부(府)주교를 임명했다. 한 통의 편지에서는 중국의 부(府)주교의 죽음을 상대에게 알리고 있다. 티모테 총주교는 많은 저작의 저술가이기도 하며 신학 논문을 여러 편 썼고 편지도 다수 썼다. 200통의 편지가 그의 것이라고 전해졌고 그중 59통이 바티칸의 고문서관에 보존되어 있다. 그것만으로도 그가 목회에 대한 노력뿐만 아니라 신학, 철학의 지식이 얼마나 폭넓은 것이었는지 짐작할 수 있다. 부(府)주교의 임명식은 크테시폰에 있는 코헤 교회에서 계속해서 행해졌지만 그는 새로 생긴 바그다드로 거처를 옮겼다. 야곱파의 '마흐아나'[7]는 티크리트에 머물고 있으며 티크리트와 시리아 정교회의 중요한 종교적, 문화적 중심지가 되었다.

아랍의 지배로 통일된 것으로 아시아를 갈라놓았던 비잔틴 제국과 페르시아 제국의 국경이 사라지고, 땅의 사람들에게는 전체적으로 전망이 밝아졌다. 이들 지역 간의 왕래가 쉽게 되었고 물건이나 지식의 유통이 이익을 가져다주게 되었다. 초기 이슬람 지배자들의 관용과 정의에 대한 엄격함이 피정복민의 문화로부터 배우겠다는 열정과 맞물려서 발전과 풍부함이 초래되었고, 그 결과 이라크 아바스 왕조 문명의 발전으로 이어졌다.

이라크인 기독교 학자, 의사, 과학자가 이 아바스 문명의 출현에 중요한 역할을 맡았다. 아랍인이 도래하기 전까지는 기독교도들이 이라크 인구의 대부분을 차지하고 있었을 뿐 아니라 대부분이 높은 교육을 받았다. 제3장에서 말했듯이, 메소포타미아와 페르시아에서도 5세기 이후 많은 기독교 문화의 중심지들이 번영했다. 학자들은 시리아어와 그리스어도 알았고, 그리스어 철학 책이나 의학 책을 시리아어로 번역했다.

아바스 왕조 초기에는 이라크에서 각지의 기독교 문화센터가 교사, 의사, 번역가, 공무원 등에 대한 교육의 장을 제공했고, 이 사람들이 아바스 왕조의 군주를 모시고 있었다. 기독교도들이 다양한 전문직이나 공무원으로 일하고 있었다. 그 상태는 이슬람교도가 교육을 받고 그들을 대체할 때까지 이어졌다. 물론 기독교

---

7 마프리안(maphrian): 시리아 정교회의 안티오키아 파토리알코스에 이어 고위성직자. 야곱파의 감소로 1860년 일단 폐지되었다가, 1964년 야곱파 시리아 교회 장(長)으로 부활했다.

도들과 페르시아의 조로아스터 교도도 있었지만 그들은 '계약의 백성'의 보호를 받지 못하고 강제적으로 이슬람교로 개종하였다. 그들도 아바스 왕조 문화의 출현에 기여했다.

그러나 기독교도들은 특히 의학, 그리스 문헌의 번역에 뛰어났으며 그들의 중요한 역할은 아바스 왕조 후기까지 이어졌다.

의학

아바스 왕조 2대 군주 알 만수르(al-Mansur, 754-775)가 병에 걸렸을 때, 바그다드의 의사들은 누구도 그를 고치지 못했다. 그래서 그는 당시 최고의 의학 학교로 유명했던 쥰디샤푸르 의학 학교의 학장에게 요청을 했다. 학장은 동방교회의 시리아 기독교도로 이름은 게오르기스 빈 바흐티쇼(Georgis bin Bakhtisho)였다. 그는 바그다드로 가서 군주를 치료했다. 만수르는 그에게 바그다드에 머무르기를 원했고 그의 주치의(主治醫) 겸 궁정부 의사가 되게 하였다. 이후 다른 시리아 기독교 의사도 왔지만 바흐티쇼가 8대째 계속 이어 3세기 동안은 거의 아바스 왕조 군주를 독점적으로 모셨다. 그 대부분은 자신의 궁정에서의 입지를 이용해서 군주에게 영향을 주면서 교회와 기독교 공동체 행사를 추진하는 이권을 얻었다. 궁정 의사들은 군주나 왕자나 그 가족에 대해서 의료를 베풀뿐 아니라 그 이상의 역할을 했다. 많은 군주에 대해서는 심복으로서의 친구이며 조언자가 됐다. 아침에 일어나서 제일 첫 번에 알 라시드(al-Rashid, 786-809)를 만나 인사하는 것은 의사 지브라일 빈 바흐티쇼(Gibra'il bin Bakhtisho)였다. 그가 단순한 딤미에 불과한 것을 알고 질투를 샀을 때, 군주는 다음과 같이 대답했다.

"내가 잘 지내는 것은 그의 덕분이다. 이슬람교도의 행복한 복지는 나에게 걸려있다.

그래서 이슬람교도의 행복한 복지는 지브라일에 달렸느니라."

의술은 종종 가업으로 물려받았다. 바흐티쇼 가문을 이외에도, 마사와이(Massawayh) 가문과 알 이바디(al-Ibadi) 가문은 의사가 되었다. 마사와이 아브 유한나(Massawayh Abu Yuhanna)는 준디샤푸르의 학교에서 의사가 될 준비를 했다. 그는 실제로 그곳에서 의학을 배운 것은 아니었지만 학교의 학장 게오르기스 빈 바흐티쇼 덕분에 승진한 것이다. 그는 의술에는 빼놓을 수 없는 약 처방에 대한 책을 썼다. 그의 아들 유한나 빈 마사와이는 의사로서 6명의 군주를 모셨고, 44권의 책을 썼고 많은 그리스어 의학서를 아랍어로 번역했다. 그리고 군주 알 마문(al-Ma'moon, 813-833)에 의해서 '다르 알 히크마[Dar al-Hikma, 지혜의 관(館)]'의 초대 관장이 됐다.

아바스 왕조 시대의 기독교도 의사들의 명단은 상당하다. 그 대부분은 자신의 의학서를 저술하거나 의학서를 아랍어로 번역하기도 했다. 거기에 더해 바그다드의 사회에서는 중요 인물로 특별한 신망을 모았다. 이것은 아사드 빈 자니(Asad bin Jani)라는 이름의 이슬람교도 의사가 자신은 왜 환자를 받을 수 없는 것이냐는 질문에 답한 대답을 알 자히즈[8]가 전한 이야기에서도 알 수 있다.

'올해는 병이 많아 나쁜 해였다. 당신은 열심히 의학 공부도 했고 경험도 풍부하지만 왜 일이 없나요?' 그가 대답했다. '첫째, 내가 이슬람교도라서, 모두들 내가 의사가 되기 전부터 아니 내가 태어나기 전부터 이슬람교도들은 의학

---

8 알 자히즈(al-Jahiz, 776-868/869): 아랍의 문학자, 사상가. 버스라에서 배운 뒤, 아바스 왕조의 칼리프인 마문의 초청으로 바그다드로 옮기면서 아랍어의 시와 전승을 바탕으로 설화문학 등의 산문문학을 확립했다.

에서 성공할 수 없다고 생각했다. 둘째, 내 이름이 아사드니까. 슬리바, 지브라일, 유한나 베라였다면 좋았을 런지도 모른다. 셋째, 나의 성이 아부 하리쓰니까. 아브 이사, 아브 자카리야, 아브 이브라힘이었다면 좋았다. 넷째, 내가 흰색 면(綿)상의를 입고 있는데 검은 실크였다면 좋았을 텐데. 마지막으로 내 말이 쥰디샤푸르의 말이었다면 좋았을 텐데.'

번역

시리아 기독교도가 아바스 왕조 시대에 공헌한 두 분야는 그리스어 책을 아랍어로 번역한 것이다. 시리아어를 사용하는 기독교도들은 그동안에도 그리스어 철학 책을 시리아어로 번역했다. 시리아어는 셈족어의 하나이고 아랍어 역시 셈족어이다. 그리스어 책을 시리아어로 번역한 경험이 있는 사람은 그 작품들을 아랍어로 번역하는데 적합한 사람들이었다. 게다가 이라크에 살던 페르시아인도 나라를 다스리던 아랍인도, 그리스어를 할 수 있는 사람은 없었다. 사실 그리스어 철학서를 아랍어로 번역하는 것은 오직 기독교 학자에 한했다. 카나와티(Qanawati)가 번역자 60명 이상의 명단을 만들었는데, 그중 사비아 교도 1명, 유대교도 1명을 빼고는 모두 기독교도였다. 이 시대의 기독교도 과학자, 철학자, 번역자 전원의 이름을 든다면 이 책의 범위를 벗어난다. 학자들은 제국 전역에서 바그다드까지 떠나서 군주나 부자들의 스폰서에게 시중들었다. 스폰서 중에는 아랍어로 번역할 때마다 책 한 권과 같은 양의 금을 보수로 지급한 사람도 있었다는 것이다.

번역자 중에서도 가장 유명한 것이 후나인 빈 이사크(이삭, Hunayn Bin Ishaq, 809-873)이다. 그는 알 히라 출신으로 시리아어를 말하는 아랍인이며 동방교회에 소속되어 있었다. 그는 아랍어, 그리스어, 시리아어와 페르시아어를 습득했다. 최고의 번역자인 것에 그치지 않고 눈 질병에 대해서 특별한 지식을 가진 의사이자 저자이고, 바그다드의 학사원 교사로 일했다. 그는 정확한 번역 기술의 기초를 쌓았지만 그것은 지식을 정확히 전하기 위해서 빼놓을 수 없는 것이었다. 어떤 책의 주해(注解)에서 다음과 같이 쓰여 있다.

"갈레노스의 작품은 나보다 전에 빈 사흐다(Bin Sahda)라는 사람에 의해 번역되었다. … 내가 젊었을 때 번역한 것은 부실한 사본에 그쳤다. 뒤에 40세 때 나의 제자 후바이시(Hubaish)가 나에게 번역을 정정해달라고 부탁했다. 그러는 사이에 나의 밑에는 사본이 모여들었다. 그것들의 사본을 비교해서 하나의 올바른 본문을 만들었다. 그리고 시리아어 본문과 그것을 비추어 보아 정정했다. 내가 번역하는 모든 작품에 그러한 작업을 하는 것이 관례가 됐다."

후나인은 과학과 철학에서 쓰는 아랍어 전문 용어의 기초를 놓았다. 그때까지는 그런 것이 없었지만, 사상과 지식을 전하는 데 전문 용어는 필수였다. 팀을 짜고 갈레노스 의학서의 방대한 자료뿐만 아니라 아리스토텔레스, 플라톤, 히포크라테스의 작품 대부분을 번역했다. 게다가 자신의 철학서나 과학서를 쓰고 기독교 변증론도 썼다. 또 의학서를 썼는데, 그것은 중세 유럽의 대학[9]에서 널리 이용되었다.

이 시기에 번역가로 활약한 중요한 기독교 신자 두 명이 있는데, 한 사람은 아브 비슈르 맛타(Abu Bishr Matta)이고 다른 한명은 유한나 빈 아디(893-974)이다. 전자는 바그다드의 남쪽에 있는 수도원 다일 마르 쿤나에서 확실하게 그리스의 학

---

9 『초보자용 의술 질문집(Book of Medical Questions for Beginners)』: 이 책은 아랍어에서는 『카타부 알 마사일 알 티비아(의술 문제의 책)』라는 표제로 널리 알려졌다. 라틴어로는 『이사고케 요한 니토우스』(요한의 안내서)라는 서명이 주어졌다.

문을 배웠고, 후자는 티크리트의 시리아 정교회의 회원이었다. 두 사람 모두 철학, 문학, 신학, 과학에 깊은 관심을 갖고 있었으며, 많은 그리스 철학의 책을 번역했고 스스로도 신학이나 철학 교재를 썼다.

번역 활동의 중요성은 아무리 강조해도 지나치지 않다. 아랍어에서 철학이나 과학서가 읽혀지게 되고, 아랍어로 과학 용어가 갖추어졌다는 점에서 사람들이 아랍 문화에 눈을 뜨고 아랍 문명이 출현하는 열쇠가 되었다. 게다가 이들 번역자의 작품은 서구 문화에도 매우 중요하였다는 것은 그리스어의 작품은 스페인에 사는 아랍인을 거쳐서 유럽에 소개되었기 때문이다. 그리스어 철학서 중에는 이들 아랍어 번역본만 남아 있는 것도 있다.

신학과 철학

아바스 왕조 시대, 신학과 철학의 분야에서 기독교도와 이슬람교도 사이에서 논의가 있었지만, 이는 드문 일이다. 기독교와 이슬람교의 사상가들 사이에 몇 번의 종교 간 대화가 있었고, 기록이 남아 있다. 가장 유명한 것으로 총주교 티모테 1세와 군주 알 마흐디(al-Mahdi, 775-785)와의 대화이다. 군주는 총주교의 기독교 신앙에 대해 질문했는데, 무함마드와 이슬람교에 대해서 어떻게 생각하는지 의견을 물었다. 이 대화의 사본이 남아 있고, 그것에 따르면 총주교의 지식의 깊이와 그 지혜의 위대함을 알 수 있다. 두 번째로 잘 알려진 것은 후나인 빈 이사크와 예흐야 빈 알 무나짐(Yehya bin al-Munajjim)과의 대화이다. 예흐야는 후나인을 이슬람교도로 개종시키려고 했지만, 후나인은 이것과 겨루고 자신의 신앙을 옹호하기 위해 책을 썼다. 세 번째로 알려진 대화는 925년이라는 늦은 시기이지만, 철학자 티크리트의 딘하와 알 마수디 간의 것으로 티크리트의 '녹색 교회'와 바그다드에서 논쟁이 벌어졌다.

기독교와 이슬람교의 철학자들은 서로 신앙 문제와 자유의지, 계시, 영원 등 철학상의 문제로 논쟁했다. 주목되는 것은 후나인 빈 이사크와 동시대의 유명한 이슬람교 철학자 알 킨디 간의 것과 또 아브 비슈르 맛타와 동시대의 이슬람 철학자 알 파라비 간의 논쟁이다. 알 파라비와 아브 비슈르 맛타 둘 다 저명한 기독교 철학자 유한나 빈 아디를 가르쳤다. 유한나는 자기 학교를 짓고 그곳에서는 철학과 논리학을 가르쳤다. 한편 아브 비슈르 맛타는 바그다드에 아리스토텔레스 학파의 학교를 세웠다.

몇 가지 사상학파가 이슬람 사회에서 발생했지만, 이들에는 기독교 사상의 영향이 인정된다. 알 무타질라(al-Mu'tazila) 학파는, 사람은 자유 의지를 갖고 있다고 생각하고 꾸란이 '피조물이 아닌 신의 말씀'이라는 생각을 부정했다. 다만 꾸란이 계시를 받은 사실은 인정했다. 군주 알 마문은 이 학파에 속한다. 또 하나는 이크완 알 샤르파(Ikhwan al-Sharfah, 순정 형제단)[10]이다. 이 학파는 신앙과 이성 사이의 벽을 허물려고 했다. 기독교도들에 대해서도 열려져 있고, 성경의 정확성을 인정하고 그것으로부터 인용도 했다. 그들은 예수를 순결함과 거룩함의 이상적 상(像)으로 여기고 십자가(十字架)를 받아들였다. 마지막은 스니파로서 이슬람교 신비주의이다. 신의 임재를 경험하고 사랑에 의해서 신과 하나가 된다고 주장했다.

이들 학파는 나중에 금지됐다. 그러나 꾸란이 피조물이 아닌 신의 말씀으로서

---

10 『알 샤르파(al-sharfah)』: 꾸란에 근거한 이슬람의 경전이다. 이에 '알 순나'는 「하디스」에 쓰여 있으며, 무함마드의 언동에 근거한 습관, 관례이다. 이것을 기본으로 해서 중세의 이슬람 교도는 '알 휘크'라고 불리는 상세한 법체계를 만들어 냈다. 모든 법률 문제를 이 두 가지로 처리하는 데 미흡한 것으로 나타난 경우, 그 외의 두 자료가 사용되었다. 하나는 분석적 연역법인 '카스'이며, 하나는 의견의 합의인 '이지마'였다. 알 순나 알 샤르파 그리고 두 개의 경전 자료로 구성된 법체계를 어느 정도 엄밀하게 적용하느냐에 따라서 네 개의 파가 생겼다. '하나휘파', '마디나파', '샤휘이파', '한바리파'이다. 여기에는 이슬람교 사회의 모든 면을 관리하는 것으로서, 민사 및 법률의 규칙뿐만 아니라 의식과 예배하는 것까지도 담고 있다.

의 교리는 지금도 살아 있으며, 기독교에서 말하는 예수가 '피조물이 아닌 신의 말씀'[11]으로 하고 있는 교리와 분명하게 공통되고 있다.

아바스 왕조 시대의 기독교와 이슬람교의 관계

아바스 왕조[12]의 첫 300년 동안 기독교도들에 대한 박해가 특정 군주에 다라서 산발적으로 발생했다. 그 기간 동안 교회는 불에 탔고 기독교도들은 사회 규칙 및 기타 제한사항이 적용됨으로 인해 굴욕적인 처우를 받았다. 그러나 이는 이런 것들은 일시적이었고, 고위 공직자 중에는 기독교도가 있었으므로 그들이 교회를 지키고 명령을 번복했다. 유명한 군주 하룬 알 라시드(Haroon al-Rashid)가 교회의 파괴와 딤미 규정을 적용하도록 결정했을 때, 그의 의사 지부라일 빈 바흐티쇼(Gibra'il bin Bakhtisho)는 기독교도들이 입도록 명령 받은 옷을 입고 궁전으로 들어갔다. 라시드가 항의하자 이 위대한 의사는 자신도 기독교도이기에 신앙의 동지인 기독교도들에게 입도록 명령한 옷을 입어야 한다고 대답했다. 그 결과 하룬 라시드는 명령을 철회했다.

이 최초의 300년 동안 기독교는 활발했고 총주교 티모테는 새로운 해외 선교를 하고 알 마흐디와 대화를 하기도 했지만, 이슬람교 내 기독교 세력은 점차 축소의 길로 나아가고 있었다. 기독교도 중에는 지즈야, 기교법(棄敎法, 종교법), 혼인법이나 천민으로 간주되는 영향으로 견디지 못하고 있었다. 많은 가난한 기독교도들은 지즈야를 갚지 않으면 이라고 말할 뿐이었고, 경제적인 이유로 개종했다. 그것만이

---

11 '피조물이 아닌 신의 말씀(the uncreated Word of God)': 8세기에 규정된 이슬람 교의(敎義)의 하나이다. 꾸란은 신의 말 자체 그 이상이기에 신의 피조물에 포함되지 않는다. 꾸란은 '신의 피조물이 아닌 말씀'이고 영원 전부터 신과 동거동락으로 존재했다.
12 아바스 왕조의 군주(Abbasid caliphs): 이 중에는 타히리도, 사파리도, 사마니도, 가즈나 우이도, 브와이히도, 그리고 마지막으로 셀주크 터키가 포함되고 있다.

아니라 사회적 압박도 엄청나서 거의 모두 개종을 강요당했다. 많은 기독교도들이 자신의 신앙을 지킬 수 없었다. 또 천한 백성의 굴레를 벗어나는 유혹을 이길 수 없었다. 기교법이 있었기 때문에 누구도 감히 신앙을 바꿀 용기가 나오지 않았다. 혼인법도 역시 기독교 공동체의 인구를 조금씩 감소시켰다. 이것은 이슬람교 남자와 결혼한 여자는 아이들을 무슬림으로 키우는 것이 당연하다고 여겼다. 게다가 아내가 자신의 신앙을 공식적으로 지킬 수 있다고 해도 감당하기 어려운 사회의 압박에서 자유롭게 신앙을 지킬 수 없었다. 마지막으로 이슬람을 욕하는 것은 죽음의 처벌을 받을 수 있었기 때문에 기독교도들이 이슬람교도에게 반대 증언을 할 수 없고, 재판에서도 스스로의 정당성을 변호하지 못했다.

　기독교 박해의 원인으로는 기독교 교파 간의 대항 의식이 있다거나 승진을 바라는 이슬람교도의 질투가 원인이 된 경우도 있었으리라 본다. 때로는 정치 정세에 자극되어 일어난 것도 있었다. 알 마흐디가 비잔틴 제국과 싸우고 있을 때 그는 몇몇 교회들을 파괴하라고 명령했다. 그의 기독교도 의사 이사가 여기에 있는 교회는 '네스토리우스파'의 교회이며 비잔틴 제국으로부터는 미움을 당하고 있다고 설명했다. 알 마흐디가 비잔틴의 포로 한 사람에게 그것을 확인하자, 그 포로는 '네스토리우스파'는 기독교도라고 생각할 수 없다고 말했다. 그러자 알 마흐디는 명령을 취소했다.

　그래서 언제든지 많은 기독교도들이 군주의 의사나 재무 장관이나 번역자 같은 고위에 오르거나 부자가 되거나 큰 영향력을 가지게 되면 될수록 그들에게 질투를 품거나 곤혹스럽게 하거나 하는 사람이 나오게 됐다.

　마지막으로, 기독교와 그리스 철학적 사상이 이슬람 사상의 일부 학파에 들어오면서 그것이 한편으로는 이슬람 다른 학파 간 마찰을 일으키게 되었고, 한편으로는 이슬람과 기독교 간의 마찰로도 되었다. 이슬람교 신학자들은 자신들이 점점 주류가 되자, 그리스의 철학적 사상을 이슬람으로 끌고 들어 와서 신앙을 타락시켰다고 말하면서 기독교도를 공격했다. 이런 것이 정점에 이른 때가 알 무타와킬(al-Mutawakil, 847-861)의 치세 때이며 기독교도에 대해 조직적으로 공격이 가해졌다. 알 자히즈가 『알 라드 알라 알 나사라(기독교도에 대한 응답)』라는 책을 썼고, 알 타바리가 『알 딘 왈 다울라(종교와 국가)』라는 책에서 기독교에 대해 조직적 공격을 가했다. 이 책 속에서 알 타바리는 기독교도들에게 자신들은 딤미에 불과하다는 것을 상기시키고 있다. 이처럼 기독교와 기독교 사상에 대한 이러한 공격 자체가 기독교도들이 얼마나 중요한 존재가 되었는지를 보여주고 있다. 그들은 부자이고 영향력이 있었을 뿐만 아니라 이슬람 사상에 기독교도 요소를 감쪽같이 도입했던 것이다.

딤미에 대한 적용이 가장 엄격했던 것은 무타와킬이 지배하던 때이다. 마타질라와 이크완 알 샤르파는 드디어 불법화하고 스후이는 박해를 받고 알 순나와 알 샤리아에 따르는 학파(學派)를 규범으로 삼게 됐다.

9세기 말까지 아랍의 종교적 관용 정책은 사실상 끝이 났다. 기독교도들을 대하는 그들의 변화에 대해서는 몇 가지 요인들이 인정될 수 있다.

첫째, 교육을 받는 이슬람교도가 늘어나면서 군주들이 기독교의 전문직 종사자들에게 덜 의존하게 만들었다. 이렇게 알 무타와킬의 시대에는 종교상 명목의 이유만으로도 공직에서 많은 기독교도들을 추방했다. 그러자 많은 기독교도들이 일을 계속하기 위해서 이슬람교로 개종했다. 그 결과, 이전에는 영향력을 가지고 동료 기독교도들을 보호하기 위해 군주에게 호소하던 기독교도들의 수가 줄어들었고, 그들을 변호하는 사람이 없어지게 됐다.

둘째, 번역 활동 후 아랍어를 쓰는 사람들이 늘어났고 그 힘이 커졌기 때문에 시리아어의 필요가 조금 사라진 것이다. 9세기 초부터 기독교도들이 시리아어에서 벗어나 아랍어로의 활동이 현저하게 되고, 초기 천년기(서기 1-1000년)의 마지막에는 기독교도들 사이에서도 아랍어가 시리아어 대신 사용하게 되었다.

셋째, 교회가 경제적으로 어려워진 것이다. 그것은 신도 수가 줄어들고, 또 수입원이 없었기 때문이다. 그런 이유로 여기저기 학문의 중심지를 유지하는 것이 불가능하게 됐다. 시리아어 학문은 수도원의 기독교 성직자 교육으로만 계속되어졌다.

넷째이자 마지막 요인은, 다음으로 이어진 아랍의 지배자들의 힘이 약해지고 투르크(Turkic)와 이란의 영향이 강해지면서 아바스 왕조에게는 불리하게 되었다. 여러 왕조가 이름만 아바스 왕조 군주의 이름으로 통치했다. 그들의 기독교도에 대한 대우는 다양하였다. 그러나 전반적으로 보면, 상황이 악화되고 지배자들은 공공연하게 박해를 일으켰다. 10세기 이후, 지배자들은 딤미의 규정을 꽤 엄격히 적용했다. 수모와 굴욕을 당한 기독교도들은 이슬람교로 개종하고, 교회는 교파를 막론하고 가난함이 더해졌다. 사실 10세기와 11세기, 12세기는 아랍 제국 전체에서 시리아 기독교도들의 쇠퇴의 시대라고 부를 수 있다. 셀레우키아 크테시폰, 티크리트, 알 히라와 같은 기독교 대중심지가 사라졌다. 하지만 이러한 것으로 시리아어의 학문이 없어졌다는 것은 아니다. 기독교도들은 북쪽으로 이동하여 학문은 수도원에서 계속되었다. 11세기가 되어서도 알 비루니(al-Biruni)는 "'네스토리오스파'는 예의바르고 교양도 있다"라고 말했다.

12세기에 이르러 몽골이 제국의 동쪽에서 점차 세력을 키웠고, 1258년 몽골의 칸 훌라구(Khan Hulagu, 1256-1265)가 바그다드에 침입하여 아바스 왕조가 끝을 맺게 되었을 때 이라크에 있어서 아랍의 지배는 끝이 났다.

몽골, 투르크멘[13], 사파비의 지배 — 2세기부터 16세기까지

몽골군의 무자비하고 잔혹한 모습을 들을 때마다 모순되는 것처럼 느껴지지만 몽골 사람의 지배가 기독교도들에게는 비교적 평화롭고 안정된 시기였던 것은, 그들의 어머니와 황후 중에 기독교도가 많았기 때문이다. 사실, 위대한 황제 중 몽케(Mongke, 1251-1259), 훌라구(1256-1265), 쿠빌라이 칸(1271-1294) 세 사람은 기독교도 왕비 소르고크타니(Sorghoqtani)의 아들이었다. 그러나 이 세 명의 칸은 기독교도들에 대해서 어느 정도 동정의 마음을 가지고 있으면서도 기독교로는 개종하지 않고 그들이 물려받은 샤먼 신앙을 가지고 있었지만, 그중에는 '더 높은 존재', 즉 하늘에 대한 신앙도 포함하고 있었다.

훌라구와 쿠빌라이 칸 모두 기독교도들에게 호의적이었던 것으로 알려져 있지만, 기독교로 개종한 것으로 알려진 칸은 러시아의 사르타크(Sartak) 단 한 사람이다.

훌라구가 아바스 왕조를 정복하고 1258년 바그다드를 점령하자 기독교도들은 해방되었다. 그의 군인 중에는 동방교회의 신도가 많이 있었는데, 그중 한 명인 키트부카(Kitbuqa)가 그의 장군이 되었다. 모든 교파의 기독교도들은 몽골인들을 기독교를 억압하던 아바스 왕조에 응징하는 해방자로 보고 이슬람의 수도가 함락되는 것을 환영했다. 훌라구 칸이 지배하는 동안, 기독교도들은 지즈야 세(稅)가 폐지되고, 교회가 세워지고, 이슬람교도로부터 정부 관리가 되는 것을 막는 것이 없어졌으

---

13 투르크멘(Turkoman): 원래 Turk는 투르크(투르크)계 언어 및 그것을 사용하는 여러 민족(중국어 표기 '돌궐')이다. 일본에서는 대표적 투르크계 민족 국가인 '터키 공화국'을 가리키고, 표기는 '터키'였다. 그래서 좁은 의미로 Turk를 지칭할 때는 '터키', 넓은 의미의 Turk를 '투르크계 민족'이라고 사용하고 있다. 마찬가지로 영어에서는 Turkish(투르크계 터키인)이 Turkic는 '투르크 제반 언어 또 민족'을 나타낸다. 중앙 유라시아에 널리 분포하며 '투르크멘(Turkmen)'은 중앙아시아의 카스피해 동남 해안에 거주하는 투르크 민족으로 투르크메니스탄, 이란 북동부, 아프가니스탄 북부에 분포한다. Turkoman이라고도 쓴다.

므로 은혜를 입었다. 훌라구 칸의 왕비 도쿠즈 카툰(Doquz-Khatun)은 특별히 경건한 부인으로 아이들이 세례를 받게 했다. 그녀는 동시리아 기독교의 보호자가 되었고, 남편의 특별 고문(顧問)이 되었다. 칸은 중대한 결정을 하기에 앞서서 항상 그녀의 조언을 받았다고 전해진다. 그녀의 조언에 근거하여 그는 시리아에 군을 보내고 니시비스, 에뎃사, 하란, 알레포를 정복했다. 1260년 다마스커스가 점령당했을 때, 기독교도들은 이슬람에 대해서 십자가의 승리라고 하며 거리의 정복을 축하했다. 그러나 그 바로 뒤 이집트 맘루크(Mamluks)가 시리아를 다시 정복하였고, 기독교도들은 몽골과 동맹을 맺은 것으로 인해 큰 대가를 치렀다.

이라크에서 훌라구에 의해 정복 후, 기독교도들은 공식적으로 차별적인 법률의 중압에서 처음으로 해방되어 생활에 기대가 보였다. 몽골의 이러한 정책이 아마 십자군 패배 이후, 기독교를 구한 기독교 왕 프레스터 존(Prester John)[14]의 전설에 토대를 둔 것으로 보인다.

그러나 1294년에 쿠빌라이 칸이 숨지고 1년 후, 페르시아의 몽골인 황제 가잔(Ghazan)이 이슬람교로 개종했다. 가잔이 개종함으로써 제국의 페르시아 측은 이슬람이 되고, 얼마가지 않아 중국에서 이라크까지 아시아 전역에 이르렀다. 그때까지는 모든 몽골인 칸은 기독교도를 지켰다. 그러나 이제 기독교도들은 이슬람교도로부터 보복 당하게 됐다.

---

14 프레스터 존(Prester John): 이 전설은 십자군에 의해서 서양에 소개되었다. 그것에 의하면, 이슬람교 국가에 앞서서 있었던 기독교 국가의 왕이었고 기독교에 승리를 이끈 인물이다. 제사장이며 왕인 프레스터 존의 최초의 모델은 중앙아시아의 부족의 하나인 케라이트의 왕 토그릴일 것으로 보인다. 그는 기독교로 개종하고 자신은 특별히 기독교도다운 생활을 보낸 것은 아니지만 그의 세 딸들은 매우 경건한 기독교도였다. 토그릴은 삼촌과의 싸움에서 징기스칸의 아버지에게 도움을 받았다. 토그릴의 세 딸은 징기스칸의 두 아들 주치와 툴루이와 결혼했다. 그녀들은 독실한 기독교도로서 남편과 아들들에게 영향을 주고 기독교에 호의를 갖도록 했다. 다른 칸들도 기독교도의 부인, 엄마, 상담역을 두었으며, 제사장이자 왕인 프레스터 존의 원형이 되었을 가능성이 있다.

1295년 가잔이 이슬람교로 개종한 것은 비이슬람교도들에게는 특히 불길한 시기였다. 가잔은 지즈야를 부활시키고 교회를 불태우라고 명령을 내렸다. 그는 비이슬람교도들에게 딤미 규정을 강제시키고, 그들에게 폭력을 행사하는 것을 외면했다. 이후 100년 동안 많은 곳에서 다수의 교회와 수도원이 파괴되고, 이라크의 많은 도시에서는 폭도들에 의한 공격에 의해서 기독교 공동체가 전멸됐다. 1310년과 1317년에 각각 아르빌(Arbil)과 아미다(Amida)에서 눈에 띤 대학살이 일어났는데, 이 기간 동안 여성과 어린이를 포함한 많은 사람들이 살해되거나 노예가 되었고 다른 이들 중 시골과 산악 지대로 도망간 사람들도 있다.

몽골 제국의 최종 붕괴는 14세기 티무루 렝(Timur Leng, 1370-1405) 때에 일어났다. 중앙아시아 출신인 그는 몽골 왕의 피를 이어받은 자가 아닌 몽골인이라기보다는 투루크인인 이른바 외부자였다. 그는 스스로 징기스칸의 후손이라고 주장하며 오랫동안 대군을 거느리고 군사 행동을 벌였다. 그는 1393년 메소포타미아를 제압하고 바그다드를 점령했다. 그는 기독교도와 수니파 이슬람교도 모두를 박해했고, 1405년에 그가 죽을 때까지 도처에 무차별 폭력을 가했다.

몽골 이후, 이라크는 투르크멘(Turkoman)의 지배[15]하에 놓였고, 그 기간 동안 비참함과 빈곤이 그때까지는 볼 수 없었던 수준으로 전락했다. 중앙 정부는 힘이 없었고 봉건 영주의 세분화가 이 기간 동안 최고조에 달했다. 불안정과 낮은 생산성 때문에 식량 부족과 역병이 속속 덮쳤다. 페스트가 몇 차례나 만연하고 사람들은 대도시를 버렸다.

1508년 투르크멘 지배로부터 바뀌어 페르시아의 사파비 왕조에 의해 지배된

---

15 투르크멘 지배(Turkoman domination) 몽골 지배 후 티무루 렝이 죽은 후 '검은 양'의 의미인 '카라. 코융로'와 '흰 양'의 의미의 '아쿠. 코융루'의 투르크멘인의 연합체가 이라크를 다스렸지만 페르시아 사파뷔드에 의해서 이라크에서 쫓겨났다.

다. 사파비는 시아파[16] 이슬람교도였다. 그들이 바그다드에 침입했을 때 그곳에 이어 수니파 이슬람교도와 기독교도 대학살이 있었다. 그들은 1538년에 오스만에 패배했다.

이러한 격동기에 기독교도들의 수는 격감했고 북메소포타미아에서 고립된 생존이 이어졌다. 혹자들은 모술에서 알레포에 펼쳐있는 지즈이라(Jezirah)라고 불리는 평원에 정착했다. 다른 사람들은 북이라크, 남터키, 북서 이란에 정착했다. 동방교회의 멤버들은 남부 터키의 핫카리(Hakkari) 산맥지대, 이란 서부의 우르미야(Urmiya) 지구, 이라크 북부 알코시(Alqosh), 제호(Zakho), 아마디야(Amadiyah) 등의 산악 지대에 집중했다. 시리아 정교회의 회원은 주로 알레포, 마르딘(Mardin), 디야르바키르(Diyarbakir)와 투르아부딘(Tur'Abdin)의 산악지대에 집중됐다고는 하지만 모술과 그 근교의 마을들에도 상당한 기독교도들이 있었다.

동방교회의 총주교좌[17]는 가장 안전하다고 생각하는 장소로 여기저기 이동했다. 14세기 중반부터 동방교회는 중앙아시아에서 사라졌다.[18] 중국에서는 원 왕조(元王朝) 때, 몽골의 지배 아래에서 잠시 부활했지만, 1368년 명(明) 왕조(태조 홍무제(洪武帝), 1386-1398)가 지배하게 되자 공격에 노출되었다.

16세기 중엽까지 과거 유명했던 바그다드, 티그리트, 니시비스 같은 기독교의

---

16 시아파(shi.ah): 수니파(Sunni)와 시아파라는 이슬람의 두 주요 파벌이다. 이란을 제외하고는 수니파가 대부분의 이슬람 국가에서 다수파를 차지하고 있다. 이란은 시아파가 주류이다. 일반적으로 수니파가 정통이라고 하는데 순나의 해석과 무함마드의 후계자로 한 최초의 4명의 군주의 정통성을 인정하는 것으로 시아파와는 다르다. 시아파의 사람들은 권위는 공동체의 조직이라든지 율법과 실천에 대해서 다른 차이도 있지만, 교리적으로는 대체로 공통적이다.

17 동방교회 총주교좌(Seat of Patriarch): 처음에 총주교는 말라가에 살고 있었다. 이것이 약탈되어지고, 아르빌로 이동했다. 딘카 2세(1332-1364)는 모술의 인근 마을 카라 무레스에 살았다. 그의 후계자 시몬 2세는 모술에 살았다. 어떤 지도자가 어느 기간의 직무에 있었는지는 모른다.

18 동방교회의 소멸(vanishment of the Church of the East): 고고학의 조사에서 중앙아시아에서 1345년과 1368년 묘비가 발견됐다. 또 중국 접경에서 1361년과 1371-2년 무덤의 돌이 발견됐다.

중요한 마을들이 없어졌다. 동방교회는 모술, 우르미야 호수와 반(Van) 호수 사이의 지역으로 축소되었다.

적대하고 있는 두 제국, 페르시아와 오스만 사이에 끼어 쿠르드족과 야지디족[19] 옆에 살게 됨으로 기독교도들은 수세기 동안 불안정한 존재로 바깥 세계에서 격리되어 도시 문명과 접촉하지 않았다. 그러한 제한된 상황 하에서는 구시대의 학문적 전통은 쇠퇴하였다. 동방교회의 총주교는 종교 지도자인 동시에 세속 세계의 지도도 하지 않을 수 없게 됐다. 1450년에 뽑힌 총주교는 공무를 자기 가족에게만 한정하는 법을 제정했다. 주석(主席) 주교는 결혼을 못하기에 공직은 형제와 조카에게 물려주게 되고, 때로는 너무 어려서 지배를 못하고 세습제가 권위를 실추시켰다.

시리아 정교회 총주교 자리도 여기저기로 이동하여 1171년에 드디어 마르딘에 놓이게 됐다. 자발 투르 산맥 바깥쪽의 정상에 위치한 마르딘은 우르파(Urfa)에서 서시리아 공동체가 있던 제지라흐와 모술에 이르는 광대한 평지를 내려다보았다.

이즈음에는 동방교회의 어떤 교회도 모두 로마 서방교회와도 연락이 두절되었다. 사실 로마 가톨릭교회는 5세기 초에 안티오키아 교회와 헤어진 이후부터는 독자적인 행보를 계속하고 있었기 때문에 동방교회의 존재를 몰랐다. 동방교회가 동쪽으로 세력을 넓혀 가고 있는 동안, 로마 서방 교회는 유럽 선교에 주력하고 있었고, 몽골 제국의 시대까지 이라크에 있는 교회에 대한 소식은 받지 않았다고 생각했다.

---

19 야지디교(Yazidi): 쿠르드어를 말하는 종교 그룹으로, 말로 종교를 전해 왔다. 그들은 창조주 하나님을 믿고 있지만, 태양이나 메릭, 타우스(공작새 천사)도 예배한다. 신앙, 우주관, 윤회(환생), 기도라는 보편적인 원칙을 받아들이고 있다. 이는 쿠르드인 특유의 종교였고, 그것에 이슬람교, 조로아스터교의 요소를 덧붙였고 기독교와도 다소 관계하고 있다고 여겨진다. 예를 들어 야지디교는 아기가 태어났을 때에 세례를 준다. 이라크 북부의 기독교 금욕주의의 영향을 받았을 가능성도 있다. 야지디교의 창시자 시이크 아디는 결혼하지 않았다. 또 그 예배 장소의 하나는 기독교의 교회이고 가잔의 박해와 관계가 있는지도 모른다.

동방교회의 정보는 십자군 전쟁이 끝날 즈음에, 서방에까지 세어 나온 그 정보는 기독교도들은 이슬람교도에게서 구한 사제 겸 왕인 프레스타 존의 전설을 통해 알려진 것이다. 몽골군이 동유럽에 침입했을 때 이노켄티우스 4세(Innocent IV, 1243-1254)가 강화(講和)의 대화를 논하기 위해 두 명의 프란체스코회 수도사를 대(大) 칸 구유크(Kuyuk, 1246-1248))에게 파견했다. 몽골인 사이에 '네스토리우스파'가 존재한다고 보고되었고, 유럽에 동방교회를 다소간이라도 전달한 것은 그들이 처음이었다. 또 프란체스코회 수도사는 이노켄티우스 교황에게 사브리쇼 5세(Sabrisho V)가 로마 교회에 대해서 가지고 있는 호의도 전했다. 교황은 총주교에게 편지를 쓰고 사브리쇼의 신앙 노고에 축하의 뜻을 나타냈다. 총주교는 그 답장으로 교황의 권위를 인정했다. 이 편지는 2통의 편지와 함께 보냈다. 한 통은 니시비스 부(府)주교 이슈야브 바르 말콘(Ishu'yab Bar Malkon)과 3명 주교의 서명이 들어간 편지인 그들의 신앙고백이 포함됐다. 다른 한 통은 중국에서 온 것이었다.

동방교회는 총주교 야흐발라하 3세(Yahballaha III) 때도 서로마 교회와 연락을 취했다. 1287년에 친구 주교 바르 사우마(Bar Sauma)를 몽골의 칸 서한과 함께 교황 호노리우스 4세(Honorius IV, 1285-1287)에게 보냈다. 일-칸 아르군(Argun)은 위대한 쿠빌라이 칸이 그에게 '기독교도들의 땅'을 해방하도록 명령했다고 교황에게 썼다.

총주교 야흐발라하 3세와 바르 사우마는 중국의 수도사였다. 바르 사우마는 북경의 유복한 귀족의 아들이었는데, 그는 사제가 되어 베이징의 교회에서 봉사하다가 세상을 버리고 수도사가 된 인물이었다. 자신의 전 재산을 가난한 사람들에게 나누어주고 수년간 동굴에서 독거 승려로 생활했다. 그 이후 산악 지대의 동굴로 옮기면서 은둔수사(隱遁修士)가 됐다. 사람들이 그에게 찾아와 가르침을 듣기 시작했다. 그를 찾은 자 중에는 네스토리우스파 수보제의 아들 마르코가 있었다.

그는 나중에 수도승이 되어 바르 사우마와 함께 은둔수사(隱遁修士)로 살았다. 두 사람은 모두 1275-1276년까지 성지 순례를 시작했다. 도중에 훌라구의 아들 아바카를 만나고 말라가에 도착했을 때에는 부(府)주교 딘카 1세(Dinkha I)를 만났다. 그 후 아르빌, 모술, 니시비스를 거쳐서 수도원과 성당을 찾아 방문하고 크테시폰에 가서 코헤의 바실리카 대성당에서 체류했다. 그러나 그들이 예루살렘에 도착하지 못했던 것은 예루살렘이 맘루크 왕조의 술탄 바이바르(Baibar, 1266-1277)의 지배하에 있었고, 몽골과 맘루크가 전쟁을 하고 있었기 때문이다. 두 사람은 아르메니아와 조지아(그루지야)를 지나서 바닷길로 팔레스타인에 도착할 예정이었다. 그러나 총주교가 귀국을 명령했다. 총주교는 두 사람에게 중국 교회의 지도를 맡길 생각이었기 때문이었다. 그는 마르코를 임명하고 야흐발라하라는 이름을 주고 국태(國泰, 중국 북부)의 주교 바르 사우마를 주교 총대리로 임명했다. 그러나 중앙아시아의 전쟁 탓에 바로 귀국할 수 없어 모술 근처의 수도원에서 2년을 지냈다.

이 기간 동안 동방교회의 총주교 딘카 1세가 1281년에 사망하였고, 동시리아 주교들은 야흐발라하를 동방교회의 우두머리로 총주교 야흐발라하 3세를 선출했다. 이것을 정치적 움직임이었다고 생각되어지는 것은 야흐발라하는 시리아어를 잘 못했고 아랍어는 전혀 못했다. 그러나 그가 몽골어를 알고 있었으므로 그것이 도움이 된다고 여겨졌기 때문이다. 그는 타루타르인(다쯔탄)과 투르크인(Turkic)을 일제히 집단으로 개종시킬 뻔했지만 투르키스탄(Turkestan) 전도가 성공하지 못한 것이 10년 후 동방교회가 붕괴하는 큰 원인이 됐다.

바르 사우마는 콘스탄틴노플을 거쳐 나폴리까지 여행한 다음 로마까지 가서 교황으로부터 환영을 받았다. 로마에서 파리로 간 다음에 보르도로 갔는데 그곳에서 잉글랜드 에드워드 1세를 알현했다. 그는 그곳에서 한동안 지낸 후, 니콜라우스 4세(1288-1292)가 교황이 된 후에 로마로 돌아갔다. 교황은 거룩한 주간의 모든 종교 행사에 참여하도록 허락하고, 개인적으로 성찬식을 가졌다. 바르 사우마는 선물을 가져다 준 총주교의 품으로 다시 돌려보내고, 공동(가톨릭)교회의 신앙 문서를 갖게 했다. 1304년 총주교는 답장을 쓰고 신앙 조항을 도미니코 수도회의 야코브의 손에 들려서 돌려보냈다. 그러나 기대하고 있던 몽골 제국의 동맹과 로마 교회와의 일치 연합의 시도는 실현되지 않았다.

*(역자) 우자일(에스라)에 대해서는 여러 해석이 있고, '신의 아들'으로 여겨져 있었다. 기독교도들은 하나님의 아들, 즉 예수로 여기고 있다.

보유(補遺) 꾸란의 인용

종교에는 강제가 없다. 이미 바른 길은 잘못된 것으로부터 명확하게 되었다. 그래서 사신들을 거절하고 알라를 믿는 사람은 끊어질 수 없는 가장 단단한 손잡이를 잡은 것이다. 알라는 잘 듣고 잘 알게 하시는 분[2장(수소, 雄牛) 256절].

그래서 그러한 자들을 불러 초대해. 그리고 명령한 것처럼 올바로 세워라. 그들의 집념에 따라서는 안 된다. 그리고 말해라 "나는 언약의 책을 알라가 내려 주신 것으로 믿었다. 나는 당신들 사이를 공평하게 다루도록 명령을 받았다. 알라는 우리들의 주이시고, 또 당신의 주가 되시고, 우리에게는 우리들의 행위가 있고, 당신들에는 당신의 행위가 있다. 우리들과 당신들 사이에는 옳고 그름이 없는 것이다. 알라는 우리를 모으셨다. 그리고 그의 허락하심으로 다다르는 곳이 있다[42장(협의, 協議) 15절]."

너는 믿는 자에 대해서 적의가 가장 격렬한 것은 유태교도들과 다신을 좇는 자들임을 꼭 찾아야지. 또 믿는 자에 대해서 애정이 가장 친밀한 것이 되는 것은 '나는 기독교도이다' 라고 말하는 자들인 것을 꼭 찾아야지. 그것은 그들 중에는 사제들과 수도사들이 있어 그들은 교만하지 않기 때문이다(5장(식탁, 食卓) 82절).

진실한 신앙인, '귀환자들' 기독교도들, 사비아 교도들로, 알라와 마지막 날을 믿고 선행을 이룬 자, 그들은 그들의 보수가 그들의 주님의 허락하심에 있다. 이들은 공포가 없고 그들은 슬퍼할 것이 없다[2장(암소) 62절].

또 유대교도들은 우자일(에스라)을 알라의 아들이라고 말하고, 기독교도들은 마쉬후(메시아)를 알라의 아들이라고 말했다. 이것은 그들의 말에 의한 변명이다, 그들은 이전에 신앙을 거부한 사람들의 변명을 따라하고 있는 것이다. 알라가 그들을 ??????것을. 어째서 그들은 방황하는 것이 사라져 있는가[9장(회개) 30절]).

5장

16세기에서 20세기까지
— 오스만 지배 아래에서

오스만 제국

오스만 터키는 몽골에서 소아시아까지 나아갔고, 14세기 초에는 지도자 오스만의 이름을 따서 작은 주권 국가를 만들었다. 셀주크 터키를 정복한 후, 오스만인은 급속히 쇠약해진 비잔틴 제국의 희생으로 세력을 펼쳤다. 1453년에 콘스탄틴노플이 함락되었고, 오스만 터키는 헝가리부터 예멘까지, 또 알제리부터 타브리즈까지 펼쳐진 제국의 건설에 착수하고 이스탄불(전 콘스탄티노플)를 수도로 했다.

오스만은 자신들을 특별하게 필히 적대하는 자가 없는 이슬람의 지도자라고 묘사했던 수니파 이슬람교도이며, 술탄을 '아미르 알 무미닝(Amir al-Mu'minin, 신도들의 리더)'이라고 칭했다. 술탄은 절대 독재 군주이고, 그 지배는 신이 주어준 것이고, 신만이 책임을 씌울 수 있다고 생각했다.

수니파인 오스만에게 있어서 시아파는 단순한 이단일 뿐만 아니라 이슬람의 이미지를 실추시키고 위협하는 존재라고 생각했다. 거기에서 소아시아 동부에까지 달했던 시아파 사파비 왕조와의 충돌은 불가피했다. 오스만은 1514년 아제르바이젠에서 사파비를 물리치고 이어 2년간 쿠르디스탄과 북부 메소포타미아까지

진출했다. 바그다드는 1534년에 정복되었고, 1546년에는 레지스탕스의 중심이었던 바스라를 비롯해 이라크 남부가 점령되었다. 이때까지 현재의 이라크 전역은 오스만의 지배에 놓여 있었다.

당초 오스만은 그 이외 세계와의 접촉은 매우 한정되어 있었다. 그러한 이유는 오스만의 지배는 '다르 알 살람(평화의 세계)'으로 불렸고, 나머지는 모두 '다르 알 하르브(전쟁의 세계)'라고 확실하게 구별되어 있었기 때문이다. 이와 같이 한다면, 이론적으로는 외교 관계를 성립할 수 없었다. 그러나 무역이나 정치 세계에서는 대화와 모종의 대표 파견은 필요로 했다.

오스만 제국 내부에 무역기지를 최초로 둔 것은 베네치아인이었다. 그들은 14세기라는 이른 시기에 알레포에 등장하였다. 술탄 술라이만 1세 '장려제(壯麗帝, 1520-1566)는 1536년에 프랑스와 동맹을 맺어 오스만 제국 내에서의 상업 특권을 주었다. 같은 규정을 1581년에 영국, 1613년에는 네덜란드와 맺었다.

16세기 중반에는 서유럽으로부터 대사를 맞이했다. 서구 국가들은 이스탄불뿐만 아니라 제국 내 지방 도시에 영사를 두게 되었다. 그러나 술탄이 자신의 영토 밖에 오스만 제국 대사관을 설치한 것은 비로소 1793년이 되면서부터이다. 무역과 외교를 촉진하기 위해, 오스만 정부는 서구에 양보하면서 영사와 거주 무역상이 자위할 수 있도록 하고, 또 그들을 위해서 일하는 자국 주민을 보호하는 것을 허용했다. 이러한 양보는 확대되었고, 주요 항구나 도시 전체에 대해서도 그랬고 더욱이 그 뒤에는 종교 단체도 포함되게 됐다. 프랑스가 로마 가톨릭의 옹호자가 되고 영국은 앗시리아를 옹호했다.

무역에 이어 일어난 정치적 교류가 이루어짐으로써 서구 문화와 대면하게 됐다. 영사의 영향으로, 오스만 당국으로부터 종교 선교단과 과학 사절단을 설립하는 팔만[공식 정령(公式政令)]을 얻게 되었다. 로마의 수도회 사제들은 그 종교 직무를 수행하는 것이 허용되었고, 이 가운데 어떤 것은 영사에 맡겨졌다. 17세기 초부터 제국 내에서 조직적인 로마 가톨릭 선교가 시작되고[1] 서양 문명에 접근하는 중요한 수단이 됐다. 과학적, 고고학적, 탐험적인 사업이 18세기까지 계속되었다. 1625년에 이탈리아의 귀족들이 우르와 바빌론에서 발견된 벽돌을 유럽으로 가져왔는데, 그 벽돌은 이전에는 알려지지 않은 문자가 쓰여 있었다. 그 지역의 고고학을 포함한 다양한 정보를 얻기 위해 1761년에 덴마크 왕이 최초의 과학 파견단을 보냈다. 그것에 이어 많은 단체가 파견되었다.

1839년부터 1876년에 걸쳐서 오스만 정부는 몇 가지 개혁안을 냈다. 그것들을 통틀어 '탄지마트(tanzimat, 근대화 정책)'라고 불렀다. 여기에는 행정, 방위, 경제, 토지 소유권 문제 등이 포함되었다. 이 모든 것이 중앙집권을 확립하는 것과 정부의 탈종교화와 세속화를 추진함에 있었다. 그리고 어떤 종교든 법 앞의 평등을 강조하기 위해서였다. 1856년의 하티 후마윤(hatti humayun)은 여러 지방 자치구의 일시적인 문제에 대해서는 각각의 자치구에서 뽑힌 의원의 관리 하에 놓이게 됐다. 각각의 자치구는 행정 회의를 갖고 이스탄불의 의회에 대표의원을 보냈다. 이 협의회에는 각기 다른 종교공동체도 대표를 보냈다.

과학, 종교 활동이 활발해지고, 무역 덕분에 경제 발전과 더불어 기독교도이건 이슬람교도이건, 오스만 제국 내의 사회에 엄청난 변화를 가져올 신호탄이 되었다. 그러나 기독교 공동체 내에서 일어난 변화가 특히 터키 내에 있어서는 아르메니아 교도들과 동시리아 교도들에게 비참한 결과를 초래하게 되었다. 세속화와 현대화 추진의 시도는 1878년 압둘 하미드에 의한 전제지배에 접어들면서 중단

---

1 투르크멘 지배(Turkoman domination) : 몽골 지배 후 티므루 렝이 죽은 후 '검은 양'의 의미인 '카라 코율로'와 '흰 양'의 의미의 '아쿠 코율루'의 투르크멘인의 연합체가 이라크를 다스렸지만 페르시아 사파뷔드에 의해서 이라크에서 쫓겨났다.

되었다. 그는 범 이슬람 지배를 다시 설정하고, 독재자로서의 강력한 힘을 갖고 지배했다. 1908년 터키인 청년 운동이 다시 세속화와 탄지마트를 설정하고 그를 폐위시켰다. 제1차 세계대전 이후 터키는 식민지를 모두 잃었다고 말하지만 무스타파 케말(Mustafa Kemal, 1881-1938)의 강한 국수주의적 리더십을 통해 강대국으로 부상했다.

오스만 제국 지배하의 이라크

초기 오스만 제국 지배 때는 이라크가 4개의 '빌라예트(vilayet)'로 불리는 자치주로 나뉘어 있었다. 바그다드, 모술, 샤흐라주르와 바스라 4곳이며, 각각 '파사(pasha)'로 불리는 지방 고위 관리가 배치됐다. 방위의 관점에서 바그다드는 가장 중요했다. 그래서 바그다드의 파사는 최상급에서 와지르(wazir, 재상)라고 불렸다. 다른 자치주는 더 낮은 파사에 의해서 통치되었다. 이로 인해서 바그다드는 다른 자치주에 대한 지배권을 행사할 수 있었다. 또 쿠르드의 군주를 임명하거나 폐위시키거나 할 수도 있었다. 나중에는 페르시아로부터 항상 위협을 받았고, 쿠르드족 지배자에 의해 반란이 있어서, 샤흐라주르와 바스라는 바그다드의 직접 행정구역에 놓이게 됐다. 한편 바그다드에 상당한 영토를 나누어 이양했다고 보지만 모술은 계속 독립된 주였다.

몽골 지배에 의해 야기된 파괴, 투르크멘과 사파비드에 의한 불안정한 지배가 계속되는 혼란과는 대조적으로 이라크의 오스만 지배는 총체적으로 경제 사회 발전에 이익을 가져다주었다. 빈발하는 역병, 홍수, 페르시아와 거듭되는 전쟁 때문에 좌절은 있었지만, 점차 생산과 무역은 늘어나고 인구는 증가되면서 도시는 확대됐다. 그러나 19세기가 되기까지는 교육과 부의 분배는 만족하다고 말하기는 어려운 상태가 이어졌다. 19세기에는 오스만 제국 정부 내의 철저한 개혁, 서양 세계와의 접촉이 결정적인 효과를 나타내기 시작했다.

첫째, 그 지역이 유럽 주도의 세계 경제로 통합함으로써 주민 전체의 경제 상태가 좋아진 것이다. 1723년 이래, 동인도 회사가 바스라에 영구 무역기지를 두고 걸프만 지역의 주요한 무역기관이 됐다. 1869년에는 수에즈 운하가 개통하면서 바스라의 있는 동인도 회사의 중요성이 더욱 커지고 이라크의 경제가 급속히 발전했다. 교통수단의 향상이 그것에 이어서 1861년에 바그다드와 바스라 사이에 기선이 통과하게 되고 바그다드와 이스탄불 간에 전신 서비스가 실시되었다.

둘째, 탄지마트의 도입이 이라크 사회 행정부 시스템에 큰 변화를 일으켰다. 1908년 이라크 의회에는 178명의 각 지방에서 대표가 모였다. 그중에는 기독교도 1명과 유대교도 1명이 들어 있었다. 이스탄불에서는 오스만 제국의 다른 지역 대표가 모여서 공통적인 문제에 기반 한 연대감을 찾아냈다.[2] 군대가 조직됐으며, 이스탄불의 오스만 중앙 정부에 충성을 맹세했다.[3]

셋째, 교육이 정부기관에 근무할 수 있는 인물을 낳고, 자신들의 지역 사회를 변혁하는 능력이 있는 현지의 지식인 엘리트를 낳게 됐다. 마드하트 파샤(Madhat Pasha)는 탄지마트 시대의 가장 진보적 인사로 1869년부터 1872년까지 바그다드 구(區) 지도자였다. 그는 공무원 양성을 위한 기술학교, 중등교육학교를 설립하고 사병 학교를 2곳 설립했는데, 모두 무료였다. 그는 1869년에는 인쇄소를 설립

---

2   공통의 문제(common problems): 이스탄불의 행정기관 구성원이 다른 아랍 국가들의 이와 같은 사람들을 만나거나 민족 권리를 찾는 다른 공동체와 접촉하도록 된 것이 아랍 민족주의에 눈을 뜨게 하는 의미에서는 중요했다. 아랍 민족의식이 결국 터키 지배만 아니라 서양 의존의 형태를 끝내기 위한 정치 운동의 형성에 이끌게 됐다. 이라크에서의 민족주의 운동은 터키에서 아르메니아인, 쿠르드족, 앗시리아인 등 민족 운동보다 뒤졌다.
3   충성(allegiance): 타비트 아브디라는 그의 저서 『이라크 소사(小史)』에서 1912년까지 오스만 군에 충성하는 이라크인 장교는 1,200명 정도였다고 한다.

했다. 1899년에는 여자 중학교를 만들고, 1900년에는 초등학교 교원 사범학교를 설립했다. 오스만 지배 시대에 설립된 고등교육기관은 법과대학뿐이었다.

선교사들도 교육에 공헌했다. 가톨릭 선교회는 17세기 전반에 이라크에 왔다. 처음 온 것이 카프친 수도사이며 이어 카르멜회 수도사, 도미니크회 수도사가 찾아왔다. 카르멜회는 1721년에 바그다드에 최초 초등학교인 성 요셉 초등학교를 열었다. 도미니크회는 1750년에 오자마자 바로 모술과 그 근교의 마을마다 초등학교를 개설했다. 그들은 1860년에 이라크 최초의 인쇄소를 설립했다. 프랑스 도미니크 수도회의 수녀가 1873년 모술에 도착하자 젊은 여자들에게 바느질과 가사뿐만 아니라 읽고 쓰기를 가르쳤다. 유대교도들도 이라크에 가장 초기의 현대 학교 중 하나를 설립했다. 그것은 1865년 바그다드에 '세계 유대교 동맹(Alliance Israelite universalle)'이 세운 것이다. 교원은 세계 각국에서 모인 유대인 이외에도 학생으로 받아들여졌다.

넷째, 과학자와 고고학자 파견단의 의해 이라크의 숨겨진 보물 탐험이 시작되면서 역사 이해에 결정적인 전환점이 일어났다. 앗시리아와 바벨론의 유적을 발견하고 설형 문자의 해독이 진전됨으로써 이라크의 고대사만 아니라 성경 관련 사항이나 다른 문명의 기원에 관해서도 새롭고 놀라운 사실이 밝혀지게 되었다. 초기 고고학자 중의 한사람인 헨리 레이어드(Henry Layard) 경은 1845년 니느웨를 발굴했고, 조수였던 모술 출신의 기독교도인 호르미즈 랏삼(Hormiz Rassam)을 채용했다. 랏삼은 나중에 그 자신이 고고학자가 됐다. 내셔널 지오그래픽의 사장 에인스워스(Ainsworth)는 유프라테스강을 도강하는 데 적합 여부를 탐험하기 위해서 파견되었다. 호르미즈 랏삼의 형제 이사 랏삼이 그 탐험대의 에인스워스의 통역을 맡았다.

마지막으로, 아랍어가 확산되었다는 것이다. 많은 책이 출판되고 다마스커스

(다메섹), 베이루트, 카이로 등에 아라비아 문학 협회(Arab literary societies)가 생겨났으며, 이것이 좋은 영향을 주었다. 특히 이집트와 레바논에서의 아랍어 부흥에 있어서는 기독교 사상가가 그 최전선에서 활약했다. 정치적 아랍 민족주의가 태어나기 훨씬 전부터 문예 부흥이 시작되고 있었던 것이다.[4] 특히 이라크에서 탁월한 인물은, 카르멜회 수도사 아나스타시우스(성 엘리야의 아나스타시우스 마리아)이다. 그는 1866년에 바그다드에서 태어났고, 카르멜회 사제가 된 뒤 바그다드로 돌아가서 1947년 그가 사망하기까지 그 생애의 대부분을 그곳에서 보내고 바그다드 옛 라틴 교회에 묻혔다. 그는 아랍어 학자이면서 적어도 62개의 논문을 기관지에 게재하고 있다. 그 자신이 '루하트 알 아랍(Lughat al Arab, 아랍인의 언어)'을 편집했다. 기독교도, 이슬람교도를 불문하고 장래 이라크의 최전선에서 활약한 사상가, 지식인들이 모두 그의 야학에서 배웠다. 카이로의 아랍 학사원(Arab Academy)은 1932년 최초 학사원 회원의 한 사람으로서 그를 선정했다.

오스만 제국 하에서의 기독교도

기독교도들의 처지도 오스만 제국 시대를 통해서 시대와 장소에 따라 다양하게 변화했다. 19세기에 탄지마트가 도입되기 전에는 기독교도들은 2류층이며 지즈야(Jizyah)를 내고 딤미(Dhimmi) 규칙을 따르는 것이 요구되어졌다. 그리스 정교

---

4 문예 부흥(literary revival): 이 부흥 운동에 앞장 선 기독교도에는 레바논 사전 편저자 브톨스 알 부스타니(1861-1914)가 있으며, 그는 아랍어 종합 사전 『알 무히토』를 편집했고 더욱이 백과사전 『달 알 마아리후』를 출판했다. 그는 아랍어의 문제와 어록을 현대화하는 개척자였다. 이것이 문학과 교육에도 필요한 것이었다. 이집트인 작가인 쥬루기 제단 (1861-1914)은 역사 소설이나 에세이 작가로 많은 책을 썼다. 그것이 아랍인에게 과거에 대한 자부심의 마음을 일으켰다. 부자가 함께 시인이었다. 나시프 알 야자지(1800-1887)와 이브라힘(1847-1906)은 시, 찬가, 산문을 쓰고, 그것으로 아라비아어 표현에 새로운 멋을 함께 더했고, 아랍어의 저널리즘에 활력을 주었다.

회 총주교는 터키 제국 내에서는 전 정교회의 감독으로 천거되었다. 한편 아르메니아 교회 총주교는 동방의 다른 전 기독교도 대표도 했다. 이 상황은 1830년까지 계속되고, 이 해부터 다른 교파에서도 같은 감독권이 주어졌다. 비이슬람교 공동체를 위해 '밀레트(millet, 종교 공동체)'라는 용어가 도입되었다.

터키 내에서는 다만 행정관과 관리에 대해서는 술탄과 견해를 같이 하고 이슬람교로 개종해야만 했다. 다만 딤미(Dhimmi)의 통례인 규정과 엇갈리지만, 정부는 기독교도 농민의 자녀들을 강제적으로 술탄 황제의 특별 친위대인 예니사리의 병적에 넣기 시작했다. 이 군사 정책은 오스만이 정복한 유럽권 내에서 잘 행해졌지만, 아랍권 내에서는 그만큼 빈번하게 이루어 지지 않았다.[5]

메소포타미아에서는 대부분의 기독교도들이 이미 북부의 마을들과 근처의 산간부로 이주했다. 그들이 살던 곳은 주로 4곳의 장소이다.

(1) 이란 북서부 우르미야: 기독교도들은 페르시아 지배하에 있었으며, 지즈야를 내고 있었다. 때때로 지주의 압박은 있었다고는 하나, 대개 이슬람 지주 아래서 봉건제적이긴 하지만 비교적 쾌적한 생활을 보냈다. 모두 동방교회의 신도였다.

(2) 터키 남동쪽 핫카리(Hakkari) 산맥: 기독교도들은 명목상 오스만 지배하에 있었고, 에르제룸(Erzerum) 자치주의 주지사의 아래서 따르며 살고 있었다. 그들이 살고 있는 곳은 외딴 곳으로 사람이 접근하기 어려운 지역이며, 오스만 정부의 지배 영역 밖이어서 이 지역에는 정부군도 들어오지 않았고, 징세인도 오지 않았다. 기독교도들은 자신들의 족장(마리타)의 지배하에 있었고, 그 정점에 총주교 마루 시몬이 있었다. 그들은

---

5   군사 정책(military policy): 모술에 살고 있던 나의 증조모가 오스만 지배에 대해서 얘기해 준 것이 생각나지만, 그중 하나로 많은 고생을 해서 돈을 모으고 터키인 헌병이 젊은이들을 징병하러 왔을 때 준비된 리라를 사용해서 그것을 뇌물로 건넸다고 말해주었다. 만약 데려간다면, 이제 젊은이가 돌아올 수 없는 사실은 잘 알려져 있다.

굉장한 자치를 누리고 있었고, 총주교 이외에는 세금을 내지 않았다. 총주교는 신권 정치를 했다. 이들의 땅 대부분은 산간 지역으로 문명 세계와는 거리가 멀었다. 결과적으로 주민 대부분은 가축을 사육하면서 부족 생활을 영위하고 있었다. 이들 기독교도들은 쿠르드족과 인접해서 살고 그들과 평화롭게 공존하며 살았다. 이 지역의 기독교도들은 모두 동방교회의 신도였다.

(3) 시리아에 접한 남서부 터키: 시리아와 국경을 맞대고 있으며, 특히 마르딘(Mardin), 디야르바키르(Diyarbakir), 투르아브딘(TurAbdin)의 산중(山中) 등 많은 마을들이 있다. 여기서 기독교 인구의 대다수는 시리아 정교회였다.

(4) 이라크 북부: 특히 모술과 아마디야, 제호, 알코시 등 주변 마을과 산악지대에 사는 기독교도들은 시리아어를 사용하는 반면 모술에 살던 기독교도들은 아랍어를 구사했다.[6] 이라크 북부의 이 지역에 살던 기독교도들은 모술 자치주의 오스만 직계 지배하에 있었고, 지즈야를 내고 딤미의 특별 규칙을 따라야 했다. 대부분은 동방교회에 속해 있었지만, 시리아 정교회에 속한 사람도 적지 않았다.

(1)(2)(3)의 지역에 사는 기독교도들은 현재의 이라크 국경 밖에 있고, (1)의 지역은 페르시아 지배하에 있었지만, 여기서 다루는 데는 두 가지 이유가 있다. 첫째, 이들은 모두 메소포타미아로 불리는 지역에 있고, 현재 이라크로 되기까지 기독교의 발전을 공유하고 있기 때문이다. 둘째, 이들 지역에 있던 많은 기독교도들

---

6   아랍어를 말하는 기독교도(Arab-speaking Christians): 모술에 살던 아랍어를 말하는 기독교도들은 시리아어를 하지 않았다. 또 그 조상을 거슬러 보아도 그런 사람들이 없었다. (나의 증조모는 1870년에 태어났지만 조상 가운데 시리아어를 사용하는 사람의 기억은 없었다). 아랍 기독교의 시작은 확인하는 것이 어렵다. 그 가운데 어떤 이는 메소포타미아에 살고 있던 아랍 민족의 후손이며 훨씬 빠른 시대에 기독교를 믿고 이후 이슬람교로 개종한 적이 없는 사람들일 가능성이 충분하다. 특히 중요한 것은 알 히라와 티그리트에 살고 있었고, 10세기 이후 전쟁이나 박해로 집을 떠나야 하지 않으면 안 되었던 사람들이다. 그러나 대다수는 아마도 시리아어를 말하는 기독교도이었지만, 오랫동안 아랍 문화에 동화되어 시리아의 전통과 언어를 잃어버린 사람들일 수도 있다.

이 19세기 말부터 20세기 사이에 현재의 이라크로 피신해야 했기 때문이다.

1920년 현재 이라크가 형성되기까지 400년간에 걸친 오스만 지배하에 메소포타미아의 기독교 공동체에 몇몇 변화가 있었다. 이들 변화가 그 성격을 뿌리부터 바꾸고 새로운 교파를 낳게 된 것이다. 16세기 초까지는 동방교회와 시리아 정교회라고 말하는 그룹 밖에 없었다. 양쪽 모두 외국과 이슬람 지배하의 제한 속에서 쿠르드인과 이슬람교도의 이웃, 그리고 화평하게 지내는 것을 배우며 살아왔다. 19세기에는 오스만 정부 내부에 정치적, 구조적 변화가 일어나고 더불어 외국의 영향을 받아 이 균형이 허물어지기 시작했다. 내셔널리즘의 대두하고 외국의 무역상, 정치인, 여행자, 선교사와의 접촉이 이러한 변화를 가져왔다. 수세기 동안 열등한 '딤미'의 지위를 힘겹게 견뎌온 기독교도들은 탄지마트를 환영하고, 수십 년간의 억압 끝에 학문을 가져다 준 선교사, 과학자들과 협력하였다. 하지만 그것이 기독교에 대한 거센 반발을 일으키게 됐다. 그것은 오스만 정부가 제국에 균열을 일으켜서 조각조각 분해되는 것 아니냐는 우려를 하기 시작했기 때문이다. 오스만 지배가 끝날 때까지 시리아 기독교도들은 쿠르드족과 터키 정부에 의해서 여러 차례의 맹공격을 받고 분열되었다. 아르메니아인, 동서 시리아인의 대학살 이후 인구도(人口圖)가 바뀌었다. 이들은 인근 국가로 망명했다. 동방교회는 자신들의 선조가 앗시리아인이라고 하는 하나의 국민 의식을 갖기 시작했고, 정당한 주권과 독립을 주장하게 됐다.

로마 가톨릭(천주교)과의 접촉

원(元)나라 왕조 시대에 동방교회와 로마 가톨릭교회가 접촉을 가진 것으로써 가톨릭교회는 처음으로 동방에 있는 교회의 존재를 엿보게 됐다. 십자군 시대에는 프레스터 존의 전설을 포함한 여러 정보가 흘러나왔다. 십자군 전쟁의 마지막에는 키프로스 섬에서 동방 기독교도와의 새로운 접촉이 일어났다. 1192년부터 1489년까지 프랑스의 지배하에 있던 이 섬은 중동의 기독교도들에게 있어서 중세 시대를 통해서 특별한 역할을 해왔다. 십자군이 패배하고 키프로스(구브로) 섬에서 물러난 이후로는 이 섬은 서양 세력의 보루 역할을 하였으며, 전쟁의 결과 박해 당한 동방의 기독교도들의 피난 장소가 되었다. 키프로스 섬에는 동서 시리아 기독교 신자뿐 아니라 마론파[7], 그리스 정교도, 아르메니아 교도가 있었고 각각 사제와 주교가 있었다. 프란체스코회와 도미니크회 선교사들이 키프로스 섬에 와서 다양한 동방교회를 알게 됐다. 이들 선교회나 그 밖에도 가톨릭 선교사들이 오스만 제국 내의 여러 도시에 선교회를 설치함으로써 그들과의 접촉은 점점 활발해졌다.

로마 가톨릭교회가 동방 기독교 교회의 존재를 의식하게 되면서 자신의 울타리 속에 그들을 끌어들이려고 움직이기 시작했다. 1222년에 교황 호노리우스 3세가 예루살렘 주교와 키프로스에서 거주하고 있는 선교사들에게 '분리한 동방 기독교도들'을 교황에 대한 충성으로 돌아오도록 명령을 내렸다. 1340년에는 교황 베네딕트 12세가 키프로스 섬에서 동방 기독교도들을 위해 지역 총회의를 열었다. 또 피렌체 공의회(1438 - 1445)에서는 보다 공식적인 접촉이 이루어졌다.

이러한 모든 활동의 결과로 가톨릭교회와 몇몇 동방교회에 의해서 동방귀일(東方歸一, Uniate) 교회가 생겨났다. 새로운 접촉의 결과 이라크에 있던 두 공동체인 동방교회와 시리아 정교회가 일치하게 됐다.

---

7   마론파(Maronites): 동방의 시리아 교회이자 로마와 처음 연결한 그룹이다. 1182년에 로마 가톨릭교회와 연합하고 자신들의 의식과 습관을 계속 지키면서 상당한 자치를 유지했다. 마론파는 원래 시리아 북부의 아바메아의 근처에 살고 있었지만 비잔틴 당국으로부터 박해를 받고 레바논의 베카아 계곡으로 이주했다. 19세기 중반까지는 그 거주 지구를 넓히고 레바논 산의 대부분의 장소에서 살게 되었다. 어떤 시기에는 현대 레바논의 인구의 절반 이상을 차지한 적도 있다. 그러나 최근 국외 이주와 이슬람교도의 수가 증가하면서 바뀌었다.

동방교회

동방교회와 로마 교회가 진지하게 통일을 시도한 것은 1445년 8월 7일의 일이다. 피렌체 공의회에 동시리아 교회의 주교 타르수스의 티모테오스(Timotheos of Tarsus)가 참석하고, 그 통일을 인정받아 이 귀일 교회는 '칼데아파(Chaldean, 갈대아)'로 명명됐다. 그러나 통일은 이뤄지지 않았다.

16세기에 동방교회 안에서 주도권 문제로 상당한 불만이 생겼다. 특히 총주교의 세습제가 문제가 됐다. 아브릴, 우르미야와 살마스의 주교들이 반대 목소리를 높이면서, 1552년 데르 라반 호르 미즈 수도원의 수도사 요한 술라카(John Sulaqa)를 대항 총주교로 선출했다. 그는 요한 8세(John VIII)의 이름을 올려서 프란체스코회와 접촉을 갖고 로마까지 갔다. 그는 교황 율리우스 3세의 앞에서 가톨릭 신조를 받아들였다. 교황은 1553년 그를 총사교(總司敎)에 임명하고 바륨(대사교용 숄)을 주었다. 교황은 동시리아 교회에서 로마의 신앙을 교육하기 위하여 도미니크회 사역자를 대동하여서 귀국시켰다.

요한 술라카는 귀국했지만 그를 인정한 것은 마르딘과 디야르바키르의 충실한 신도들뿐이었다. 동방교회의 총주교 시몬 8세 딘하는 그의 선출이 위법하다고 밝혔다. 그의 명령에 의해서 요한 술라카는 도착 직후 오스만 당국에 체포되어 1555년에 살해되었다.

요한 술라카가 죽은 뒤 귀일 교회는 아브디쇼 4세(Abdisho IV)를 선출했다. 그는 1562년이 되어 처음으로 로마에 가서 그해 교황 피우스 4세(Pius IV)의 승인을 받았다. 아브디쇼 자신이 시리아어로 직접 쓴 신조(信條)의 사본은 바티칸에 보관되어 있다. 1565년, 교황은 칼데아파가 전통적인 의식과 관습을 보존하는 것을 허락했다. 술라카의 가계의 총주교가 2대째를 이어서 했다. 그러나 정치적 상황에서 로마와 계속해서 접촉을 갖는 것은 어려웠다. 게다가 로마 교회와 이라크에 막 생긴 귀일 교회 간에는 인도의 동시리아 교회의 문제로 마찰을 빚었다. 포르투갈이 인도를 지배하게 되면서 동시리아 교회를 라틴 교회의 관할 아래 두려고 했다. 인도의 동시리아 교회는 그동안 계속해서 동방교회의 관할 하에 있었기에 이러한 움직임은 막 생겨난 귀일 교회에 부정적 파장을 잔뜩 일으키게 되고, 1672년에는 해산했다. 술라카 가계의 총주교 시몬 13세 딘하는 로마 교회와 단절하고 새로 '산지 네스토리우스파' 총주교 자리를 핫카리 산맥의 코찬네스(Kotchannes) 수도원에 두었다. 이 단체는 로마와 결합하고 전과 마찬가지로 동방교회를 계속하여 대표했다.

그 사이에 술라카 가문이 코찬네스로 옮기고 산지 네스토리우스파를 형성하기 전에 원래 동방교회 총주교가 스스로 로마와 협상하기 시작했다. 1606년 총주교 엘리아스 7세의 사절 두 사람이 로마에 나타나서 통일을 시도했으나 이뤄지지 않았다. 그 밖에도 다양한 제안이 이루어졌으며, 1681년부터 1828까지 아미드/디야르바키르에서 칼데아 가톨릭 총주교의 가계가 이어졌다. 마지막 한 사람 어거스틴 힌디(Augustin Hindi, 1804-1828)를 빼고는 모두 요셉이라는 이름으로 불렸다.

1751년부터 1772년까지 산지 네스토리우스파와 로마가 새롭게 통일의 협상을 시작했다. 그러나 이는 오래가지 않고 산지 네스토리우스파와의 관계는 최종적으로는 결렬되었다. 1830년에 로마는 요한 8세 호르미즈를 '칼데아인 바빌론 총주교'[8]로 인정했다. 그리고 이 귀일 교회는 '칼데아 교회'로 불리게 됐다. 이후 이라크의 칼디아 교회는 로마와의 관계에 있어서는 제대로 안정되었다.

---

8   칼데아(chaldeans): '칼데아'라는 말은 로마 가톨릭교회가 총주교의 칭호로서 사용했고, 훨씬 전부터 자신들의 교회를 부르는 명칭으로 사용되고 있었다. 칼데아라는 말은 구약 성경의 영향으로 바빌론이나 바빌로니아를 대신해서 자주 사용되어 왔다. 그러나 동시리아가 칼데아로 불리게 된 것은 총주교 자리(座)를 나타내는 지리적 장소이다. 페르시아가 지배한 시대에는 셀레우키아 크테시폰에 있었고, 아랍의 지배하에서는 바그다드에 있었지만 어쨌든 이 지역은 바빌로니아인의 영토였다. 유명한 영국의 고고학자 헨리 레이야도는 델라반 홀 미즈의 예배당 안(전 총주교가 살던 곳이다)에 동방교회의 총대주교의 묘지가 있는데, 그것에는 '동방 칼데아의 총주교'의 칭호가 새겨졌다고 보고하고 있다.

17세기와 18세기 동안 로마 교회와 동시리아 교회의 관계는 어려웠지만, 많은 학문적 연구가 시작되었다. 마론파의 요셉 시몬 아세마니(Joseph Simon Assemani, 1687-1768)는 로마에 있어서 가장 중요한 시리아 기독교의 옹호자가 됐다. 그는 유럽 사람들에 대해서 처음으로 동시리아 문서의 조직적 연구를 제시했다. 그가 쓴 4권의 저작은 오늘날까지도 학자들에 의해서 제1자료로서 참고가 되고 있다.

1844년 이 귀일 교회는 터키 정부로부터 '밀레트'[9]로서 인정받았기에 동방교회와는 구별되고있다.

칼데아 교회 총주교는 처음에는 디야르바키르에 거주하고 있었으나, 후에 모술시 북쪽에 위치한 작은 마을 알코시에 있는 수도원 데르 라반 호르미즈로 옮겼다. 총주교 자리는 나중에 모술시로 옮겼고 20세기 중반에 바그다드에 자리 잡았다.

시리아 정교회

꽤 빠른 시기부터 시리아 정교회와 로마 가톨릭교회 사이에서는 산발적으로 통일 시도가 있었다.[10] 시리아 교회 내의 마찰은 다양한 지도자들 간에 대결의식이 생기고, 그들 중 많은 사람들이 가톨릭교회의 지원을 요청했다. 십자군 시대의 첫 1세기 동안 시리아 교회 총주교 미카의 대항자가 예루살렘의 시리아 정교회 회원 다수를 가톨릭 신앙으로 인도했지만, 그 이상의 단계로 진행되지는 않았다. 전향한 신도들도 라틴파와 마론파에 흡수되었다. 1237년 시리아 정교회 총주교 이

---

9 밀레트(millet): 오스만 제국에서 공인된 종교 공동체. 오스만 정부가 비터키계와 비무슬림계 각 부족 주민으로 구성하는 공동체에 대한 보호와 지배를 겸하는 특수한 종교 자치단체를 마련한 것. 밀레트라는 말은 오스만 말기에는 민족의 뜻으로 전환되고 현대 터키 공화국에서는 국가의 의미로 전환하고 있다.

10 통일 시도(attemps at union): 존 조셉은 709년이라는 이른 시대에 마파루킹의 주교가 가톨릭 신앙을 고백하고 하란의 주교와 그 후계자가 그것을 이어서 계속했다고 말했다. 11세기 초에는 주교들의 그룹이 일치를 향해서 움직였다. 그중에는 총대주교 요한 바루아 프든의 비서도 포함됐다.

그나티우스 다우드 3세가 로마에 복종했지만 신도들은 함께 행동하게 할 수 없었고, 총주교를 사임하고 성지 탁발 수도회 수도사(the Order of the Friars of the Holy Land)에 가담했다.

키프로스 섬에서 지방 총회의(1340년)와 피렌체 공의회(1438-1445)를 개최하는 가운데 시리아 정교회와 로마 가톨릭의 직접 접촉이 있었으며, 개인적으로 가톨릭 신앙에 전향한 자는 있었지만 그 이상의 움직임은 일어나지 않았다.

16세기 중반 이후 총주교에 니마트 알라 아스파르(Nimat Alla Asfar)가 교황 피우스 4세와 그 후계자 피우스 5세와 직접 접촉하고 가톨릭 신앙고백에 서명했으나, 귀국하자 강한 반대에 막혔다. 그리고 술탄의 적과 협력했다는 것 때문에 체포되었다.[11] 그의 조카 다우드 샤가 교황으로부터 총주교가 되는 승인을 얻었지만, 귀국해서도 교황 대리와 만나는 것이 허락되지 않았다. 그것은 술탄에 대해서 그 중동의 기독교도와 유럽군이 동맹을 맺기 위해 왔다는 소문이 있었기 때문이다.

시리아 정교회의 이 모든 실패는 많은 요인을 가지고 있는 로마 가톨릭과의 연합을 도모하고 싶다는 생각과 그러기 싫다는 생각이 교차하고 있었던 것을 반영하고 있다. 그 인과관계에는 여러 요인이 있었다. 한편으로는 교회 지도자들 사이에 불만이 있었으며 그들 많은 것이 그 문제 해결을 위해서 로마 교회와 일체가 되는 것을 요구하고 있었다. 한편, 사람들은 몇 세기 동안의 곤란과 박해를 넘어 온 역사가 있는 교회에 자부심을 갖고 있었으며, 로마 교회와 손을 잡는 일이 자신들의 정체성을 잃는 것이 되지 않을까 생각했기 때문이다.

---

11   스페인 베네치아 동맹(Spanish-Venetian Alliance): 이 기간 동안 교황이 오스만에 대해서 스페인 베네치아 동맹을 조직했으나 1570년에 레빤트에서 동맹군의 승리로 끝났다. 그래서 교황은 황제의 적으로 간주되었다. 총주교는 체포됐다. 그는 죄상은 부인했지만 생명을 지키기 위해 교회를 포기했다. 그 바로 뒤 그는 로마로 가서 교황 그레고리 13세로부터 사면을 받고 사망할 때까지 로마에 남아서 시리아어 문서를 쓰거나 번역을 했다.

하지만 많은 사람들이 17세기 초반부터 그 지역에 홍수처럼 밀려든 선교사들[12]과 접촉하게 된 뒤로는 가톨릭교회에 진심으로 끌리게 되어 갔다. 카푸친회, 카르멜회, 예수회나 다른 수도회의 영향으로 시리아와 메소포타미아의 시리아 정교회 회원이 가톨릭으로 전향했다.

알레포[13]에서는 가톨릭으로 전향한 사람이 상당수 되었는데 마론파 총주교 유한나 알 사프라위(Yuhanna al-Safrawi)는 보조사제 앤드류 아케잔(Andrew Akhejan)을 그 공동체의 사제로 임명했다. 아케잔은 마르딘 출신의 시리아 정교회 상인의 아들이며 이전부터 알레포에 살고 있었다. 그는 가톨릭의 신앙에 매료되어 그 교리와 의식을 배우고 마론파 교회에 받아들여졌다. 그는 1646년에 로마에 파견되었고, 그곳에서 사제의 학습을 마쳤다. 1656년에는 시리아 가톨릭교회의 주교에 임명됐다. 그러나 시리아 정교회 총주교와의 마찰로 인해 그는 레바논으로 피신했지만, 총주교가 세상을 뜨자 다시 돌아왔다. 그는 1662년 총주교에 임명되어 알레포로 돌아갔는데 그곳에서 그는 한동안 두 시리아 공동체, 즉 로마 교회와 연합한 사람들과 그렇지 않은 사람들을 이끌었다. 그 뒤 마찰로 인해 그는 콘스탄티노플로 떠나게 되었고, 그곳에서 수준 높은 논의의 지휘를 했다. 그 덕분에 그는 귀국할 수 있었고, 1677년 사망하기까지 새로 생긴 귀일 교회를 지도했다.

다음 주교인 샤흐배딘(Shahbadeen)도 같은 어려움에 부딪혔다. 그것 때문에 사

---

12 17세기(seventeenth century): 그레고리 15세는 1622년에 '신앙 보급국'을 창설했다. 프란체스코회의 일부 회였던 카프친회가 처음으로 이 사명을 따랐다. 그들은 콘스탄티노플로 향하여 출항하고 1626년 알레포에 미션 본부를 설립했다. 카르멜회가 1627년 알레포에 미션을 두었고 예수회와 도미니크회가 뒤를 이었다.

13 알레포(Aleppo): 알레포시는 통상 성행하고 있었고 국제적인 도시로서 훌륭한 국제적인 환경이었다. 기독교도 수도 많았고 아르메니아 정교회와 그리스 정교회가 주요 파(派)이며, 그것에 이어 시리아 정교회가 있었다. 또 하나 중요한 공동체는 유럽의 무역상 공동체가 있고 각 나라의 영사가 돌봐주었다. 현지의 기독교도들은 무역상으로 가톨릭 선교사와 제휴하고 가톨릭에 이끌려갔다. 게다가 가톨릭 신자에게 이득이 있었던 것은 유럽인은 종교를 같이 하는 것에 호의를 베풀기 때문이다.

제와 수도사들과 함께 투옥되었다. 그들은 알레포에서 추방되고 콘스탄티노플로 가는 도중, 총주교를 포함한 두 사람이 숨졌다. 남은 사람들은 레바논으로 망명했고, 마론파 총주교의 도움을 받았다. 그들은 토지를 제공받게 되었고 1730년에 데르 마르 에브라임 수도원을 세웠다.

그 뒤에도 어려움은 계속 이어져 그 결과로 총주교 니마트 알라 자르와는 1781년에 레바논으로 피신하게 되었다. 베이루트에서 그는 총주교 본부와 수도원을 샤르파트 다로온의 꼭대기에 세우고 이를 '사이다트 알 나자트(Sayidat al-Najat, 구원의 조력자 성모)'라고 불렀다. 거기서 그는 시리아, 디야르바키르, 이라크 등 로마 가톨릭교회와 연합하기를 원하는 단체를 통합했다. 1785년 그는 시리아 가톨릭교회 총주교의 칭호를 받았고 로마는 그 공동체를 자신의 의식과 관습을 유지하고 자치제를 가진 귀일 교회로 인정했다.

시리아 가톨릭교회는 1843년에 독립한 밀레트로서 오스만 당국으로부터 인정받았다. 로마와의 관계가 돈독해지면서 이 귀일 교회는 힘을 얻었고, 1854년 총주교는 마르딘으로 거처를 옮겼다. 거기에는 그의 교단 신자가 많이 살고 있었기 때문이다. 그러나 총주교 자리는 제1차 세계대전의 대량학살 이후 1930년 타푸니(Tappoun) 추기경에 의해서 다시 베이루트로 옮겨졌다.

시리아의 가톨릭교회 최초 주교는 1790년 니맛타라 자르와에 의해서 성직에 임명됐다. 이것이 이라크에 있어서 시리아 가톨릭교회의 창립인 것으로 생각되고, 비스하라 아크탈이 콜리스 베남(키릴 베남)이라는 이름을 받아 모술, 바크데다, 아브달의 주교에 임명됐다. 사실 그는 바그다드와 바스라를 비롯해 이라크 전 국토의 시리아 가톨릭교회를 책임졌다. 세기가 바뀌고 도시로 이동하는 기독교도들의 수가 늘고 바그다드가 벌써 하나의 주교구가 되었다. 제1차 세계대전 중의 동요하던 시대 남터키에서 다수의 기독교도 망명자를 이라크가 받아들인 것으로 인해 신도 수는 증가되었다. 남터키에서 기독교도들은 쿠르드족과 터키 정부 양쪽에서 공격을 받고 있었던 것이다.

앵글리컨 교회(성공회)와 미국 개신교 선교단과의 접촉

19세기로 들어가기 전까지 동시리아 교회는 영국이나 미국의 기독교도들에게는 거의 알려지지 않았다. 인도나 레바논, 이라크에서 정보가 새기 시작한 것은 동인도 회사를 통해, 또한 이 지역에 파견된 서방의 정부 외교관들을 통해서이다. 이에 자극 받아 동방의 제 교회에 대한 관심이 일어났고 선교단이 조직되기 시작했다.

영국과 미국의 선교사들이 활동을 시작한 것은 몰타 섬이었다. 거기를 기지로 동방 선교를 위한 준비가 시작되었다. 미국에서는 '아메리칸 보드(ABCFM)'와 '성공회 선교위원회'가 중동에 선교사를 파견할 준비를 했다. 최초로 설립한 것은 뉴잉글랜드 조합 교회이고, 두 번째가 성공회이다. 영국에서는 '기독교 지식 보급 협회(SPCK)'와 '세계 복음 선교회(SPG)', '영국 성공회 선교협회(CMS)' 등 중동의 전도에 관심을 갖고 있는 3개의 조직이다.

중동에서 일하게 될 선교사 훈련을 하고, 종교서적을 아랍어와 시리아어로 번역할 준비를 하기 위해 선교본부가 1810년에 몰타 섬에 설치되었다. 우선 인쇄기가 몰타 섬에 이어 베이루트로 옮겨졌고 성경과 다른 종교서적이 번역되었다. 이라크의 기독교도인 이사 랏삼[14]이 번역 사업에 고용된 곳은 몰타 섬이었다. 그는

---

14 이사 랏삼(Isa Rassam): 1808년 모술의 카르디아 가족으로 태어났다. 그는 고향을 떠나 사제의 준비를 하기 위에 로마로 향했다. 카이로에서 외삼촌을 뵙기 위해서 머물렀는데 그곳에서 CMS의 다른 직원 파시 바자와 만났고 그 여동생과 결혼했다. 랏삼도 윌리엄 파머를 옥스퍼드에서 만남으로 영국 교회의 고(高) 교회파로 전환했다. 그들은 모술과 핫카리 지방 위쪽의 동시리아 기독교도들에게 알리기 위해서 파견되었지만, 개신교인과 가톨릭 미션의 반대에 부딪혔다.

몇 권의 책을 아랍어로 번역했지만, 그중에는 『천로역정』이 포함되었다. 그는 또 아랍어 기도서의 개정을 했다.

로마 가톨릭 선교와 달리 영국과 미국 선교는 동방의 기독교도를 자신의 교파로 전향시키는 것이 목적이 아니었다. 처음부터 목적은 분명했다. 그것은 기독교도이든 아니든 모두에게 기독교의 메시지를 전달하는 것이었다. 이슬람교도에게 전도하는 것은 금지되어 있었으므로 동방의 각 교회를 활성화하고 그들이 이슬람교도에게 전도하게 하는 것이었다. 먼저 지역의 기독교도들을 교육하고 교회에 영향력을 주면, 이번에는 그들이 비기독교도에게 기독교의 메시지를 전하게 될 것이라고 생각했다.

그런데 다른 전도단이 동시에 들어옴으로써 뜻하지 않은 상황이 벌어졌다. 영국의 선교단과 미국의 선교단 사이의 엇박자는 물론 교파 간에도, 더욱이 로마 가톨릭 선교단 사이에도 경쟁이 시작되었고, 결과적으로 동방교회를 강화시키기는커녕 약화시키게 되었다. 게다가 처음 계획과 달리 동방교회 내에서 몇 개 개신교 교파가 생겨났다. 그 결과 기독교 공동체들이 불안정한 상태가 되어 그것이 이웃인 이슬람교도에도 영향을 주었다.

동방교회

동방교회에 온 최초의 개신교 선교단은 1834년에 페르시아의 우르미야에 조직된 선교단 저스틴 파킨스(Justin Perkins) 목사의 지휘하에 미국인 보드가 시작한 것이다. 학교가 열리고 시리아어의 종교서적을 가지고 왔는데 그중에는 성경과 기도서도 포함되어 있었다.

우르미야에 미국 선교회가 설립되어 미국인 보드는 모술과 쿠르디스탄의 산에서 선교를 시작하기 위해서 아사엘 그랜트(Asahel Grant) 박사를 파견했다. 박사는 선교 활동 때문에 1839년 모술에서 아마디야로 출발하고 아마디야의 모든 기독교도들은 가톨릭을 받아들였다고 보고했다. 그리고 아마디야로부터 좀 더 핫카리 산맥에 들어간 곳에서 그는 동방교회의 총대주교 마르 아브라함 시몬 17세(Mar Abraham Shimon XVII)와 만나고 거기서 5주를 머물렀다. 거기서 미국인 보드의 선교를 핫카리 지역으로 확대하는 것을 논의했다. 그는 또한 가톨릭 선교사들은 '네스토리우스파' 사람들을 가톨릭 신앙으로 전향시키는 계획이 있으므로 주의하도록 하는 것도 전했다. 돌아오는 길에 그랜트 박사는 핫카리의 쿠르드족 지휘관인 노울 알 딘(Nour al-din)과 만났는데, 두 사람 사이에 우정이 생겨났다. 그랜트는 1840년에 다시 그 지역을 찾아 마르 시몬 및 그(마르 시몬)와 함께 있던 핫카리의 지휘관 대리 아미르의 부관을 만나 다시 선교에 대해 논의했다.

영국에서, SPCK는 1838년에 그 지역에 있는 동방교회와 다른 교회의 상황을 조사하는 허가를 냈다.[15] 이는 원래 실태를 조사하기 위한 교육 파견일 뿐이었다. SPCK의 사무국장은 이 협회가 그 지역에 있는 기독교의 어느 교파에도 간섭하지 않고 그저 상황을 개선을 위해 할 일이 있으면 기꺼이 돕고 싶다는 것을 특히 강조했다.

1840년에 조사단이 코찬네스에 도착했지만, 그것은 미국 선교단의 그랜트 씨가 방문한지 막 한 달 정도 지나서였다. 그들은 동방교회 총주교를 만나 SPCK가 학교를 열어 시리아어 성경과 그 다른 책을 인쇄하겠다고 전했다. 앵글리컨 교회 본부에 대한 그들의 보고서에는 우르미야에 미국 선교단이 있는 것이나 그랜트

---

15 기독교 지식 보급 협회(The Society for Promoting Christian Knowlege, SPCK): SPCK은 영국 교회의 사업단의 하나로 캔터베리 대주교가 총재이다. 내셔널 지오그래픽 의 에인즈와스 씨에게 보조금이 나오면서 동인도 회사가 유프라테스 강을 항해하는 것이 적합한지 아닌지를 탐험하는 일에 임명됐다. 이사 랏삼은 당시 영국에 가서 SPCK에 의해서 에인즈와스 씨에 걸맞은 동료로서 지명됐다. 랏삼은 탐험대의 통역관으로 임명됐다

박사가 마르 시몬을 방문했다는 것은 적혀져 있지 않았다.

영국에 이어 미국 선교사들이 찾아오자, 그들은 쿠르드족으로부터는 적극적으로 받아들여지지 못했다. 오히려 그들과 동시리아인 사이의 관계를 악화되었다. 이 기간 동안 오스만 정부는 탄지마트 정책에 의한 개혁을 추진하고, 권력의 집중화와 지방 의회에 각 지역 대표를 보내는 것을 목표로 하고 있었다. 쿠르드인들과 동시리아인은 그때까지 명목상일 뿐이라고는 하지만 오스만의 지배하에 있었고, 몇 세대 동안 사이좋게 살다가 이제 서로 다투기 시작했다. 핫카리의 쿠르드인 지휘관 노울 알 딘이 동시리아인을 자신의 지배하에 두고 싶었는데 유럽과 아메리카가 그들에게 관심을 갖고 있음에 위협을 느끼고 있었다. 그는 마르 시몬에게 마리크(지방 부족) 위에 서서 정치적 권위를 갖는 것을 포기하는 대신에 전체 종합 지휘자로서 받아 주기를 제안했다. 그것이 합의에 이르지 못했기에 1841년 노울 알 딘은 총주교를 억누르기 위해 그의 집을 급습해서 불태웠다. 그러나 총주교는 이웃의 우호적인 마을로 피신하였다. 마르 시몬은 다음에 자신을 주민 전체의 유일한 대표로 받아들여지도록 오스만 정부와 협상을 시작했다.

쿠르드족이 독립을 위해 오스만 제국과 싸우는 동안 '네스토리우스파'는 일시적으로 잊혀졌다. 그러는 동안 그랜트 씨는 다른 것과 떨어져 있는 아시타 언덕의 정상에 광대한 종합시설을 만들었다. 그러자 쿠르드족 사이에서는 이는 방위를 위한 군사 시설이며 선교 시설이 아니라는 소문이 퍼지기 시작했다. 마르 시몬이 그랜트 씨에게 쿠르드족에 대한 보호를 요청하자 그랜트 씨는 자신에게는 정치적 힘이 없고 정치에 간섭하지 않는 것이 자신의 방침이라고 대답했다.

1842년 10월, 그랜트 씨가 마르 시몬과 헤어지고 한 달 후에, SPCK와 SPG의 지원을 받은 앵글리컨 교회(성공회) 선교단이 도착했다. 멤버는 퍼시 바지(Percy Badge) 목사와 평신도 J. P. 플레쳐(J. P. Fletcher)이고 캔터베리 대주교 윌리엄 하울리

(William Howley)와 런던 주교 C. J. 브롬필드(C. J. Blomfield)의 인사장을 가지고 왔다. 바지 목사는 마르 시몬에게 학교를 개설하고 교육 시설을 만드는데 도움을 주겠다고 자청했다. 동시에 교리도 다르고 교회 규칙도 다르므로 미국 선교사들에게 조심하도록 주의하였다. 총주교는 그런 것들의 차이가 있음을 알고 있었으므로 미국이 학교 개설이나 물질적 원조를 하겠다고 제안하고 있지만, 그렇다면 그 외에 영국은 무엇을 도와줄 수 있느냐고 물었다. 총주교는 쿠르드족에 대항하는 원조를 원했기 때문이다. 바지 목사는 반드시 그들을 지키겠다고 강한 약속을 했다. 그는 심지어 이스탄불 주재 영국 대사에게 편지를 보내, 총주교가 핫카리 지역에서 오스만 정부의 유일한 민사 지도자임을 보증해 달라고 했다. 즉 술탄 이외의 사람에게 복종할 의무는 없고, 쿠르드족 장관과는 독립되어져 있었다는 것이다.

그랜트 씨가 마르 시몬에게 가톨릭 신자들에 대해 경고했던 것처럼, 바지 목사는 미국인에 대해 경고했다. 바지 목사는 또한 모술의 칼데아 가톨릭 신자들을 성공회로 개종시키려고 했다. 그는 칼데아파 교도를 가톨릭에서 탈퇴하도록 권고함으로써 네스토리우스파의 신도를 얻을 수 있는 것 아니냐고 생각했다.

이 모든 것은 SPCK와 SPG의 예정에도 들어 있지 않았다. 어느 쪽도 모두 미국 선교사와 경쟁할 생각은 아니었다. 그 선교 활동을 영구적으로 지원할 준비조차 되어 있지 않았고, 동방의 각 교회의 일에 직접 간섭하는 것도 지지하는 것도 생각하지 않았다.

1843년 바지 목사가 총주교와 함께 있을 때, 두 남자가 핫카리의 지휘관 노울 알 딘의 편지를 가지고 총주교가 있는 곳에 왔다. 그 편지에는 두 사람 간에 지휘권 문제를 해결하기 위해서 만날 장소를 정해 달라고 쓰여 있었다. 총주교는 그 초대를 받아들이기를 거부했지만, 그것은 소문에 의하면 바지 목사의 의사였던 것 같다. 노울 알 딘은 총주교가 자신과 만나는 것을 거부한 것을 자신의 권위가 공공연히 모욕당했다고 생각하고, 그 결과가 1843년 7월의 대학살이 되었다. 1만 명에 가까운 동시리아 기독교도들이 쿠르드족에 살해되고 많은 사람들이 포로가 되었다. 바지 목사와 랏삼(이때는 모술의 영국 부영사관이었다)은 마르 시몬과 함께 모술의 학살을 피한 많은 사람들에게 피난처를 제공했다. 바지 목사와 랏삼은 계속 미국 선교사를 맹렬히 공격했다. 그랜트 씨는 학살이 시작되기 전에 거기에 왔으며, 또 한명의 쿠르드인 지휘자 바드르 칸과 만나고 있었다. 칸은 친구 노울 알 딘과 함께 있었다. 그랜트가 떠나기 전 수백 명의 동시리아 교회 신도가 찾아와서 그의 손에 입맞춤을 했다. 그의 방문으로 자신들에게 안전이 깃들기를 바랬기 때문이다. 그랜트는 정치에 간섭하지 않는다는 원칙을 구멍을 내어 버리는 그런 약속은 하지 않았다. 쿠르드인 지휘자들과 10일을 지냈지만 그동안 그들이 동시리아 지역 공격을 위한 준비를 하고 있는 곳까지 목격했다. 마르 시몬은 결국 그랜트를 배제하고 미국 선교사 전원의 추방만을 요구했다.

 선교사들, 특히 바지와 그랜트가 동터키의 미묘한 힘의 균형에 참견을 하면서 이 비극이 일어났다는 것으로 비난을 받았다. 바지는 해직되고 영국에 소환되었지만, 그는 영국에서도 동시리아의 원조를 호소했다. 그랜트는 이 재해가 발생하는 것을 막을 수 있었는데도, 아무것도 하지 않았다고 해서 비난을 받았다. 둘 다 모두에게 잘못된 기대를 주었고 위험한 차별을 일으키기 위한 도구가 된 것이라고 여겨졌다.

 1850년까지 쿠르드족 독립 지배를 세운다며 이들의 비참한 사태의 직접 원인이기도한 두 사람의 쿠르드족 지휘자 바드르 칸과 노울 알 딘이 오스만 당국에 의해서 체포되고 국외로 추방됐다. 당시 오스만의 지배력은 이 지방에서는 확고한 것이었다.

 동시리아인은 이것으로 일단 잠시 휴식할 수 있게 되었고, 총주교가 감독 책임을 갖게 되었다고는 했지만, 이 지역에는 불안정한 상태가 계속 되었다는 것은 쿠르드족의 약탈 행위를 어떻게든 어떻게 해야 했고, 비열한 터키의 주지사의 타락에 대응해야 했기 때문이다.

총주교는 영국 정부에 원조를 요구하고 있었지만 동시리아인 중에는 영국이 자신들의 상황을 개선하는 것을 제대로 해주지 않는 것을 보면서, 러시아에 시선을 돌리는 사람들도 있었다. 그 결과 정치적 교섭을 거쳐서 그 지역에서의 '정의 확보를 위해' 영국은 군사 영사를 임명했다.

이 시기에 앵글리컨 교회의 타이트 대주교는 에드워드 L. 커츠(Edward L. Cutts)를 리더로 한 새로운 형태의 선교단을 파견했다. 그 정식 명칭은 '앗시리아 기독교도 구원 기금(Assyrian Christian Aid Fund)'이라는 것이었다. 그때까지 동방교회에는 '네스토리우스파'라는 말이 쓰였지만, 이때 처음 '앗시리아'라는 명칭이 사용되었다.[16] 그 이후 동방교회가 화제가 될 때에는 앵글리컨 교회의 정식 문서에서는 '네스토리우스' 대신 '앗시리아'가 사용되었다.

커츠의 주요 직무는 동방교회에 대한 것이었지만, 모술의 칼데아 기독교도들과 접촉을 하고 마르딘에 거주하는 시리아 정교회 총주교 마르 이그나티우스 페테로 3세(Mar Ignatius Peter III)와 연락을 취하며 그들이 무엇을 필요로 하는지 묻도록 지시했다.

마르 시몬은 타이트 대주교에게 보낸 서한에서 학교 개설, 교회를 부흥시키고,

---

16 앗시리아(Assyrian): 코크리는 그 저서 『동방교회와 영국 교회』에서 다음과 같이 말했다. 대주교 티토는 중병이었으므로 보고서에 말투가 섞여 있어, 바자가 쓴 것으로 생각된다. 동시리아는 네스토리우스파로 불리는 것을 좋아하지 않았지만 이때까지 자신들을 앗시리아라고 부르지 않았다. 게다가 총주교와 주교는 각 지역에서 그 공동체의 종교상의 지도자라고 부르는 것뿐만이 아니라 세속적인 일의 지도자로서도 행동했지만 자신들을 '국가'라는 생각도 하지 않았다. 사실 유명한 고고학자 헨리 레이야드가 앗시리아의 수도 니느웨의 유적을 발굴한 뒤, 칼데아인과 네스토리우스파는 발굴 중인 니느웨와 앗시리아의 무너진 궁전이나 퇴적물 같은 물건과 같다고 외쳤다.

책을 공급하고 인쇄기를 설치하는 것을 항목에 올려서 답을 하고, 침략에 대한 보호를 요청했다. 타이트 대주교의 뒤를 이은 E. W. 벤슨 주교는 앗시리아 건을 중요과제로 생각하고 '대주교 앗시리아 교회 선교회'를 설립했다. 이번에도 역시 이 사명의 원칙은 앗시리아 기독교도들을 교육하는 것이었지 그 교회에 충성하도록, 그리고 신앙을 바꾸고 전향시키는 일은 아니었다.

아서 존 맥린(Arthur John McLean)과 윌리엄 헨리 브라운(William Henry Brown)이 1887년에 파견된 선교단을 지휘했다. 초등학교가 문을 열었고, 시리아어로 된 책을 인쇄하기 위한 인쇄기가 들어왔다. 그 뒤 사제(司祭)와 보제(輔祭)를 교육하기 위한 학교도 건설됐다. 베다니 수녀회가 여자를 위한 학교를 개설하고 또 의사단이 선교단에 의료 부문을 신설했다.

19세기 말이 되면 이들의 활동 결과, 동시리아 기독교도들은 자신들을 교회라고 말하기보다는 민족 국가로 간주하기 시작했다. 자신들이 앗시리아인의 후손이라며 국내의 자치권을 요구하였다. 그 관계는 교회 관계라기보다는 정치적 색채를 가지기 시작했다. 또한 1872년에는 '앗시리아 복음교회'라는 이름의 독립교회가 생겼다. 이는 저스틴 파킨스 목사가 "우리의 목표는 동방교회의 구성원을 우리 자신의 신앙으로 개종시키는 것 아니다"라고 함으로 최초의 개신교 선교 목적과 반대의 결과가 되었다.

시리아 정교회

성공회 선교회가 1839년 시리아 정교회를 대상으로 한 개신교 선교회를 창설했다. 1840년 호레이쇼 사우스게이트(Horatio Southgate)가 장(長)이 되고, 존 G. 로버트슨(John G. Robertson)과 함께 이스탄불에 부임했다. 원래 디야르바키르, 마르딘과 모술 지역의 시리아 정교회를 위하여 사역하기 위해서였다. 사우스게이트는 그 지역을 3개월간 순회하며 마르딘의 데르 알 자파란에서 시리아 정교회 총주교가와 함께 3주간을 머물렀다. 그 후 그는 이스탄불로 돌아가 그곳에서 선교 활동을 시작하게 됐다. 모술의 시리아 정교회 주교 베남을 이스탄불로 머물게 하고 신학상의 지시를 부여하고 아랍어와 시리아어로 된 책의 조달을 도왔다. 그리고 자신의 교구에 돌아가서 학교를 개설하도록 격려했다. 또 모술의 기독교도들 사이에서 활동할 수 있도록 마이클 자말라(Michael Jamala) 사제를 대리로 파견했다. 그러자 그의 주위에 사람들이 모이기 시작했다. 하지만 그것도 뒤에 사우스게이트로부터는 아무런 원조도 얻지 못했다는 것은 그가 상사(上司)와 충돌했기 때문이다. 상사는 그가 마르딘 지구로 옮겨서 거기에서 선교 전체를 지도하기를 바랐지만, 사우스게이트는 선교를 지도하는 것은 이스탄불에서 하는 것이 좋다고 주장했기 때문이다. 결국 그 선교회는 1850년에 활동을 마쳤다.

　모술에서 마이클 자말라 사제가 또 다른 지방 출신인 복음주의 미하 알 나쿠르(Mikha al-Naqqur)와 함께 미국인 보드에 도움을 요청했다. 우르미야에 주둔했던 저스틴 퍼킨스는 1849년에 모술을 방문하여 모술, 마르딘, 디야르바키르의 시리아 정교에 대한 선교회를 조직하고 '앗시리아 선교회'라고 불렀다. 모술에 최초로 온 조합파(組合派, ABCF 파견)의 드와이트 W. 마시(Dwight W. Marsh) 선교사는 마을을 순회하고 사람들의 마음을 얻는 것이 가장 중요한 것임을 느꼈다. 그러기 위해 그는 병자를 치료하기 위한 의사를 파견해 줄것을 요청했다. 병자를 치료하는 것이 기독교도뿐만 아니라 이슬람교도에게도 영향을 준다고 생각했다. 환자들은 치료를 받기 전 그들의 설교를 들어야 했다. 많은 이슬람교도들이 치료를 받으러 왔기 때문에 그들 역시 설교를 들어야 했고, 이로 인해 이슬람 당국과 문제가 발생되었다. 조합파는 성공회의 사우스게이트와 늘 말이 잘 통한 주교 베남과도 충돌했다. 베남은 조직파에도 학교를 개설하고, 현지 성직자와 교회 멤버들에게는 자기들의 방식으로 전례를 행하고 전통적인 신앙을 유지해 가기를 원했다. 베남 주교는 자신도 복음을 전할 수 있다고 생각했으나, 조직파는 설교를 고집했고 교회의 의식과 지역 풍습을 무시하는 태도를 보였다. 그 결과 현지 교회는 선교사들과 싸우고 그들을 따르는 사람들에게 파문을 내렸다. 이로 인해 그곳에서 탈퇴하여 다른 프로테스탄트 교파가 형성되었고, 터키 당국은 이를 별도의 밀레트(millet, 특수한 종교 자치단체, 민족)로서 인정하였다.

1860년에 '앗시리아 선교회'가 폐쇄되었고 마르딘과 디야르바키르 지역은 '터키 동부 선교회'라는 이름으로 출발했다. 모술은 이름만 선교본부이고 실제는 마르딘에서부터 출향하고 있었다. 19세기 끝 무렵에는 장로교의 것이 되었고, 또한 영국의 CMS에 인계되었다.

총주교 페트로 4세(Peter IV, 1872-1894)의 개인적인 노력으로 시리아 정교회와 영국 교회의 접촉이 이루어졌다. 그는 교회를 살리고, 시대에 맞는 것으로 만들었다고 말해지는 알려진 인물 이었다. 그는 낡은 교회와 수도원을 쇄신하고 새 교회의 기초를 닦았을 뿐만 아니라, 인쇄기를 구입하고 출판을 추진했다. 인도의 시리아 정교회에 대해 권위를 확실한 것으로 하기 위해서 그는 1874년 런던을 방문했다. 영국이 인도를 제국의 지배하에 두었기 때문이다. 그는 캔터베리 대주교 캠벨 테이트(Campbell Tait)와 회견을 갖고, 영국 정치권 핵심과도 만나고 빅토리아 여왕도 알현했다. 그래서 자신이 제국 내의 신도에 대해서 완전한 권위를 가지고 있는 것을 알리고 오스만의 필만(공문)을 보여주면서 영국 영토 내에 있어서도 같은 권리를 부여해 줄 것을 요청했다. 그는 캔터베리 대주교의 손님으로 1년 가까이 머물렀다. 그의 요청에 대해서 적극적인 답은 얻지 못했지만 빅토리아 여왕과의 사이에는 따뜻한 관계가 이루어졌다. 돌아가신 남편을 위해서 여왕은 그 무덤 앞에서 시리아어로 목소리를 크게 내어 기도해 달라고 요청했다. 여왕은 그 일기에서 총주교는 자신이 상상하던 조상 아브라함의 모습과 흡사했다고 썼다.

기타 프로테스탄트의 선교

이라크로 파견된 다른 선교단으로는 '교회 선교사회', '유대인 기독교 촉진 협의회(SPCJ)'[17]와 '미국 네덜란드 개혁파'가 있다.

1833년 아랍 터키 선교회가 바그다드와 모술에 지역본부를 결성했다. 선교사회에 의해서 창설되었고 이들은 모술과 바그다드에 남, 여학교와 바그다드에 외래 환자를 위한 진료소와 모술에 작은 병원, 그 밖에 종교 서점을 개설했다. 선교회는 정치적 문제 및 안전 확보의 문제로 제1차 세계대전 발발과 동시에 폐쇄되었다.

SPCJ는 1844년에 바그다드에 도착해서 조셉 울프가 대표를 지냈다. 현지 유대인으로부터의 맹공격을 당하면서도 학교와 외래 진료소와 서점과 인쇄소를 개설했다.

미국 네덜란드 개혁파 교회는 아랍 선교회를 창설하고 1891년에 바스라에 최초의 현지 본부를 열었다. 그 후 이마라, 알 나시리야 또한 걸프만 지역으로 확대했다. 그들의 주요 업적은 성경과 다른 종교 문서를 배포하는 것과 전도하고 다른 기독교도를 자신의 교파로 전향시키는 것이었다. 그들은 의료에도 다소 종사하고 남, 여 공학의 학교 '희망의 고등학교'를 바스라에 개설했다.

---

17 유대인으로서의 기독교 촉진 협회(The Society for Promoting Christianity among the Jews' SPCJ): 이라크에는 상당수의 유대인 공동체가 있었다. 주로 바그다드에 집중하고 제1차 세계대전이 시작하기 전까지는 인구의 3분의 1 정도까지 되어 있었다. 유대인은 모술, 바스라와 코르데스탄의 산 중에도 있었다.

오스만 지배하의 변화와 제1차 세계대전이 기독교 사회에 미친 영향

오스만 제국 내의 모든 기독교 공동체는 나라를 탈종교화하는 정책인 탄지마트 덕에 딤미의 신분이 폐지되는 것을 환영했다. 몽골 지배하의 짧은 기간을 제외하고 역사상 최초로 메소포타미아의 기독교도들은 법 앞에 평등하다고 생각할 수 있게 되었다. 지방 의회와 다른 단체의 참여는 그들의 사기를 엄청나게 끌어올렸다.

바그다드와 모술 내에서는 많은 기독교도, 유대교도, 만다교도들[18]이 도시로 돌아가서 보통 교육을 받고 장인, 상인 그리고 법률, 의학, 교육 전문가들이 사회에 기여하기 시작했다. 동인도 회사에 고용된 무역상 대부분은 기독교도나 유대인들이었다. 결과적으로 많은 사람들이 부자가 되었고, 특히 아르메니아인[19]과 유대인들은 무역상, 금융업자, 은행가가 되었다. 18세기에 바그다드에 사는 유대인은 바그다드 인구의 약 25%를 차지했을 것으로 추정되며, 그들 중 다수는 전문직에서도

---

18 만다교도(Mandaeans): 일신교를 믿는 그노시스파의 작은 공동체가 남쪽 이라크의 티그리스강 근처와 카룬강에 가까운 이란 남서부에 있다. 그들은 창조주 하나님 '살아 계시고 영원한 분'을 믿고 사후 영혼의 생명을 믿고 있다. 최초의 사람 아담은 흙으로 만들어지고 다음에 하와가 만들어졌다. 그들은 한 예언자가 있으며 이 종교의 창시자로 됐다고 생각하지 않는다. 그러나 자기들만 가지고 있는 책은 아담으로부터 시작되어서 세례 요한까지 많은 오자 가운데 한사람에 계시된 것으로 그 사람에게 하나님은 하늘적 존재인 천사에 의해서 그 메시지를 전한다고 믿고 있다. 그들의 거룩한 책은 아람어의 만다야 방언으로 쓰여 있으며, 대표적인 것이 '긴자' 즉 '보물'이다. 그들의 교의는 상반된 '빛의 세상'과 '어둠의 세상'과의 이원론에 근거하고 있다. 영혼은 몸속에 갇혔으며 '생명의 나무'를 구현한 구속의 주 '만다·디 하이이'에 의해서만 해방된다. 만다교도들은 폭력을 비난하며 단식, 기도, 자비를 베푸는 등의 다양한 의식을 행한다. 중요한 의식의 하나는 세례로서 흐르는 물속에서 다양한 때에 행해진다. 때문에 강이 흐르는 근처에 살게 된다. 또 하나의 중요한 의식은 사망자를 위한 예배로 죽은 자의 영혼이 '빛의 세상'으로 오르도록 도움을 준다. 이 기원은 1세기와 2세기에 요르단강 서쪽에 살고 있었고 몇 번이나 세례를 받았던 그노시스파까지 올라간다.

19 아르메니아인(Armenians): 이라크 거주 아르메니아인은 17세기까지 올라갈 수 있다. 샤(왕) 아바스가 다수의 아르메니아 교도를 그 거주지에서 새 수도인 이스파한으로 이주시킨 것에 근거한다. 그들은 곧 제국의 가장 중요한 장거리 상인이 되었고 서유럽, 러시아, 인도, 중국까지 관계를 만들게 됐다. 그들이 오스만 영토의 비단 무역의 관리를 단숨에 끌어냄으로 그 대부분이 바그다드, 모술, 바스라에 정착하였고, 이라크의 기독교 공동체에 새로운 교파를 추가하게 된다.

뛰어났다. 오스만 시대 후기에 법률 사무소를 갖고 있던 유대인 한 명은 이라크 첫 재무장관이 되었고, 기독교도들과 유대인들 모두 외국 무역에 관여하거나 미션스쿨에 다니는 경향이 강했기 때문에 서양 문화를 일찍부터 접했던 것이다.

오스만의 두 번째 개혁 목표는 중앙집권화였지만, 그 결과는 가변적이었다. 많은 주에서는 그 효과가 컸다. 도시부가 강화되고 봉건주의 족장(셰이크)[20]의 지배력이 떨어지고 이전보다 번영의 길을 걷게 되었다. 그러나 쿠르드족과 인근에 살던 핫카리 지방의 기독교도들에게는 상황이 달랐다. 쿠르드족과 동시리아인 모두 거의 400년 동안 실질적인 자치를 누리고 있었다. 그런데 그들은 자신들의 신분을 유지하기 위해 권위를 다투었고, 그 싸움은 종종 비극으로 끝났다.

서양과의 만남은 교육, 과학, 경제의 변화를 가져오는 데 그치지 않았을 뿐만 아니라 모든 공동체가 민족의식을 갖게 되었다. 터키 내에서는 아르메니아인, 쿠르드인, 동시리아인 사이에 민족주의 운동이 격발하면서 술탄 아브드 알 하미드는 탄지마트를 뒤집고 1878년 범 이슬람 법규를 다시 제정했다. 그는 민족 운동을 탄압하기 시작했다. 가장 큰 민족 운동은 아르메니아 것이기에 계속해서 쿠르드인들의 반동이 발생했다. 1880년 술탄은 쿠르드인의 폭동을 누르고 총주교 시몬 18세 루벤(Shimon XVIII Ruben)을 그 공동체의 지도자로 임명했다.

기독교 민족주의 운동이 위협으로 비치기 시작하자, 술탄 아브드 알 하미드는 쿠르드 터키 동맹을 결성하고 쿠르드인을 조직적으로 아르메니아인과 동시리아인에게 대결하도록 했다. 1890년까지 쿠르드인은 징집되었고, 군복을 입히고 무장하게 하여 술탄 하미드의 이름을 따서 하미디야 기병대로서 아르메니아와 동시리아 혁명군의 대전 상대로 싸우게 했다. 술탄은 아르메니아와 동시리아가 서양

---

20 세이크(Sheik): 장로, 연장자의 뜻. 경의 표하는 대상이 되는 다양한 인물에 대해서 부를 때 쓰는 말이나 언급할 때 쓰는 말로 쓰인다. 아랍어에서는 '샤이크(shaykh)'라고 한다.

세력의 원조를 받고 있다고 생각하고 있었기 때문이다. 그 결과 지방은 무법 상태가 되었고 습격, 약탈 등이 자주 일어났으나 지방 정부는 그것을 무시했다. 아르메니아인과 동시리아인에게는 생활은 힘들게 됐다. 그런 상태가 19세기의 마지막 10년간 계속되었다. 여기저기에서 상당수의 아르메니아인 학살이 행해졌다(1894년 사준, 1895년 이스탄불, 1896년 반). 터키 정부는 마르 시몬과 그 신도들에게 문서를 보내고 어떻게 해서든 선교사를 그 지역에서 떠나도록 요구했다. 1886년 이후 캔터베리 대주교 대리는 총주교 시몬의 마을에 머물고 있다고 말하였음에도 불구하고 그것도 도우지 못하였고, 그들에게 습격이 일어났다. 1908년이 되었는데도 그 해 여름 쿠르드인들이 '네스토리우스' 마을을 습격해 1만1000명 정도의 희생자가 집을 잃었다고 주한 터키 영국 대사는 말했다.

    1908년 터키 청년 운동이 술탄 아브드 알 하미드를 퇴진시키고 탈종교화와 탄지마트를 원래대로 되돌렸다. 그래서 오스만 제국 내의 기독교도들의 상황은 개선될 것이라고 생각됐지만, 실제로 신 터키화 정책이 아르메니아인, 앗시리아인의 상황을 최악화시켰고 학살과 면직이 더욱 더 계속해서 이어갔다. 일파만파로 애국심의 이름으로 박해가 행해졌다. 터키화 정책에 반대하는 저항 운동도 어떤 권리의 주장도 모두 반역 행위로 간주됐다. 아르메니아인, 동시리아 사람뿐만 아니라 쿠르드인도 터키 정부 아래에서 고통에 시달렸다. 그런데 기독교도들은 그것에 더해서 쿠르드인으로부터도 고통을 받았다. 쿠르드인은 처음에는 동시리아인이 터키에 대해서 공동 전선을 확대해 오는 것으로 생각했다. 동시리아인이 그것을 거부하고 자치를 유지하고 싶다고 말했기 때문에 터키 정부와 쿠르드족으로부터도 공격을 받게 된 것이다. 게다가 터키 정부는 쿠르드인이 아르메니아인과 동시리아인을 공격하는 것이 정부에게도 유리하다고 생각했기 때문에 이 두 공동체에 가해진 잔학 행위에 대해서 정부는 아무런 조치를 취하지 않았다. 이런 사건들의 결과, 많은 아르메니아인이나 동서의 시리아 기독교도들은 이라크와 그 부근 국가로 망명했다.

제1차 세계대전 발발과 함께 총주교 시몬 벤자민(Shimon Benjamin)은 반(Van)까지 소환되고 왈리(Wali)를 반에서 만나도록 지시했다. 왈리는 마침내 터키가 참전하지만 총주교에게는 중립을 유지하고 러시아 측에 서지 않도록 요구했다. 총주교는 지주(말리크)[21] 전원과 유력 인사들과 만난 뒤 터키가 보호하고 주겠다는 약속을 얼마나 잘 지키는지 관망하기로 했다. 쿠르드족의 공격이 계속되고 터키가 성전을 선포했기 때문에 동시리아는 1915년 4월 러시아와 동맹을 맺고 터키에 대해서 선전포고했다. 핫카리 산지의 동시리아인은 여전히 터키의 공격에 대한 자치 방위를 하지 않으면 안 되었다. 그러나 겨울이 다가오면서 고산지대에서의 생활이 어려워졌다. 더 이상의 학살이 일어나는 것을 두려워한 그들은 우르미야 형제들이 동참하는 것을 결정했다. 러시아가 1909년에는 이 지역을 점령하고 있었고, '네스토리우스파' 선교회를 설립했다. 일부 동시리아 교도 중에서 러시아 정교회에 가담하기도 했다.

러시아군이 일시적으로 철수하자 수천 개의 마을이 황폐화되었다. 마을 사람들은 러시아로 피했지만, 1915년에 러시아가 다시 그 지역을 지배하게 되자 그곳으로 돌아왔다. 1907년 3월에 러시아 혁명이 일어났고, 그 해 여름 러시아군은 페르시아 땅에서 완전히 철수했다. 주력을 잃은 동시리아는 고립되어 버렸다. 문제는 가능한 선에서 러시아로 도피하거나 또는 영국군이 도착할 때까지 버틸 것인가 하는 것이었다. 마침내 그들은 영국 편을 들기로 결정했다. 영국은 장교를 보내 그들을 조직화하기로 했다. 문제를 복잡하게 만든 것은 1918년에 총주교가 쿠르드족인 아하 시므코(Agha Simco)의 배신으로 살해당한 것이다. 시므코는 이전 총

---

21 말리크(malik): 지주. 토지 소유권은 근대 서구와 접촉함으로써 성립됐다.

주교와 동맹을 맺고 있었기 때문에 터키에 대한 전략을 상의하려고 이야기를 꺼낸 것이다. 대화가 끝나고 마르 시몬의 일행이 그곳을 떠나려고 할 때, 그와 동행한 수행원과 같이 잔혹하게 총격을 받았다. 그의 형제 포울루스가 그의 뒤를 이어 총대주교에 임명되었다.

터키군과 쿠르드족에 막혀서 영국군의 도착이 늦어짐에 따라 1918년 8월, 동시리아의 지도자는 우르미야에서 전 주민을 남하시키고 하마단에서 영국군과 합류하기로 했다. 출발했을 때, 행진에 나섰던 6만 명 중 1만5000명이 아메리칸 미션의 셰드(Shedd) 씨를 포함하여 사망했을 것으로 추정되었다. 우르미야의 아메리칸 미션은 러시아군 점령 시대에도 거기에 남아 1917년 여름 러시아군이 철수한 이후 힘든 시기에도 동시리아를 응원했다. 1년이 조금 넘는 기간 동안, 1918년에 영국군을 만나기 위해 행진하기로 결정되기 전까지, 아메리칸 미션은 그들이 터키와 쿠르드족에 대한 저항 운동을 돕기 위한 물자를 계속 보냈다.

그들은 영국군에 의해 이라크와의 국경에서 가까운 서(西)이란의 하마단에서 바그다드 북동쪽 약 40km 지점에 위치한 마을 바쿠바 캠프로 이동되었다. 그들은 일시적으로 이라크의 영국 점령 지역에서 진정되었고, 긴급의료조치와 그 외 전반적인 치료와 일반 환기가 이루어졌다. 그 후 영주지에 대한 협상이 시작되었다. 전쟁은 이미 끝났고 연합군은 이미 중동을 그들끼리 분배했다. 그들은 아랍과 쿠르드와 앗시리아의 독립을 약속했지만 그 약속은 이행하지 않았다. 캔터베리 대주교의 선교단은 전쟁이 시작되자 철수했다. 앗시리아가 곤경에 처하고 있는 뉴스가 대주교 앞으로 도달하자, 윈그램(W. A. Wingram) 목사를 현지에 돌려보냈다. 이라크에 거주하면서 영국의 연결통으로 지탱하여 온 앗시리아인들을 핫카리에 있는 자신들의 지방으로 되돌아가거나 혹은 다른 적당한 장소에 정착할 수 있게 도움을 주라고 지시했다. 이는 성공하지 못했고 동시리아인들은 독립국가를 위해 계속 투쟁하게 되었다.

제1차 세계대전 중 터키에서 온 아르메니아인들의 학살과 추방이 계속되면서 많은 사람들이 난민으로 이라크에 넘어왔다. 마르딘, 디야르바키르, 투르아브딘에 살고 있는 많은 서시리아 기독교도들은 앗시리아인이나 아르메니아인과 달리 어떠한 적극적인 정치적 역할도 하지 않았고, 독립을 주장하지도 않았음에도 불구하고 비슷한 운명으로 고통에 시달렸다. 그들은 시리아 정교회, 시리아 가톨릭 교회의 혼합 공동체였다. 투르아부딘은 시리아 정교회의 든든한 보루였다. 이 시기의 이라크의 저명한 인물 중 한 명은 지브라일 타포우니(Gibra'il Tappouni)였다. 그는 유명한 모술에 있었던 시리아 가톨릭 지구에서 태어났으며, 시리아 가톨릭 교회의 주교였으며 마르딘에 살고 있었다. 1918년에 터키 당국은 지브라일과 기타 성직자를 영국 스파이의 혐의로 투옥했다. 그들은 3개월 동안 감옥에서 보낸 후 교황 베네딕토 16세의 노력과 오스트리아의 왕비 지타의 개입으로 구해낼 수 있었다.

6장

20세기
─ 현대 이라크 국가

1918년—1932년 영국 지배와 위임통치시대

영국군은 1914년 제1차 세계대전 개전 직후 바스라에 상륙했다. 그들은 바그다드를 향하여 북상했고 1918년에는 현재 이라크 전역을 지배하에 두었다. 영국과 프랑스는 전쟁 중 자신들을 지원해주면 그 대가로 아랍, 쿠르드, 앗시리아에 독립을 약속했음에도 불구하고 전쟁이 종결되기 전에 자기들끼리 비옥한 삼각지대를 나누는 것에 동의했다.[1]

1920년 새로 생긴 국제연맹(the League of Nations)이 비옥한 삼각지대를 위임 통치국에 의해 분배해야 한다고 표명했다. 시리아와 레바논은 프랑스에, 이라크와 요르단, 팔레스타인은 영국에 의한 위임 통치령이 되었다. 모술 주(州)의 운명은 1925년까지 결정되지 않았지만 그 해 드디어 국제연맹은 이라크 것으로 결정을 내렸다. 모술은 터키와의 강화조약 체결 이후에 영국에 의해서 정복되었기에 터키의 일부

---

1 **사이크스 피코 협정**(Sykes-Picot Agreement): 전쟁이 끝나면 비옥한 삼각지대를 영국·프랑스로 분할하기로 동의했으며, 이전에 맺어진 협정이다. 프랑스는 현대의 레바논, 시리아와 모술 주를, 영국은 바그다드 주와 바스라, 요르단과 팔레스타인을 받게 되어 있었다.

로 할지 이라크의 일부로 할지의 논의가 이루어졌다. 국민투표가 이루어졌으나 영국의 영향 아래로 이어지고, 이라크의 일부로 결정을 내린 것에는 모술 자치주의 기독교가 중요한 역할을 했다.

국제연맹이 이라크를 영국 위임 통치령으로 인정한 같은 해 영국을 상대로 폭동이 발생했다. 그것은 주로 남부의 주(州)였으나 이후 '1920년 혁명'으로 불렸다. 이 폭동의 결과 영국 정부는 세리프 후세인(Sherif Husayn)의 아들 파이살 1세(Faysal I)를 국왕[2]으로 추대해 이라크 잠정 정권을 만들 수밖에 없게 됐다. 그는 1921년 8월에 국왕으로서 대관식을 올렸다. 이라크 왕국은 영국 위임 통치 아래 영국군이 주둔했으나, 1932년에는 독립 군주국으로서 독립을 선언하고 정식으로 국제연맹에 가입이 인정됐다.

이라크 영토는 가장 발달이 뒤떨어진 지역 중 하나였고 민족적, 종교적, 인종적으로 여기저기에 흩어진 사람들이 혼재해서 살고 있었다. 인구는 300만 명을 넘지 않았고 90%는 이슬람교도였다. 이슬람교도 중 55%가 시아파로 나머지 45%가 수니파였다. 남은 10% 중 대부분이 기독교도였지만 그 외에 유대인 야즈이도파, 만다교도가 있었다. 인구의 대부분(75-80%)이 아랍인이고 나머지 20-25%가 쿠르드인, 투르크멘인, 앗시리아인, 페르시아인이었다. 1947년 통계로는 기독교도의 수는 3.1%였지만 1951년에는 6.4%로 나타났다.

---

[2] **메카의 세리프 후세인**(Sherif Husayn of Mecca): 예언자 무함마드의 하심족 후예로 메카 대수(세리프)였다. 그는 영국 측에 붙어서 1916년 오스만에 대한 반란을 선언하고 아랍 베두인족을 이끌고 오스만에 대한 반란을 지휘했다. 군대를 조직하고 아들 파이살을 지휘관으로 하여, 유명한 아라비아의 로렌스의 도움을 받아 파이살 군은 영국군 장교 앨런비를 대장으로 해서 다마스커스에 들어갔다. 그리고 시리아와 팔레스타인을 석방했다. 그는 시리아 왕으로서 영접 받고 1918년 잠정 정권을 이끌었다. 그러나 프랑스가 시리아에 침입하고 그가 왕이 되기를 원하지 않는 프랑스에 의해서 폐위를 당했다. 이 사건은 유명한 『아라비아의 로렌스』라는 불후의 명작으로 알려지고 있다.

사회 대부분 기관은 국왕을 환영했고 국왕 때문에 축하회를 열었다. 가장 유명한 것은 바그다드의 자파리 사립학교, 마드라사트 샤르파트(Madrasat Sharfat)이란, 가톨릭교도, 정교도, 아르메니아 교도, 유대교도들이 주최한 축하회이다. 축하회에서 국왕은 다음과 같이 말했다. "이 나라에는 기독교도, 유대교도, 이슬람교도가 있다고 말하고 싶지 않다. 우리는 모두 셈족이며 이라크라는 이름의 한 국가를 만들고 있는 것이다. 국왕으로서 이라크 국민에게 바라는 것은 모두 이라크인 이외의 것은 없다는 것이다."

이 기간 동안 국왕을 이처럼 따뜻하게 맞이해 주었지만 국내의 다양한 분파를 새로 하나의 국가 이라크로 통일을 위해서는 많은 어려움이 있었다. 각각 그룹의 민족 운동이 있었고 공산당의 움직임도 있었고 많은 장애가 있었다.

터키어 대신 아랍어가 공용어가 되고 교육성은 새로운 교육 제도의 기초와 그 근본이 되는 사상 체계를 만들기 시작했다. 1927년에 키르쿠크에서 석유가 발견되고 이것이 이 나라에 변혁을 가져오는 큰 요인이 됐다. 특별 조약 때문에 세입의 대부분이 영국 것이 되었다고는 하지만 이라크는 나라가 잘 되고 교육, 군비, 건축에 많은 돈을 사용할 수 있게 되었다. 풍요가 커지면서 국가 전체의 인구가 증가했고, 도시 인구의 비율이 증대했으며 전체 생활수준이 향상되기 시작했다.

이라크의 기독교도

제1차 세계대전 중에는 이라크 내에서 아랍어를 말하는 기독교 지도자들은 유럽에 보호를 요구하는 것은 하지 않으려고 했다. 동시에 자신들이 독립을 원한다는 것도, 자치를 요구하고 있지 않는 것도 분명히 했다. 그런 까닭으로 이들은 전쟁 중에도, 전쟁 후 새 정부 아래에서도 특별히 어려운 상황으로 내몰리는 것은 없었다.

그들은 파이살 국왕을 지도자로서 환영하며 이라크 사회에 금방 녹아 들어가 다양한 분야에서 국가를 위해 일을 했다.

제1차 세계대전 이전과 대전 중, 또는 대전 후도 터키에서 빠져나온 난민으로 인해 이라크의 기독교도들의 수가 늘어났다. 이 중에는 앗시리아인, 아르메니아인, 서시리아인이 있었으며 시리아인은 마르딘, 디야르바키르, 투르아브딘과 그 부근에서 온 시리아 정교회 신도, 시리아 가톨릭교도 등 섞여 있는 사람들이었다. 그들은 모두 제1차 세계대전 중에는 정치적으로 어느 입장도 취하지 않았다. 쿠르드족과 터키로부터 박해를 받고 있었지만 정치적으로 독립을 요구한 것은 없었다. 전후(戰後)에 터키 정부는 모든 기독교도들에게 터키를 떠나는 것을 허가했다. 그래서 1922년 패닉에 빠진 사람들이 두 번째 국외로 나가는 사건이 일어났다. 이 해외로 나가는 국외 탈출 사건은 그때까지 아직 터키를 떠난 적이 없었던 모든 교파 기독교도들, 그리고 전쟁이 끝나고 곧 귀국했던 사람들도 포함하고 있었다. 시리아 정교회 신도들뿐만 아니라 시리아 가톨릭교회, 칼데아파, 아르메니아 교회 신자들도 급히 출국함으로 아다나, 그리고 우르파처럼 몇 세기 동안에 걸쳐서 기독교가 존재하던 마을에 기독교도들이 사라졌다.

가톨릭교회는 칼데아파와 시리아 가톨릭교회를 모두 합쳐서 기독교도들이 과반수를 차지했고, 그들은 모술이나 그 근교에 살았다. 그들은 전쟁이 끝나자마자 바로 낡은 교회를 재건하고 새로운 교회 건축과 일반 교육, 종교 교육용 학교 설립에 착수했다. 여자 학교와 남자 학교가 창설되었고, 그곳에서는 국가의 커리큘럼을 만족시키는 것뿐만 아니라 동시에 종교 교육도 행해졌다.

가톨릭 선교사는 이미 모술, 바그다드와 바스라에 선교본부를 갖고 있었지만 계속해서 그것을 추진했다. 도미니크회는 1750년 이후 모술에 있었는데 모술과 인근 마을마다 초등학교, 진료소, 인쇄소, 고아원을 개설했으며 더욱이 사제 양성 학교도 갖고 있었다. 새롭게 남자를 위한 중등교육 학교와 진료소를 열었다. 도미니크 여자 수도회[3]가 1873년에는 모술에 와 있었고 모술에 여자 초등학교와 진료소를 개설했다. 고아원도 있었고 마을에서는 강습회를 열어 여성들에게 바느질, 자수를 가르쳤다. 1881년에는 바그다드에 하나 더 '여성 센터'가 개설됐고, 도시 중심에 있는 옛 시가지의 기독교 구역에서 여자 초등학교가 시작되고 강습회장이나 진료소도 생겼다. 1907년에는 바스라와 이마라에도 같은 시설을 설립했고 같은 활동이 이루어졌다.

카르멜회는 1721년에 바스라에, 1722년에는 바그다드에 들어 왔으며 바스라에 학교, 다시 말해서 바그다드에 남자 학교 2개와 인쇄소, 고아원, 진료소를 갖고 있었다. 초기에 그들이 세운 교회는 현재도 옛 시가지 중심부에 서 있다. 현대에 들어서 바그다드의 신시가지에 또 다른 교회와 수도원을 세웠다. 또 학교를 이전하고 다른 활동에도 사용하기 위한 센터 건립 계획을 세우고 있었다.

이라크의 시리아 정교회도 새 정부에 맞추어 파이살을 국왕으로 환영했다. 대다수는 아랍어를 말하고 지도자 대부분은 아랍어를 잘 알고 있었다. 그들은 총주교 이그나티우스 일리아스 3세(Ignatius Ilias III, 1917-1932)의 지도 아래에 있었지만, 그는 터키의 마지막 술탄들과 터키 공화국 대통령 무스타파 케말을 면회하고 마르딘과 디야르바키르의 기독교도들을 돕기 위한 중요한 역할을 한 인물이다. 시리아 정교회는 드디어 독자적 학교와 교회교육 시설을 설립했다.

1918년 앗시리아 교도가 바쿠바의 숙소에 도착해서 보니까 이 지역이 분할되었을 때 자신들이 전혀 고려되지 않았고, 독립된 존재가 되어 있지 않은 것을 바로

---

3 **도미니크 여자 수도회**(Dominican nuns): 정식 명칭은 '도미니크회 봉헌 여자 수도회(Dominican Sisters of the Presentation of the Virgin Mary)'이지만 생략해서 'Presentation Nuns'라고도 불린다.

깨달았다. 그들의 지도자 마르 포울리스 시몬은 1920년 5월에 바쿠바에서 결핵으로 사망했다. 그의 뒤를 이은 것은 11살의 어린 조카 에샤이(Esha)였다. '캔터베리 대주교 대(對) 앗시리아 선교회'의 최후의 한 사람이었던 W. A. 위그램 선교사는 그들의 귀국을 도왔다. 나라에 돌아오기 전에 어린 총주교와 그 숙모(叔母) 수르마[4]와 그 가족을 비바이디에 있는 낡은 미션 주택에서 함께 있었다. 그의 임무는 공식적으로는 1921년 말에 끝났다. 새로운 캔터베리 대주교 밑에서 앗시리아 선교 재개를 위해 논의되었지만 아무것도 실행에 옮기지 않았다. 대주교는 정치력을 갖고 있지 않았고 앗시리아 교회는 단순히 정치적 독립에만 관심이 있었다. 그렇기에 위그램은 교회 문제로서가 아니라 영국 기독교도의 양심을 대표하는 자로서 그들을 옹호했다.

1924년에 선교위원회는 젊은 마르 시몬 21세 에샤이가 영국에 와서 캔터베리, 그리고 그 후 케임브리지 대학에서 교육을 받을 수 있도록 자금을 제공하는 데 동의했다. 그는 1927년 8월 모술로 돌아가 자신의 공동체 지도자의 지위를 회복하고, 자기 민족이 독립할 수 있도록 호소했다.

19세기에 영국과 미국의 선교사들과 접함으로써 다수의 앗시리아인이 미국이나 영국으로 옮겨 살기 시작했다. 바쿠바 수용소에서 어떤 사람들은 서방 세계에 있는 친척이나 친구와 접촉을 취하고 있었고, 거기에서 영국 정부 및 국제연맹에

---

4 **수르마(surma)**: 시몬 21세 에샤이의 고모로 살해당한 총주교 시몬 19세 벤저민과 총주교 시몬 20세 포리스의 여동생이다. 그녀는 훌륭한 여성으로 형제와 함께 대주교 벤손의 '대(対) 시리아 선교회' 소속의 선교사 W. H. 브라운으로부터 교육을 받았다. 그녀는 1919년의 가을 시리아 문제로 간청을 하기 위해 영국에 갔다. 거기에서 캔터베리 대주교와 영국 장교 몇 명과 면회했다. 그녀는 자신과 같은 앗시리아인이 핫카리 산맥의 원래 집으로 돌아가기를 원해서, W. A. 윈그램 목사의 도움으로 『앗시리아 교회 습관(Assyrian Church customs)』이란 책을 썼다. 그는 젊은 총주교가 18세가 될 때까지 시리아 교회의 지도자의 역할 감당했다. 그 뒤 총주교가 정식으로 지도에 임했다.

작용하여 자치 정부를 가진 공동체로서 핫카리에 있는 고향에 가서 살고 싶다고 호소했다.

앗시리아인들⁵은 어딘가 한 곳에 모여서 다시 정착하는 것이 불가능하게 되면서 조금씩 분산해서 정착하는 것에 대해 이라크 거주 영국 관리의 의견에 동의했다. 그들은 어디라도 좋은 곳에 정착하는 것이 인정되었고, 1921년 여름에 바쿠바 수용소는 폐쇄되었다.

앗시리아인들은 바쿠바 수용소에서 모술 근처의 민단 수용소로 이동되었는데, 거기로부터 주로 세 곳의 장소로 정착하도록 했다. 원래 우르미야 출신자는 페르시아 정부와 합의로 그곳으로 돌아갈 수 있도록 허락되었다. 원래 터키와의 국경 남쪽과 현대의 이라크 국경 안에 살고 있던 사람들은 자신들의 마을로 돌아갔다. 핫카리 산지에 살고 있던 사람들에 대해서는 어떤 사람은 핫카리 지역의 자기 집으로 돌아갔다. 그중에는 마르 시몬과 그 여동생 수르마도 있었다. 그때는 아무런 저항도 받지 않았지만 1924년에 터키 정부에 의해 다시 추방되고 다시 이라크로 돌아갔다. 그러나 대부분은 모술과 그 인근 마을들에 차분하게 정착하였다. 대충 9천

---

5   앗시리아인(Assyrians): 1919년의 파리 평화 협상 중 다섯 명의 시리아 대표단이 회의에서 앗시리아 국가 설립을 목표로 하는 자신들의 주장을 말했다. 대표단은 이라크, 터키, 페르시아, 코카서스(카프카스), 미국에서 왔다. 이들의 요망은 앗시리아, 칼데아인이나 기타 소수민족, 종교 단체의 보호를 보증한다는 문구를 포함 '세브르 협정(Treaty of Sevres)'(1920년 8월 10일)으로 논의됐다. 또 그 지역을 시찰하고 터키와 페르시아의 국경 지역에서 그들의 자유를 보장하기 위한 어떤 조정을 위한 사절단을 파송하는 지시가 내려졌다. '로잔 회의(conference of Lausanne)'(1923년 7월 24일)에는 앗시리아 칼데아인 대표를 보내지 않았다. 또 터키는 자신들의 언어로 가르치고 자신들의 전통과 습관을 유지하고자 생각하는 듯한 학교는 분담금을 지불하는 것을 거부했다. 이 협정은 터키의 비이슬람 공동체의 보호에 관한 일련의 규정을 포함하는 것에 그쳤다. 콘스탄티노플 회의(1924년 5월 9일)에서 영국 행정장관은 앗시리아인을 변호하면서, 어느 정도의 지방 자치를 가진 소규모 공동체를 설립할 권리가 있다고 말했다. 그러나 국제연맹(1925년 12월 16일)이 최종적으로 알 모술 뷔이라이에토(모술 주)를 이라크에 준 데 따른 앗시리아가 자신의 것이라고 주장했던 핫카리 지구는 터키에 이양됐다.

명이 아마디야와 그 북부 지역에서 안정되게 되었고, 8천 명이 두호크, 제호, 아크라, 샤이칸에 정착한 것으로 추정된다. 소수의 사람들은 적당한 일을 찾았고 마을에 사는 것을 택했다.

이 기간 동안 많은 앗시리아 난민들은 군대에 가담했다. 이 군은 영국의 통치 시절에 주둔하던 영국군 감독 하의 부대였으며 앗시리아인뿐만 아니라 아랍인, 쿠르드족인 포함되어 있었다. 그런데 앗시리아인들이 유능한 전사임을 알고 많은 앗시리아인이 충원되었다. 1919년에는 바쿠바의 난민 캠프에서 앗시리아 두 개의 큰 부대가 편성되었고, 아마디아의 쿠르드 작전에 억지로 끌려나왔다. 1922년에는 더욱 많은 1,500명의 앗시리아군이 충원되고 이 정책은 계속되었다. 그래서 이라크 군의 강한 질투를 샀으며 마을 주민으로부터 미움을 받게 됐다. 앗시리아 사람은 영국의 부하라고 여겨졌고, 영국 제국주의자들과 동일시되었다. 1926년 이후에는 앗시리아인의 소집은 줄어들었고 1932년에는 800명에 불과했는데 주로 영국 공군에 배속되었다.

그 사이 1923년에 새로운 미국 개신교 선교회[6]가 설립되었다. 메소포타미아 합동선교회라고 불렸고 나중에는 이라크 합동선교회가 되었다. 이 선교회의 멤버가 1925년 9월에 도착했고, 남녀 현대 학교(중등학교)와 숙박 시설을 개설했다. 선교지는 수도 바그다드에서 시작했고 모술, 키르쿠크, 두호크, 바시카, 힐라까지 확대했다. 그들은 주로 그 지역 기독교도들 사이에서 활동했지만 바시카에서는 야지디파에 목표를 둔 전도가 이루어졌다. 많은 선교회 본부는 힘이 약해지고 이윽고 폐쇄

---

6 메소포타미아 합동 선교회(United Mission of Mesopotamia): 이것이 프로테스탄트의 최초의 선교회이지만 몇 개의 프로테스탄트 교파가 하나가 되어 함께 일하기 위해서였다. 처음 위원회는 미국 합동 개혁파 교회와 장로교회로 구성되어 있었다. 1934년에 미국 합동 개혁파 교회는 북미 복음교회 회의와 통일하여 복음 개혁파 교회를 만들어 1957년 기독연합교회(UCC)를 만들게 되었다.

하게 되었지만 바그다드만은 존속했다.

기독교도들을 다소 개신교에 전향시킨 것을 제외하고 이 선교회의 업적 중 하나는 여학생들을 위한 고등학교를 설립한 것이다. 바그다드의 여자 아메리칸 스쿨은 초등학교와 보육원으로부터 시작되었지만 나중에 독점적으로 문학, 과학의 양쪽을 교육하는 중·고등학교가 되었다. 교육 수준은 높았고 또 학생들의 최종 시험 합격률 높았기 때문에 그 학교는 발전했고, 1972년에 이라크 정부 관할로 놓일 때까지 320명의 학생이 재학하였다.

군주제 아래에서 독립국 이라크(이라크 왕국)

4세기 동안 터키 지배와 14년간의 영국 통치, 즉 위임 통치 후에 드디어 이라크는 독립 국가가 되었다. 1931년에는 정식으로 국제연맹(유엔)에 가입되었고, 파이살 국왕이 지도자로서 받아들여졌다. 그러나 국왕은 장수하지 못하여 1933년 제네바에 머무는 동안 심장발작으로 사망했다. 왕위는 21살의 아들 가지에게 주어졌지만 그 또한 1939년 교통사고로 사망했다.[7] 가지의 후계자는 7살 아들 파이살 2세였으나 그의 삼촌 아브드 알 일라가 섭정을 맡았다. 1958년 군사 쿠테타에 의해 군주제는 전복되었다.

이라크 헌법은 민주적으로 대의원 의회와 상원으로 이루어진 양원제를 취했다.

---

7 가지(Ghazi)는 4월 3일 밤, 자신의 차를 운전하던 중 궁전 근처에서 전봇대에 충돌했다. 많은 사람은 가지의 죽음은 우연이 아니라고 믿는다. 그는 방종적인 외교 의례나 충고를 참지 못하는 인물로 지혜와 매력이 미흡했다고 알려졌다. 정부의 멤버를 당황하게 하거나 부하에게는 무례하게 일하고 있었다. 또 범 아랍 민족주의를 표명하고 팔레스타인을 강하게 지지했으며 쿠웨이트의 통치권을 주장했다. 히틀러와 전쟁이 다가오면서 가지는 독일을 지원한 것 같다. 이라크 친영파(新英派)인 총리 누리 알 사이드는 가지를 사임시키고 또 다른 하셈의 왕을 세우는 가능성을 조사하고 있었다고 한다. 또 영국의 신용을 떨어뜨리기 위한 나치에 의한 선전의 일부가 아닌가 라고 생각하는 자도 있다.

기독교도와 유대교인이 양원에 대표를 보내고 있었다. 1935년에는 88명의 대의원 중 8명이 기독교도인 유대인이었다. 1954년에는 인구 증가에 따라 대의원이 132명이 되었지만, 그중 기독교도가 12명, 유대인이 6명으로 늘었다.

이슬람교가 국가의 공식 종교였지만 다른 종교 단체들도 완전히 권리가 인정됐다. 헌법은 다음과 같이 보장하고 있었다.

> 사회의 질서와 윤리를 유지하는 범위 내에서 완전한 양심의 자유 모든 종류의 예배의 실시를 보장한다. 이라크 국민간에는 인종, 종교, 언어에 의해 어떠한 차별도 없어야 한다. 이라크 정부는 정부가 부과하는 교육의 일반 원칙을 지키는 범위 내에서 각각의 공동체가 자신의 자녀에게 자신의 언어로 교육하고 그 교육을 유지하는 것을 보장한다….[8]

기독교도들은 대학에 입학하기 위한 동등한 권리를 가지고 있었다. 대학의 일부는 이라크가 영국 위임 통치 하에 있을 때 이미 설립되어 있었다. 공적으로 기독교도들은 모든 직업에 붙는 동등한 권리가 있고, 몇몇 사람들은 고위직 또한 국회의원에 되기도 했다. 칼데아 교회의 총대주교 유시프 가님(Yusif Ghanim)은 상원에서 기독교의 대표가 되었고, 몇몇 저명한 기독교도는 대의 국회의원이 되었다. 그중 한 명은 루파일 부티(Rufa'il Butti)이며 지도적인 지식 계급으로 저서도 있고 기자이기도 했다. 그는 후에 국무장관이 되었다. 그가 간행한 신문은 독자가 가장 많은 신문이었다. 그러나 행정직은 더 낮은 지방 읍·면장이나 병원 사무장 등

---

8   신앙의 자유(Freedom of Belief): 인용문은 1922년 영국 이라크 조약 제3조의 일부이다. 1932년 이라크 헌법에는 이 조문이 포함되어 있을 뿐 아니라 유엔(국제연맹) 제2조, 로잔 조약의 30-36조, 1925년 3월 21일 기본법을 담고 있다.

을 포함한 일반적으로는 이슬람교도의 특권으로 되었다.[9] 이러한 제한이 있었기 때문에 직업이 뛰어난 기독교도들은 의사나 간호사, 기술자, 교원, 전문직, 사업가 등의 일을 했다.

기독교 교회는 앗시리아 교회를 제외하고 모두 국왕에게 충성을 맹세하고 그 영예를 높이는 축하 행사를 행했다. 칼데아파, 시리아 가톨릭교회, 시리아 정교회 기독교도들은 이라크 정부에 충성을 맹세하고 세상의 권력을 주장하지 않는다고 강조했다. 이라크 임시헌법이 의회에 의원을 내도록 권유했을 때 시리아 칼데아 고위 성직자는 그것을 반대했다. 자신들은 특별한 권리를 찾지 않고 있었고, 형제인 이슬람교도의 선의를 믿고 있었으며 이슬람교도와 동등한 권리를 가진 시민으로 취급하리라 믿는다고 말했다. 아르메니아 교도들이든, 시리아 정교도이든, 시리아 가톨릭교도이든 기독교도는 불과 수십 년 전 오스만 지배 시절의 기억이 아직 선명하게 남아 있었다. 기독교도 학살의 원인 중 하나는 서유럽 정책으로서, 자신들에 대한 약속을 지키지 않았다는 점에 있다고 했다. 이라크의 한 신문사는 다음과 같이 경고했다. "기독교 권력을 신뢰했기 때문에, 결국 근절이나 다름없게 된 아르메니아 교회와 앗시리아 교회의 운명을 잊지 말라."

때로는 외국의 개입이 기독교 공동체를 지킨 것도 있고, 자국에서는 교육도 아직 충분히 지원되지 않던 시대에 외국이 준 것도 있었지만, 결과적으로는 비극을 초래하고 기독교도들과 이슬람교도의 관계를 복잡하게 만들었다. 기독교 신자는 유럽의 협력자로서 유럽의 정부와 동일시되었다. 이러한 연결은 그 뒤에도 바람직

9　**이슬람교도의 특권**(prerogative of Muslims): 나의 아버지는 자신이 고문(顧問) 외과의사를 하던 모술 병원 얘기를 자주 했다. 거기서 일하는 사람들은 의사는 물론 간호사나 청소부에 이르기까지 거의 전원이 기독교도임에 기쁨을 띠었다. "여기는 병원이 아니라 마치 교회이다. 이에 종(鐘)이라도 달면 훌륭한 교회이다."

하지 않은 영향을 주었다.[10]

내무장관 무자힘 알 아민 알 파하히는 모술의 다양한 종교 및 민족의 사람들이 모인 집회에서 모두에게 평등한 대우를 해 주는 것을 약속하고 다음처럼 말했다. "우리 동포인 여러분들은 무슬림들은 아니지만 우리 동료이고 종교나 종파에 의한 차별도 없다면 특권도 없습니다."

내무장관은 칼데아파의 총주교에게 지금까지 이라크 정부를 위해 전심을 다해 애써왔으므로, 이라크 정부가 따르고 있는 정책을 더 지지하도록 바티칸에 영향력을 행사해 줄 것을 요청했다. 또 공동체 안에는 이라크가 새로운 시대에 접어들어 영국의 영향으로부터 자유로워지려 하고 있을 때 나라의 일치를 파괴하려고 시도하는 자들이 있다고 경고했다. 그리고 그 모임에 참석했던 지도자들에게 형제로서 함께 일할 것을 강하게 촉구했다. 기독교 지도자들도 이라크 거주 바티칸 사도 대표단도 이라크가 추구하는 정책에 만족의 뜻을 표하며 계속 지원하겠다고 밝혔다.

국왕에게 경의를 표하고 있는 모든 교파의 교회들은 군주제를 하는 동안에는 번영했다. 이 시기의 최대 교단은 로마 가톨릭교회와 성찬을 함께 하는 사람들이며, 칼데아파와 시리아 가톨릭교회였다. 다음에 큰 무리는 시리아 정교회 이어 동방교회(일명 동방 앗시리아 교회)와 아르메니아 교회였다. 소수의 개신교 교회, 라틴 교회, 그리스 교회도 있었다.

---

10 **유럽 협력자(collaborators with the Europeans):** 다음 이야기로 이 일을 더 잘 이해할 수 있는 것이겠지요. 나의 10살 아들이 동년배의 무슬림 친구와 그리스에 여행을 갔던 때이다. "자신의 나라에 가서 살면 어떤가"라고 물었을 것이다. 그 이야기를 하고, 자신의 진짜 나라는 어디냐고 나에게 물었다. 우리는 이 질문이 그의 부모님이 한 것이 아님은 틀림없이 확신을 가지고 말할 수 있다. 그들이 진실하게 우정을 지니고 있으며 우리가 이라크의 평등한 시민이고, 언젠가 서양의 자신의 고향에 돌아가야 하는 외국인 등으로는 보지 않는다는 것을 알고 있기 때문이다. 이 질문은 무지하고, 편견을 가진 학교의 교사에서 나온 것이다.

이미 영국 위임 통치 시대부터 있던 이라크의 기독교 선교회는 확대되고 새로운 선교도 시작됐다. 이는 군주제 하에서도 이어졌으며 미션스쿨은 기독교도들과 이슬람교도에게도 바람직한 것으로 여겨졌다. 이슬람교도도 이 학교에는 아이를 보냈다. 그 안에서는 전도 활동을 하지 않았기 때문이다.

1928년, 도미니크회 신전 봉헌 수녀회는 바그다드 신시가지인 밥 알 샤르키에 사립 여자 초등학교, 중학교, 고등학교와 고아원을 개설했다. 이것이 최초의 사립 여학교이다. 그 학교가 제공하는 높은 수준의 교육과 그 규율이 다른 것과 비교될 만한 것이 없었다. 초일류 학교로서 기독교 신자뿐 아니라 이슬람교도 역시 아이를 보내고 싶다고 원했다. 특별 숙박 시설이 있었기 때문에 바그다도 이외의 주에서도 학생을 받아들였다. 1974년에 정부의 관할에 놓일 때까지 평판이 좋고 인기가 높은 학교였다.

1912년부터 1937년 사이에 신전 봉헌 수녀회 수녀들은 바그다드에 있는 정부의 병원에서 간호사이자 간호 기술을 가르치는 교사로 일하고 있었다.[11] 이라크인 최초의 간호사는 이 수도회의 멤버이었고 그녀들로부터 훈련을 받았다. 1937년 사립 병원 건설을 시작으로 1950년 성 라파엘 병원이라는 이름으로 준공되었다. 이것에 이어 1962년에 간호사학교가 만들어지고 수백 명의 간호사가 이곳에서 훈련을 받아 졸업하고 정부기관에서 일했다.

카르멜회는 초등학교를 바그다드 구시가지로부터 신시가지로 옮기고 시설을 확대했다. 새 학교가 건축된 부지 내에는 '센터'가 갖춰졌고 기독교의 다른 활동을 할 수 있게 되었다. 내부에는 '성모의 아카워야(성모 우애회)', '여성 자선 단체',

---

11 **국립병원(Government Hospital)**: 이 병원은 처음엔 알 마지디(Abd al-Majidi) 병원(오스만 시대)이라고 불리고 있었지만, 왕립병원(Royal Hospital, 이라크 왕국 시대)이 되고나서는 공화병원(Republic Hospital, 1958년 혁명으로 국왕이 축출되고 이후)으로 불린다.

'기독교 문화 클럽' 같은 것이 있었다. 이 센터는 주로 1956년 이라크에 온 두 젊은 카르멜회 사제 로버트 뷰레이(Robert Beulay) 신부와 레이몬 샤르보니(Raymond Charbonnier) 신부의 노력으로 건설되었다. 이 클럽에서는 모든 교과의 기독교 대학생들이 나눔을 갖고 제2차 바티칸 공의회에서 추진된 에큐메니즘의 정신에 맞게 운영되었다. 강조된 것은 문화 활동이며 사회 활동 외에 역사, 문학, 시 등의 모임이 있었다. 월례 강의가 그 분야 전문가로 구성되었으며, 매주 학습 그룹이 있고 년 1회 극(劇)이 연기되었다. 서장에서도 설명한 것처럼 나는 이 회의 회원이 되는 영광을 받게 되었다.

1932년 미국의 예수회가 찾아왔다. 이는 이라크 독립과 우연히 일치하는 것이 되었다. 먼저 4명의 예수회 수도자가 도착하여 바그다드 중심지에 시설을 빌려서 자그마한 남자 고교 '바그다드 칼리지(대학)'를 시작했다. 2년 후, 바그다드 북부 술라이크에 광대한 캠퍼스를 건설할 계획이 세워졌다. 25에이커의 땅을 구입하고 9채의 큰 교사(校舍)와 여러 개의 작은 건물이 건립되었다. 1938~1939년 그들이 이 새 종합시설로 이사하자마자 학교에 들어오는 학생이 급증하였고, 그 학교는 현대 이라크의 중요한 인기 상품이 되었다. 그것은 모든 사람에게 문이 열려 있었고, 많은 유명 인사, 장관, 아랍 수장이 자신의 자녀들을 이곳에서 교육시켰다. 이 학교는 이과, 문과를 망라하는 모델 커리큘럼을 갖고 있었을 뿐 아니라, 예수회가 심혈을 기울이고 있는 스포츠 분야에서도 뛰어났다. 그 고등학교 프로그램이 1926년에 시작되어 1932년까지는 4년 과정을 갖췄고 그 해 중등교육 3년, 고등교육 2년을 가진 5년제로 확장됐다. 중등교육을 수료한 졸업생은 고등교육에서는 이과계와 문과계의 두 코스 중 하나를 선택할 수 있었다.

바그다드에는 이과, 문과의 모든 과정을 포함한 학부를 지닌 현대(종합)대학이 이미 있었지만 예수회는 대학 개설을 결정했다. 1955년 교육부에서 인가되어 물리학과 경영학 두 개 학부를 가진 4년제 대학을 발족시켰는데, 예수회는 이 두 분야의 전문가가 긴급히 필요하다고 느꼈기 때문이다. 바그다드의 14마일 남쪽에 있는 자파라니야에 68에이커의 땅을 받았고, 거기에 훌륭한 대학을 건설했다. 이 대학은 크게 성공했고, 그 과정은 서방 각국에서도 좋은 평가를 받았다.

시리아 정교회는 유능한 지도자 이그나티우스 에프렘 1세 바르사움(Ignatius Efrem I Barsaum, 1887-1957)의 지도력으로 힘을 더했다. 그는 모술에서 태어나서 1933년 총주교가 되었다. 그는 몇 개의 언어를 익혔고, 아랍어와 시리아어 양쪽에 뛰어난 학자로 존경을 받고 있었다. 그의 저서는 종교, 언어, 역사, 문화 분야를 망라해서 시리아어로부터 아라비아어로 번역한 책이 여러 권 있었다. 그는 1919년 파리 평화회의에서 뛰어난 역할을 했고 아랍인의 권리를 주장하는 연설을 했다. 이 때문에 그는 '아라비아 민족주의 주교'로 불리게 되었다. 그는 몇몇의 교회를 건설하는 명령을 내려 제지라에 성(聖) 에브라임 신학교를 설립하고, 1945년에는 그것을 모술로 옮겼다. 그는 또 『총주교지(誌)』를 발간했다.

터키의 학살에서 탈출한 아르메니아 교도들은 17세기 이후 이라크에 살고 있던 소그룹의 아르메니아 교회 사람들과 함께 조직을 만들고 아르메니아 정교회와 아르메니아 가톨릭교회로 두 교파가 되었다.

선교 활동 결과, 새로운 개신교 교파도 태어났다.

이와는 대조적으로 앗시리아 교회는 협조를 거부하는 바람에 비극으로 몰렸다. 영국이 이라크 정부에 지배를 완전히 이양한 시점에서 앗시리아인의 징집병 제도는 끝났다. 무기만 있으면 앗시리아 사람들은 자신들의 마을을 방위한다고 생각한 끝에 이라크 정부가 땅을 완전히 장악하기까지는 그들은 무기를 갖는 것이 허용되었다. 이라크 정부가 완전 장악하자, 마르 시몬 21세 에샤이는 세속 세계의 어떤 권력도 요구하지 않았고, 무장한 사람들에게 무장 해제를 명했고 이라크군에 가세하도록 명령했다.

그 뒤에도 마르 시몬과 그 '말리크', 그리고 부족 사람들과 반대편 이라크 정부 관리들과 영국 중재자들 사이에서 협상이 계속됐다. 앗시리아인 대부분은 자신들이 놓인 상황에 적응하지 못했다. 마르 시몬 자신도 1920년 총주교가 된 것이 11살이었고, 이어서 7년간은 영국에서 교육을 받았기에 실제의 지도권은 숙모인 수르마가 갖고 있었다. 오스만 시대는 어느 정도는 독립 자치를 누리고 있었고 영국군과 함께 싸움으로서 영국으로부터 독립을 약속받았다. 그래서 이라크 정부에 협력하도록 설득하려는 영국 관리들의 새로운 태도에 배신당했다고 느꼈다.[12] 이것에 의해서 앗시리아 공동체 내에 분열이 생겼다. 말리크 코샤바(Malik Khoshaba)의 지도하에 있는 앗시리아인들 중 일부는 마르 시몬의 지도가 틀렸다고 생각하고 이라크와 화해하며 그 지배를 감수하기로 했다. 반면 마르 시몬을 지지하는 사람들은 계속해서 문제를 제기했다. 지도자 중의 하나인 야코는 무장 집단과 이라크의 북부를 돌면서 앗시리아의 독립 추진 운동을 벌였다.

이라크 국왕이 영국을 공식 방문으로 출국하였기에 국왕의 부재를 좋은 기회로 여겨 이라크 정부는 1933년 6월 20일[13] 갑자기 역습하여 마르 시몬을 바그다드에 불러서 국왕에게 완전 복종시키고, 그때까지 가지고 있던 어떤 지상의 권력도 포기한다는 문서에 서명하도록 요구했다. 마르 시몬은 보내온 문서의 몇 가지 문제점을

---

12 **마르 시몬(Mar Simon)**: 국왕 자신이 마르 시몬과 만나서 그는 다른 기독교 지도자들이 갖고 있는 것과 같은 권리를 주고 교도들도 완전한 시민권과 보호를 받도록 설득하기로 했다. 하지만 그는 자신의 신도들의 지도를 한다는 주장을 양보하지 않았다. 국왕은 이라크의 현행 헌법에서는 이것이 불가능함을 설명했다.

13 **영국 공식 방문(Official visit to Britain)**: 원수(元首)의 방문은 오래 전에 계획되고 있었고 이라크의 국제 관계에 있어서도 중요한 것이므로, 이를 연기하지 못했다. 그는 가장 신뢰할 수 있는 대신 세 사람과 이란 주재 영국 대사 험프리 데이비스 경과 이라크를 나왔다. 자리를 비운 사이 21세의 아들 가지가 국사를 대행하게 됐다.

지적하며 상세한 답장을 썼다. 그는 1933년 6월 4일에 바그다드에 소환되어 감금되었다. 그의 추종자들은 나라를 빠져 나가거나 정부에 충성을 맹세하는 서명을 할지의 선택을 강요당했다. 그들 중 일부는 그것을 받아들이고 이라크에 머물렀지만 또 다른 일부는 나라를 떠나기로 결정했다. 아직 시리아를 위임 통치하던 프랑스 당국과 협상도 없이 8월 4일 800여 명의 무장한 시리아인들이 시리아 국경에 이르렀다. 그 결과 그들은 시리아 입국을 거부당하고 이라크로 되돌아갔다. 이어 데라분에서 이라크군과의 전투가 있었고 양측에 다수의 사상자를 내고 앗시리아인의 한 사람은 이라크인에 의해 감금됐다. 약 500여 명은 시리아로 돌아가 프랑스 정부에 감금됐지만, 나중에 시리아에 있을지 떠날지의 선택권이 주어졌다.[14]

이 사건들은 위험한 움직임이었고, 배후에 영국이 있다고 받아들여졌다. 그 이후 며칠 동안 취해진 반 앗시리아에 대한 대책은 쿠르드 비정규 병사를 신속하게 무장시켜 모든 도로를 수색하게 하고 방황하는 앗시리아인들을 찾는 대로 그 자리에서 총살했다.(적어도 100명 정도의 앗시리아인이 이렇게 살해됐다) 또 쿠르드인과 아랍인은 제호, 두호크, 샤이칸 지역에 있는 모든 시리아인 부락을 약탈하고 파괴하기 시작했다. 무일푼에 기아 상태의 난민이 모술과 알코시, 셈멜 등의 중심 도시로 보호를 요구하면서 몰려들었다. 셈멜에서는 앗시리아인들이 보호를 요청하며 경찰서에 무리를 지어 몰려들었다. 원주민이 셈멜의 마을에 들어와 집을 약탈하는 것이

---

14 **이라크군(Iraqi Army)**: 영국 체류 중에 앗시리아 문제가 점점 커졌다고 들은 국왕은 수상 라시드 아리 알 가이라니와 연락을 취하고, 마르 시몬을 석방하고 문제를 평화적으로 해결하기로 지시했다. 국왕의 지시는 듣지 않았고, 상황의 중대성을 감지한 국왕은 몸 상태가 좋지 않았음에도 불구하고 방문을 중단하고 8월2일에 바그다드로 돌아갔다. 귀국해서도 환영 받지 못하고 그것과 대조적으로 아들과 장군이 갈채를 받고 있는 것으로 충격을 받았다. 국왕에게는 비밀리에 일이 진행되고 있었다. 병이 있는 상황과 낙담으로 이 상황에 대해 속수무책이었다. 자신이 고립되어져 버렸고 어떤 것도 할 수 없는 것을 알고는 한탄으로 인해 병세는 악화했다. 그는 9월 2일에 치료 때문에 스위스로 갔는데 얼마 후 거기서 죽었다.

허용되자 공포는 더 커졌다. 1933년 8월 11일 아침 모술의 군 지휘관인 바크르 시드키(Bakr Sidqi)의 지휘 아래(그 자신은 그날 주의하고 거기에 있지 않도록 했지만), 이라크군의 파견 부대가 기관총으로 무장하고 장갑차로 셈멜 마을에 들어가 지휘관의 명령에 따라 체념하도록 남자 전원을 학살했다. 이른 오후까지 임무를 완성하고, 나중에 6명의 여성과 4명의 아이가 포함하여 315명의 사망자를 남기고 군은 장갑차를 철수했다. 이라크군은 폭동을 진압했다고 보도하면서 정부는 시기적절한 반영 조치라고 발표했다. 신문과 거리에 나선 군중들도 바크르 시드키와 군대를 영웅으로 칭송했다. 아미르 가지(Amir Ghazi)와 라시드 알리 알 가일란(Rasid Ali al-Gaylan)을 국가의 영웅이라고 하면서 환영했고, 한편 파이살 국왕은 완전히 무시되었다. 이 사건은 이라크군의 역사의 오점으로 여겨져 왔다. 그렇게 말하는 것은 살해된 사람들 대부분은 무장하지 않았기 때문이다. 이라크 정부는 국제연맹에 사과했지만 쿠르드인과 아랍인에 책임을 전가하려 했다. 정작 군부대는 비난받지 않았다.[15]

총주교 마르 시몬 에샤이는 1933년 8월에 키프로스 섬으로 퇴거당했다. 키프로스 섬에서 그는 제네바, 파리, 런던으로 이동했고, 그러는 사이에 국제연맹(유엔)에 앗시리아에서 일어난 일을 호소했다. 그는 마침내 미국의 앗시리아 교회에 가세했다. 앗시리아인 중 일부는 19세기 초에 미국으로 이주하여 미국의 개신교 선교

---

15 **반기독교 감정(anti-Christian feelings)**: 국왕과 주요 대신들과 이라크 거주 영국 대사 험프리 데이비스 경이 부재의 순간을 노리고 라시드 아리 알 가일란 총리가 미리 선전한 쿠데타를 연출한 것 아니냐 라고 논란이 되었다. 즉, 앗시리아인은 영국의 지원을 받으므로 반역을 일으킬 위험한 존재이고 위협이 되고 있다는 선전이다. 그리고 대학살의 뉴스는 일반 대중에게는 숨겨지고 대중은 그 대신 이라크군의 용맹하다거나 영국이 속이는 계획을 하고 있다는 거짓말에 속았다. 선전이 성공하고 사람들 사이에 치열한 반 시리아 감정, 반 영국 감정이 일게 되었다. 가지 총리와 바크르 시드키가 영국 패권주의에 저항한 영웅이며, 군대는 반역을 짓누른 유능한 영웅이라고 생각하게 되었다. 모술에서는 반 앗시리아, 반기독교 감정이 거셌다. 이 논란이 믿을 만한 것은 알 가일란이 파시스트인 것으로 나타났기 때문이다. 그는 1941년 국왕에 대한 모역(謀反)을 꾀한 일당이었다. 또 제2차 세계대전에서는 독일 측에 섰다.

단과 접촉했다. 그러나 대다수는 제1차 세계대전 이후 이민을 갔다. 미국 성공회의 도움으로 동방교회는 시카고에서 마르 시몬을 중심으로 하나로 뭉쳤다. 이라크 정부에 의해 구속되었던 앗시리아인들은 1936년 시리아에서 국외로 추방됐다. 프랑스 정부는 제지라 평원(유프라테스강 상류로서 터키의 방향으로 돌아가는 곳으로 티그리스강 사이의 지역이다)의 카불 지역에 그들이 정착하는 것을 인정했다.

이라크에 남아있던 앗시리아인 공동체는 국왕의 권위를 받아들여 이라크 국적을 받게 되었고 지금의 이라크 건설에 이바지했다. 부주교 마르 요시프 카나니쇼의 지도 아래에서 교회도 조직을 갖췄다. 영국 공군에서 계속 일한 앗시리아인은 1941년 군사 반란을 진압하기 위해서 현저한 활동을 했다.[16] 그 기간의 모든 기독교도들은 특별히 공격받기 쉬운 입장에 있다고 느끼고 있었다. 이러한 것은 라시드 알리의 정부가 셈멜 대학살을 지휘한 정부이고 군대이기도 하였기 때문이다.

이라크 공화국

1958년 7월 14일 압둘 알 카림 카심(Abdul al-Karim Qasim) 장군을 지도자로 하는 자유군 장교들이 일으킨 쿠데타에 의해서 왕의 제도가 뒤집혔다. 몇몇 개혁이 시행되고 각각 다른 공동체의 의견을 청취하는 노력이 이루어졌다. 그러나 잇단 쿠데타와 음모로 정권은 고통을 겪었고 드디어 1963년에 카심이 살해되면서 정부는 전복되고 아브드 알 살람 아리프(Abd al-Salam Arif)가 대통령이 되었다. 이 쿠데타

---

16 아민 자키 술레이만(Amin Zaki sulayman): 1941년 4월 1일 네 명의 장군과 실행위원장 아민 자키 술레이만이 회동하여 임시 국가를 선언하고 바그다드의 궁전까지 행진했다. 왕권 대행자는 도주하고 장군은 '국방 정부' 수립을 선언했다. 이 정부에는 그들의 수장인 라시드 아리 알 가일란이 있었다. 이 운동은 2개월 이내에 영국군에 의해서 무너지고 국왕과 국왕 대행자가 1941년 5월 22일에 완전 복귀했다.

에서는 바아트당[17]이 큰 역할을 했고 '국민 호위대'를 조직함으로 국내에 대혼란을 일으켰다. 주로 공산주의자가 구금된 뒤 살해되었다. 바아트당은 그해 10월에 실각했고, 그 뒤에도 아브드 알 살람 아리프는 대통령으로 건재했지만 1969년 헬리콥터 사고로 숨졌다. 동생 아브드 알 라흐만이 뒤를 이었다. 둘 다 공식 정당에 속하지 않았지만 자신들은 '아랍 민족주의자'라고 생각하고 있었다. 이러는 사이에 바아트당은 지하에 잠복하고 조직을 굳히고 영향력을 높여갔다. 1968년 7월 17일에 혁명 평의회가 무혈 쿠데타를 일으키며 아흐마드 하산 알 바키르(Ahmad Hassan al-Bakir)를 대통령으로 사담 후세인을 부대통령으로 했다. 두 사람은 공동 통치를 했지만 1979년에 사담이 전권을 장악했다.

사담 후세인은 서로를 몰래 감시하고, 일반 시민을 감시하는 세 가지 보안 조직의 경찰을 조직하고, 독재자가 되어 사정없이 지배했다. 그를 쓰러뜨리려는 몇 번의 시도가 이루어졌는데 모두 실패로 끝나면서 일반 시민은 따를 수밖에 방법이 없었다. 그에 대한 반대의 목소리를 높이는 사람은 잔혹한 처사를 받았다.[18] 모든 사

---

17 **바아트당(Ba'ath)**: 1944년 시리아에 있던 아랍인 기독교도 미셸 아프라크에 의해서 시작된 정치 조직이다. 몇 년 뒤 아랍 사회당과 합병하고 '아랍 바아트 사회당'으로 당명을 바꿨다. 그 이데올로기는 '영원한 사명을 가진 통일 아랍 국가'와 '일치, 자유, 사회주의'라는 두 가지 구호로 요약된다. 교의(敎義)는 비종교적인 것으로, 기독교도는 이슬람교도와 같이 완전히 아랍인이라고 할 수 있지만, 꾸란(코란)이야말로 아랍 민족주의의 빠뜨릴 수 없는 영감의 원천임을 강조했다. 아프라크는 그의 저서 『바아트당의 추구』에서 반복적으로 말했고, 다마스커스에서 만석의 청중에 간 역사적 강연 '아랍 예언자를 기념하여'에서 예언자와 아랍 국가의 관계의 중요성을 몇 번에 걸쳐 말했다. 그는 아랍주의의 영혼이란 이슬람에 있다고 강조했다. 그러나 "아랍인이란 것은 아랍어를 말하고 아랍 국가의 역사, 운명, 열망을 공유하는 사람이다"라고 정의한다. 바아트당의 신념은, 국가로서의 아랍인은 독특하고, 불멸의 메시지를 갖고 있다는 것이다. 바아트당은 많은 전문가 기독교도들과 진보적 이슬람교도에게 매력적이었던 것은 기독교도에게는 인정을 받아서 소속 의식이 주어지기 때문이다, 이슬람교도에게 있어서는 이슬람 민족주의와 사회주의의 중요성을 결합했기 때문이다. 시리아와 이라크 양측에서 정치적 지배를 장악하면서 양쪽에서는 인권 남용이 일었고, 또 1960년에 분열함으로써 많은 성실한 당원에 환멸을 느끼게 했다. 처음부터 이슬람 원리주의자는 그 창시자가 기독교도였다는 것과 그들이 관심을 가졌던 것은 통일 아랍 국가가 아니라 통일 이슬람 세계였기 때문이라는 것에 반대했다.

람들은 바아트당에 등록하도록 요청했고 등록하지 않는 사람은 불리한 입장에 놓이게 되었다. 보기 드물게 제외되는 것도 있었지만 공무 행정에 관련한 사람은 바아트당의 증명이 필요했다. 당에 참여하려고 하지 않는 소수의 시민에 대한 해명으로서 "제대로 된 시민은 예를 들어 당에 소속하지 않아도 바아트당원이다"라는 슬로건이 내걸렸다. 학교, 병원, 성, 행정 기관을 포함한 모든 시설은 일률적으로 사담의 구호를 외치고, 그의 생일을 축하해야 했다. 사담 개인숭배는 이 축하에 참석하기 싫은 선량한 시민들에게는 짓누르는 것이 됐다. 공식 업무 중에 치러졌기 때문에 누구 하나 이를 피할 수 없었다. 사담의 생일에 모든 사람은 출근 명령을 받고 결석자의 이름은 기록에 올려졌다.

바아트당 지배 34년 동안 나라는 수차례 위기를 통과했다. 첫 번째는 8년 동안의 이란-이라크 전쟁(1980-1988)이었고, 두 번째는 1990년의 쿠웨이트 침공이었으며, 세 번째는 1991년 다국적군의 이라크 공습과 2003년 4월까지 12년간 이어진 제재 조치의 도입이었다. 2003년 4월에 미국이 이끄는 연합군이 이라크를 침공했다.

이라크의 기독교도들은 정도에서 벗어나지 않는 한, 대체로 정권에서 대우는 양호했다. 사실 공동체 안에서는 문제를 일으킬 가능성이 적고, 신뢰감을 주는 특별 대우를 받는 자도 있었다. 기독교 시설은 존중되고 전력은 무료로 제공됐다. 많은 기독교 행사가 장려되었다. 1974년에 위대한 기독교도이자 아랍인 의사이며 번역자인 후나인 이븐 이샤크(Hunayn ibn Ishaq)를 기리는 축전이 이라크 정부에 의해

---

18 **잔인한 처사(ruthless treatment)** : 그의 잔인함을 열거하면 너무 많아 본서의 범위를 넘는다. 그러나 한 가지만 골라 예로 들고자 한다. 후세인은 권력을 갖게 되자, 그 정책의 하나는 공산당이 결코 반대의 목소리를 높이지 않도록 하는 것이었다. 또 공산주의자 혐의를 받고 있는 사람은 자신의 과거 행동에 대해서 자기비판한 문서에 서명해야 했다.
한 학생이 그런 혐의에 걸렸다. 그와 당국 사이에서 무엇이 있었는지 아무도 모른다. 나쁜 것에 그가 문서에 서명을 하지 않음으로서 최악의 상황이 됐다. 다음에 들은 것은 그와 공산당 등 전혀 관계없는 그의 동생이 집으로 돌아오지 않았다는 것이다. 구속 영장 없이는, 그리고 당국에 어머니가 두 아들의 거처를 들르러 가도 대답이 없었다. 그 이후 아무런 연락도 없다.

서 행해졌다. 또 1984-1985년 사이에는 마르 베남 수도원 설립 1,500주년을 축하하는 기념식이 공식 지원을 받았다. 아랍인, 이라크인, 기독교도들은 이렇게나 저렇게나 이라크 국가에 속한다는 의식을 갖도록 장려되었지만 바아트당이 되는 것이 원칙이었다.

하지만 기독교도들은 이슬람 형제들로부터 똑같은 고통을 받았다. 그것은 바아트당 정권의 전체주의가 원인이거나, 사담 후세인의 독재 통치가 원인이거나, 두 번의 걸프 전쟁에서 대량살인이거나 1991년 이후 유엔에 의해서 부과된 제재 조치 때문이거나 했지만, 이 괴로운 상태는 사담이 물러날 때까지 이어졌다.

사학 교육의 폐지

1968년 바아트당이 전 권력을 획득하게 되자 첫 단계에서 취한 정책은 모든 사립학교를 기독교도에 속하든 이슬람교도에 속하는 정부기관에 의해서 국유화하는 것이었다. 바아트당의 생각으로는 교육은 나라의 고유 의무인 것이고, 어떤 형태의 사학교육도 반대했다. 그것은 바아트당 헌법 45장에 다음과 같이 기술되어 있는 그대로이다. "교육은 국가만이 가진 기능의 하나이다. 그러므로 외국이나 사립의 교육 시설은 폐지한다."

바아트당은 쿠르드인, 투르크멘인, 앗시리아인 또는 다른 소수 민족을 포함한 이라크 국민 모두가 아랍 민족주의자라는 특유의 사상을 가지고 있었다. 국민 모두가 관계를 가지지 않으면 안 되는 것은 그들이 말하는 제국주의와 시오니즘에 대한 전쟁이며, 이 목적이 교육 시스템을 통해서 달성되어야 했다. 사실, 학교는 국가의 영웅 사담 후세인 숭배를 선전하는 도구가 되어 버렸다.

기독교 학교들은 18세기부터 이미 활동을 시작했고 국가 교육에 적잖은 기여를 해왔다. 그것들은 기독교 교육을 하기 위한 주요 노선이기도 했다. 그것들 대부분은 설립, 소유, 경영도 이라크의 교회로 구성되어 있고 교사들은 모두 이라크인이었다. 그럼에도 불구하고 이것들 역시 국가 지배하에 놓였다.

최초의 움직임은 먼저 알 히크마 대학과 그곳에서 가르치는 예수회 신부들에게서 있었다. 1968년 9월, 혁명위원회가 알 히크마 대학을 '이라크화(化)'[19] 하고 모든 면에서 정부의 직접 관할하에 놓여야 한다는 명령을 내렸다. 10월에 예수회 신부들은 해고되고 5일 이내에 나라를 나가도록 전했다. 28명의 예수회 신부들이 떠나고 알 히크마 학교 부지는 몰수당했다. 9개월 후인 1969년 8월에 정부는 바그다드 대학도 손에 넣었다. 그리고 똑같이 33명의 예수회 수도사들이 해고되었다. 협박을 받고 있었음에도 불구하고, 이슬람교와 기독교 양측 수백 명의 학생들이 예수회 수도사들을 공항까지 가서 배웅했다.

비록 이라크 출신자와 그 지방의 교회가 소유하고 이라크인 스태프들이 경영하고 있다고 해도 1972년까지 모든 사립학교는 국가의 관리하에 놓여졌다. 이라크인 교사들은 계속 일반 과목을 가르치도록 허용되었지만 종교 교육은 금지됐다. 모든 교장들은 바아트당에 입당하지 않으면 안 되었고, 학생들은 바아트당과 사담 후세인의 구호를 복창해야 했다.

학교를 정부에 빼앗기게 된 것은 기독교 공동체에게 큰 타격이었다. 그들이 높이 평가되고 사랑받았던 교육 시스템 자체를 강탈당할 큰 이유이다. 또 자기 아이들 교육조차 자유롭지 못했다. 게다가 바아트당 정권은 그들의 교육 방침이 서양화(化) 되어 있다고 여겼기에 아랍 민족주의에 위배된다고 간주했다. 결과적으로 서

---

19 **이라크화(Iraqization)**: 알 히크마 대학의 토지가 몰수될 때는 구체적으로는 '이라크화'였고 '국유화'라는 말은 쓰이지 않았다. 그 일로 논란이 있었지만, 국유화란 개인의 것을 공유화한다는 것이고, 이라크화란 순수하게 행정적인 것으로 그 목적은 시설을 이라크의 직접 관할하에 두는 것으로 알려졌다. 알 히크마 대학은 이라크 미국 협회가 그대로 소유하고 이라크화에 의해서 보상이나 소유권 주장 등은 없이 소유권이 이라크 정부로 넘어가는 것은 아니라는 것이었다.

양인과 서양 제국주의의 공범자라고 간접적으로 비난받게 되었다. 실제로는 전혀 그런 일은 없었으며 대부분의 학교 특히 초등학교는 이라크 교회가 소유하고 있었고 이라크인 교사들이 가르쳤다. 학급에서는 나라를 사랑하고 그 감정을 학생들에게 전하고 있었다. 예수회 학교는 그것이 이사회와 교사들의 방침이기도 하였기에 학생들에게 나라를 사랑하고 낡은 유산을 소중히 하라고 격려했다. 아랍어를 유창하게 할 수 있는 선생님들도 많았고 교사들 중에는 아랍 학자로서 아랍어를 가르치거나 아랍어를 사용하는 것을 장려했다. 저명한 인물로서 리처드 매카시(Richard McCarthy) 신부가 있었다. 그는 바그다드 대학의 헌신적인 교사로 아랍어를 유창하게 말하였고, 이슬람 철학과 신학의 권위자였다. 사실 예수회가 알 히크마 대학을 설립한 목적 중 하나는 바그다드 대학에서 충분히 배울 수 없는 과목의 고등 교육을 받도록 하는 것이었으며, 고등 교육을 받기 위해 국외로 나가는 젊은이들의 유출을 멈추게 하기 위해서였다. 카르멜회 기독교 문화클럽에서 내가 경험한 것은 바로 이것이었다. 거기서 만난 모든 학생들에게 국가 귀속의식을 키웠고 이라크인이자 기독교도임을 자랑스럽게 생각하게 만드는 것이었다.

학교를 잃었지만 기독교도들은 곧 새로운 상황에 적응했다. 교회는 공휴일(이슬람교)인 금요일에 교구 교회 회원을 위한 종교 교육을 교회에서 실시하는 시스템을 만들어 냈다. 기독교 문화 클럽은 정부의 엄격한 지도 아래서 1986년까지 계속되

---

20 **기독교 문화클럽(Christian Cultural club):** 기독교 문화 부문이 폐쇄될 때까지 6년간 나는 그 운영을 도왔다. 기독교도와 이슬람교도를 포함하여 여러 문화의 과제에 대하여 강연을 의뢰했다. 이 기간 분위기는 억제하는 분위기여서 무엇을 말해야 하는지 주의해야 했다. 어느날 바아트당원인 기독교도를 초대하고 문화의 다양한 측면을 논의했다. 내가 기독교도 문화와 유산의 이야기를 하자 정중히 내 말을 가로막고, "기독교 문화 등은 말을 하지 않는 것이 좋습니다. 있는 것은 아랍 문화뿐입니다"라고 말했다. 시리아어를 사용하는 사람을 묻자, 대답은 그들도 아랍인이라는 대답이었다. 외국인들 사이에서는 아랍인, 아람인, 앗시리아인, 바빌로니아인과 구분하고 있었지만, 실제로는 외국인도 모두 아랍인이라는 주장이다, 이 지역의 역사 고치기를 학자에게 명을 내리고 있었다. 메소포타미아에 살던 모든 고대인들은 '고대 아랍 민족'이라고 바꾸겠다는 거였다.

었지만 같은 해에 폐쇄되었다.[20] 카르멜회 신부들은 수도원으로 물러났고 교육, 문화면보다는 종교적인 양상을 학생들에게 집중적으로 가르치기 위해서 신도단체를 시작했다. 그들은 이라크 정권에 의해 추방되지 않은 몇 안 되는 외국인이었다.

국내 이동과 국외 이주

20세기 초에 이라크의 기독교 인구 비중이 가장 크게 차지했던 것은 모술 행정구였다. 그런데 수십 년 사이에 기독교도들이 모술 시와 인근 마을에서 이주하면서 점차 변화가 일어났다.

이 이동은 1958년 혁명 직후 시작됐다. 군주제 시대에 탄압받던 공산당은 활동을 활성화시켰다. 1959년에 공산당은 힘을 과시하기 위해 모술에서 안사르 알 살람(Ansar al-Salam, 평화 동지)의 전국대회를 모술에서 열기로 하고 큰 장외집회를 계획했다. 주민 대부분은 반대였다. 마을은 양분되었고 기독교도들은 전체가 일괄적으로 '공산당 신바(동조자)'[21]로 잘못 분류되었다. 수비대 대장 아브드 알 와하브 알 샤와프 대령은 긴장감을 느끼며 카심에게 대회와 집회를 중단해달라고 요청했다.

알 샤와프 대령은 아랍 민족주의자로 아브드 알 나시르와 이집트와 시리아 통일의 결과 였던 잠정 공화국인 '아랍 연합 공화국(United Arab Republic)'의 지지를 받았다. 카심이 그 요구를 거부하자 대령은 반란을 일으켜 바그다드의 중앙 정부에 대해서 군사 행동을 시작했다. 카심은 5일만에 반란을 진압했고 알 샤와프는 살해되었

---

21 **공산당 동조자(communist sympathizers)**: 이런 것이 언제 시작됐는지를 설명하기가 곤란하다. 공산당에 소속한 기독교도들도 꽤 많았고 중요한 역할을 가진 사람들도 있었지만 결코 다수파는 아니었다. 실제로 군주에 의해서 처형된 중요 인물 중의 한 사람은 기독교도였다. 나는 기독교도가 소수파이기 때문에 스포트라이트를 받기 쉽고 그 결과 희생되기 쉽지 않겠느냐고 설명했다.

다(모술 봉기). 이어 몇 주 동안 공산당은 마을을 지배하면서 캥거루 재판[22]으로 많은 잔혹한 행위를 벌였다. 그 결과, 카심은 정책을 변경하고 공산당을 억압했다. 협박과 암살의 반발적 행동이 있었고, 그러는 사이 기독교 공동체는 무차별적인 표적이 되었다. 이어 기독교도들이 모술에서 바그다드로 대거 이주하면서, 그 덕분에 이 두 대도시의 기독교도들이 인구 비율이 바뀌었다.[23] 1957년 인구조사에서는 기독교도들의 절반은 모술에 있었지만, 1977년의 조사에서는 절반이 바그다드에 있었다.

이라크 북부에서 쿠르드족과 함께 마을에 살던 기독교도들은 1963년 카심이 뒤집힌 직후 시작된 쿠르드족 민족 운동의 영향을 받았다. 바아트당은 범 아랍주의 이상을 내걸고 쿠르드족 민족의식에 대한 강한 동경에는 동정을 보이지 않았다. 바아트당의 지배는 같은 해 10월에 중단됐지만 그에 이어진 압둘 살람 아리프와 바아트당이 아니었지만 압둘 라만 아리프도 똑같이 아랍 민족주의를 주창했다. 쿠르드인들은 민족의 권리를 주장했지만 협상이 실패하자 이라크 군대는 여러 차례의 공격을 감행했고, 이 모든 것은 교착상태에 빠져 비참한 결과를 낳았다. 싸움은 몇 년 동안 이어졌고, 그러는 동안 기독교 마을들은 커다란 고통을 겪었다. 쿠르드인은 기독교 마을 주민들에게도 반정부 운동 전쟁을 지지해주기를 원했다. 대다수가 쿠르드족과의 협력을 거부함으로 쿠르드족의 공격을 받았다. 또 협력을 한 일부 사람들은 정부의 공격을 받았다. 적대하는 두 개의 군 사이에 끼여, 많은 기독교도들이 마을을 떠나 주로 모술과 바그다드로 도망쳤다. 그 결과 순수 기독교만의 마을들은 사람이 없어졌다. 주민들의 대부분은 최종적으로 유럽과 미국의 친구들이나

---

22 **캥거루 재판(kangaroo court)**: 정식 절차를 거치지 않고 법률적 제약에도 얽매이지 않고 이뤄지는 불법 재판이다. 캥거루 재판은 일종의 린치식 사적(私的) 인민재판이다. 피고는 처음부터 교수형이 결정되었다고 해도 좋다. 동사 kangaroo는 '(엉터리 재판으로) 유죄를 내린다'의 의미이다.

23 **이동의 물결(wave of migration)**: 나의 가족과 남편의 가족은 이때에 모술 시에서 바그다드로 이사했다.

친척들과 합류했다.

이란-이라크 전쟁이 끝난 후, 기독교도나 이슬람교도나 모두 공통된 반응은 가능하다면 그 나라를 떠나고 싶다는 것이었다. 전쟁을 하는 동안 많은 젊은이가 나라를 빠져나갔다. 자신들이 옳다고 생각하지도 않은 싸움에서 목숨을 잃기 싫었기 때문이다. 다른 사람들은 정부로부터 박해를 받았기 때문에 나라를 빠져나갔다. 또 극단적으로 경제적으로 곤궁했기 때문에 나라를 빠져나갔다. 국외 이주는 쿠웨이트 침공과 제재 조치가 시작되자 갈수록 심해졌고 마치 출애굽과 흡사했다. 자신의 나라에서는 더 이상 좋은 일이 생긴다는 희망이 사라져 버렸기에 무리를 지어 떠났다. 처음에는 1988년 이란-이라크 전쟁이 끝나자 전쟁이라는 힘든 8년이 끝남으로 (나는 이 일을 똑똑히 기억한다) 어려운 생활도 끝나고 잘 살 수 있으리라 기대했다. 그런데 상황은 개선의 모습을 보이지 않자 정부의 정책에 의문을 품기 시작했다. 승자도 패자도 없는 전쟁이 끝난 직후에 아무도 이라크가 쿠웨이트를 침공할 것이라고는 생각하지 못했다.

게다가 사담과 그 부하들의 잔혹함이 더 심해지고 있었고, 이 정권을 무너뜨리려고 하는 시도가 모두 실패로 끝나고 동맹국이 사담을 배제하지 않는 것을 알았을 때 사람들은 희망을 잃었다. 나라를 빠져나갈 엄두를 내지 않던 사람들이 재산과 풍요함을 버리고 자신들을 받아들이는 나라들에서 생활을 하겠다는 결심을 했다. 이어 10년 이상 걸쳐 이라크 난민은 유럽, 캐나다, 호주, 뉴질랜드, 예멘, 말레이시아 그리고 세계의 다른 국가로 퍼졌다. 대부분의 사람들은 수완이 좋고 총명하여 높은 지성으로 풍요로운 생활을 시작할 수 있었지만, 특히 가난한 사람들은 도중에서 목숨을 잃은 사람들도 있었다. 자신의 나라에서 풍부하고 높은 교육을 받은 사람들도 난민의 지위로 전락했다.

기독교도들과 이슬람교도들의 관계

1932년 현재의 이라크가 건국된 이후 기록에 의하면, 기독교와 이슬람교 사이의 관계는 양호했다. 헌법은 모든 종교 단체는 법 앞에 평등하고 교육과 노동에는 기회 균등이 있어 국가의 방위와 건설에는 동일한 책임이 있다고 강조하고 있다. 과거 70년간 반기독교 감정의 목소리가 높아졌던 것은 거의 없었고, 이슬람교도의 대부분 사람들은 두 종교의 공통점을 강조하고 이견은 별로 말하지 않았다. 전국의 모든 사회계급의 이슬람교도들이 교육에 종사하기 시작했고, 이슬람교도가 아닌 사람들을 동등한 시민으로 받아들이는 것이 당연시 되었다. 그들은 학교와 직장에서 기독교도 동포들과 만나며 강한 우정을 지니게 되었다. 기독교도들과 이슬람교도가 함께 어울리는 것이 극히 보통의 현상이자 종교에 관한 어떤 논의도 우호적인 정신으로 열렸다.

물론 수세기에 걸쳐진 편견과 쓰라린 감정을 불식시키는 것이 간단한 일은 아니었다. 기나긴 오스만 지배에서 기독교도들이 천민으로 취급된 것이 쌓이고 쌓여서 의식에 깊은 상처를 남겼다. 그 위에 앗시리아 교도와 아르메니아 교도가 정치에 관여함으로 인해서 일어난 비극 때문에 오스만 지배가 끝나고 나서도 오랫동안 그들의 행동에 영향을 주고 있었다. 새 이라크 정부에 의해서 동등한 시민권이 주어진 직후 셈멜에서 앗시리아인 학살과 그에 대한 이라크 대중들의 반응을 보고 아물어 가던 상처가 다시 재발했다. 그 결과 기독교도들은 대체로 주저하고 있었고, 압박으로 눌리면 쉽게 말을 듣고 정치에 연루되지 않게 되었다. 이런 일이 겹쳐 있으면서 사람과 경쟁하면서 높은 직업을 얻는다는 것은 어려웠다. 그런가 하면 일에서는 대놓고 말은 안하지만 이런 갈등 관계가 있으면서 위의 지위에 오르려면 종교가 빌미가 되는 것이 극히 당연시 되었다. 하지만 왕제 시대(王制時代)에는 장벽이 점차 사라졌고, 기독교도 중에서도 정부 고관이 되는 경우도 있었다. 유시프 가니마(Yusif Ghanima)는 여러 차례 재무장관이 되었고, 한나 카야트(Hanna Khayat)는 보건장관이 되었다. 카심 혁명 후에는 기독교도들을 정권에 끌어들이려는 시도도 있었다. 나지브 알 사이그(Najib al-Saig)는 레바논 주재 이라크 대사가 되었고, 다오드 F. 사르삼(Da'ood F. Sarsam)은 나지 타리브 정권에서 자치대신(自治大臣)에 임명됐다. 나지 탈리브(Naji Talib)는 카심 정권 최초의 시아파 총리가 되었다. 한나 라주키 알 사이그(Hanna Razooqi al-Saigh)는 카심, 아리프 그리고 사담 정권 시절 재무부의 부대신을 지냈고, 실질적으로 몇 년 동안 그것을 운영했지만, 정치에 관여하고 싶지 않았기 때문에 대신(大臣)이 되지 않았다. 바아트당 정권 시절은 많은 기독교도들이 행정관 자리에 올랐다. 가장 유명한 것은 타리크 아지즈(Tariq Aziz) 외무대신이다. 그러나 바아트당 정권에서 중요한 것은 자격 문제나 능력의 문제가 아니라 당에 대한 충성을 다할런지, 그리고 나중에는 사담 후세인 교(敎)에 충성을 맹세할지가 문제가 되었다.

사회적 차원에서는 개종이나 이민족 간의 결혼 문제가 계속 문제를 일으켰다. 대표적인 사례 중 하나가 한 바그다드의 유명한 의사이다. 지역 사회의 압력이 아직도 강하게 짓누르고 있으며 종교 행사의 자유가 제한된 것을 알 수 있다. 그는 성직자는 아니지만 기독교도인 첫 아내와 이혼하기 위해 이슬람교로 개종했다. 그러나 나중에 다른 교파의 기독교 여성과 결혼했다. 그는 미국에 가서 치료를 받았지만 죽음 직전에 가족과 만나서 바그다드에 있는 아버지 곁에 묻어 달라고 요청했고, 가톨릭의 임종 의식[종유(終油)]을 받았다. 바그다드에 관이 도착하자 이슬람 마을에 맡겨졌는데, 그는 기독교 묘지에 묻히기로 예정되어 있었는데도 매장은 이슬람교 의식에 따른 준비가 되어 있었다. 장례 행렬은 의과대학을 나와서 전야는 모스크에서 해야 했다. 그의 두 번째 기독교도 아내는 꾸란 낭송을 강요당하고, 아이들은 이슬람식 교육을 받게 하는 것이 마을의 의무라고 전했던 마을 사람의 말을 참고 견디지 않으면 안 되었다. 이 이야기는 일단 이슬람교도가 되면 비록 그것이 가볍게 형식적인 마음이라 할지라도 그것을 뒤집기는 불가능하다는 것을 나타내는 좋은 예이다. 사회에 엮여져서 그것을 바꾸는 데는 오랜 시일이 걸릴 것이다. 또 하나의 이야기는 바스라의 유명한 공무원의 이야기로 그의 아내는 이혼하고 이슬람교도와 결혼했다. 그는 독실한 기독교도였으므로 자신의 외동딸은 기독교도로 키우겠다고 정했었다. 사실 나는 그녀를 여덟 살 때 만났지만 그것은 그녀가 초등 교육을 받기 위해서 보내진 바그다드의 여자 수도원 기숙사였다. 그녀는 공식 문서에 이슬람교도라고 쓰지 않으면 안됐다. 그녀의 아버지는 딸을 그때까지와 같게 기독교 신앙에 따라서 키우는 허락을 얻기 위해 특별 허가를 얻지 않으면 안 되었다. 이것은 둘 다 유명한 기독교 가족의 이야기이다. 비슷한 사회적 압력은 가난한 사람들과 약한 사람들 사이에서는 수없이 일어나고 있었다. 나는 개인적으로 이슬람교도 남자와 결혼한 많은 젊은 간호사를 만났다. 그녀들은 아이들을 이슬람교도로 키우기는 것이 당연시 될 뿐 아니라 그녀들은 교회에 가는 것이나 신앙을 지키는 것조차 허용되지 않았다. 기독교 공동체는 그런 사건이 터지자, 겁에 질려서 많은 사람들은 이런 상황에서는 자신의 신앙을 지키기 위해서는 나라를 빠져나가는 수밖에 없다고 생각했다.

사담이 지배하는 동안에는 모든 사람들이 그의 전체주의적인 정권에 시달렸다. 특별히 반기독교 활동을 허용한 것은 아니었다. 그러나 그의 지배의 마지막 몇 년 동안 몇몇 변화가 일어나기 시작했다. 그것은 그가 이슬람 원리주의자를 이용해서 그의 정권을 유지하려고 한 것이다. 게다가 쿠르드족의 문제를 해결하기 위한 시도로, 인구를 다시 이주시킬 계획을 했다. 그것으로 인해 이라크 북부의 많은 마을들을 파괴했는데, 그들 중 상당수는 모두 기독교도들이었다.

7장

21세기

1. 21세기 초 이라크의 각 교회

본 장에서는 바아트당 사담 후세인 정권의 붕괴와 미국과 연합군의 이라크 침공 직전까지 제3천년기 시작(2001년)의 이라크 교회와 교회 활동 상황에 대해 간략하게 설명하고자 한다.

21세기 초 이라크의 교회들은 다음과 같이 분류된다.

동방교회(The Church of the East)

1. 고대 동방교회(The Ancient Church of the East)

2. 앗시리아 동방교회(The Assyrian Church of the East)

오리엔트 정교회(The Oriental Orthodox churches)

1. 시리아 정교회(The Syrian Orthodox church)

2. 아르메니아 정교회(The Armenian orthodox church)

3. 그리스 정교회(The Greek Orthodox Church or al-Rum al-Orthodox)

가톨릭교회(The Catholic Churches)

1. 칼데아 교회(The Chaldean Church)
2. 시리아 가톨릭교회(The Syrian Catholic Church)
3. 아르메니아 가톨릭교회(The Armenian Catholic Church)
4. 라틴 교회(The Latin Church)
5. 그리스 가톨릭교회(The Greek Catholic Church or al-Rum al-Cathulik)

프로테스탄트 교회(The Protestant Churches)

1. 이라크 복음교회(The National Evangelical Church)
2. 앗시리아 복음교회(The Assyrian Evangelical Church)
3. 아르메니아 복음교회(The Armenian Evangelical Church)
4. 여호와 증인(Jehovah's Witnesses)
5. 안식교(The Seventh-day Adventists)
6. 그 외 그룹

앵글리컨 교회(The Anglican Church)

성공회(Episcopal Church)

그리스 정교회(The Greek Orthodox Church)

콥트 교회(The Coptic Church)

동방교회

이라크에 동방교회가 조직된 것은 1993년 총주교 마르 시몬 21세 에샤이가 부(府)주교 마르 요셉 카나니쇼에 의해서 추방된 뒤였다. 그는 1963년에 주교 자리를 바그다드로 옮기고 거기서 중동의 주교구의 총주교 보좌로서 그 활동을 했다. 그 뒤 아르빌, 모술, 시리아의 주교가 추가되고 임명됐다.

독립 조국의 달성을 목표로 한 노력이 실패하고, 마르 시몬 에샤이는 미국 시카고에 있는 같은 믿음의 그룹에 가담했다. 시카고에서 그는 미국이나 다른 지역에 '흩어진 백성'을 위해서 동방교회 재편성에 착수했다.

그는 1970년까지 이라크의 교회를 방문할 수는 없었으나 그해 이라크 정부는 그를 교파의 장으로 인정했다.

동방교회는 1964년에 분열했다. 그해 마르 시몬 에샤이는 교령(敎令)을 내고 그중에서 전례(典禮)의 개혁을 행하고 사순절 기간을 짧게 하고 율리우스력을 대신해서 그레고리력을 사용한다고 전했다.

이러한 변경에 반대하는 사람이 바그다드에서 나왔다. 그것으로써 교회에 균열이 생기고 독립된 총주교 자리가 설치됐다. 반대파는 이삭 느위야 사제의 지도로 1968년 이라크까지 끌고 왔던 인도의 부주교인 마르 토머스 다르모와 담판으로 이라크를 위해 3명의 주교를 임명했다. 이삭 자신이 새 공동체의 총주교로 인정받았다. 그러나 그는 임명된 지 1년 만에 작고했고, 그 후 1972년까지 총주교의 임명은 없었다.

마르 시몬의 공동체와 화해를 시도하려는 시도가 있었기 때문이다. 이 시도가 실패하자 이라크 측 공동체는 마르 앗다이 2세 기와르기스 (Mar Addai II Giwargis)를 1972년 총주교로 꼽았다. 그는 이 새로운 단체의 총주교로 임명되었고, 이 단체는 '고대 동방교회'로 불렸다. 그리고 오늘에 이르기까지 그가 이 교회의 장이다.

새로운 개혁을 받아들인 공동체는 그 이름을 '앗시리아 동방교회'로 바꾸었다. 총주교 마르 시몬 에샤이는 1972년에 은퇴하고 1973년에 결혼했다. 1975년 불만을 갖고 있던 친척에 의해 암살당했다. 그의 사후 이 교회의 주교들이 모여 총회의를 열고 총주교의 세습제를 폐지하기로 결정하고, 성경적인 선거 제도를 도입했다. 1976년 10월에 런던에서 회합하여 마르 딘카 4세 크하나야(Mar Dinkha IV Khnanaya)를 총주교로, 동시에 셀레우코스 크테시폰 총주교 자리의 후계자로 꼽았다. 최초 그는 총주교 자리를 테헤란에 두었으나 1980년에 이란-이라크 전쟁이 시작되자 시카고로 자리를 옮겼다. 그는 2015년 3월 26일 사망하였고, 마르 기와르기스 슬레와 3세(Mar Giwargis Slewa III)가 그 뒤를 이었다.

21세기 초 마르 딘카의 아래에 있던 앗시리아 동방교회에 속하는 충실한 교도 수는 38만 5천 명 정도였다고 추정되고 있다. 마르 앗다이로 이끌 수 있는 고대 동방교회 회원 수는 5-7만 명 정도로 추정된다.

현재 앗시리아 동방교회는 12개의 교구를 갖고 있으며, 시카고에 본부가 있는 총주교구를 포함하여 미국에 3개, 바그다드에 부(府)주교 자리를 포함해 이라크에 2개, 캐나다, 호주, 뉴질랜드, 유럽, 이란, 하사카, 레바논, 시리아, 인도(마지막 두 개는, 부(府)주교)로 한 개씩이다.

고대 동방교회는 이라크에 2개의 부(府)교구가 있고(모술과 키르쿠크), 3명의 주교가 있으며 시리아, 이라크 그리고 미국에 한 명씩 있다.

앗시리아 동방교회 내에 활동하고 있는 것은 바그다드에 4개, 두호쿠에 3개, 아르빌과 그 주변 촌락에 5개, 바르와리에 4개, 모술, 바스라, 키르쿠크, 사르산쿠, 카니발라프, 데레, 레칸, 라마 디에 각 1개씩 있다.

고대 동방교회 내에 활동하고 있는 것은 바그다드에 2개, 모술, 바스라, 두호쿠, 키르키크, 텔카이프, 샤라피야, 카란조크, 다스코탄 그리고 헤자니에 각각 1개씩 있다.

교파 간 대화

1948년 이후 동방교회는 세계교회협의회(WCC)[1]의 멤버인 가톨릭, 정교회, 오리엔트 교회, 앵글리컨 교회, 개혁파 교회, 루터 교회 등과 다각적으로 대화에 참여했다. 그러나 중동교회협의회(MECC)의 참가는 콥트 정교회의 잇따른 반대를 받아 왔다. 더불어 동방교회의 양분파는 1980년대 중반부터, 비엔나에 있는 프로 오리엔트 재단[2]에서 행하고 있는 시리아 대화에 적극 참여하고 있다.

로마 가톨릭교회와의 대화는 특별히 수확이 많아 확실한 결과가 나왔다. 마르 딘카는 1978년에 교황 요한 바오로 2세의 취임식 때 만났다. 두 사람은 매우 좋은 관계를 가지게 되었다. 1984년에 마르 딘카는 교회의 두 지도자들을 데리고 로마를 공식 방문했다. 그것은 신학의 대화를 정식으로 시작하기 위해서였다. 10년에 걸친

---

1 세계교회협의회(World Council of Churches, WCC): 1948년 8월 23일, 암스테르담에서 정식으로 결성된 각 교회의 교제이다. 그 멤버들은 다음과 같이 고백한다. "주 예수 그리스도는 성경에 기록되어 있는 대로 하나님이며 구세주이시다. 따라서 성부와 성자와 성령이 되신 유일한 하나님의 영광을 위하여 모두가 동일한 부르심을 받은 것이다." 이 협의회는 주요 기독교 신앙고백과 교파를 포함하고 있고, 동방과 오리엔트 정교회의 대부분을 포함하고 있다. 협의회 발족 당초의 멤버는 147개 교회였다. 1933년 그 수는 322개 교회로까지 확대되었다. 로마 가톨릭교회는 그 멤버가 되지 않았지만 1961년 이후 바티칸은 옵서버를 파견하고 있다. 1964년에는 공통의 문제를 논의하기 위해 공동 워킹 그룹을 결성했고, 1968년에는 '신앙과 교회의식(儀式)위원회'의 정회원이 되었으며, 1982년의 「세례, 성찬, 목회」에 대한 보고서 작성에 참여했다. 일본에는 일본기독교협의회(National Christian Council in Japan, NCC)가 있고 세계교회협의회(WCC), 아시아교회협의회(CCA) 및 각국의 교회협의회와 마찬가지로 에큐메니칼 운동을 맡아 개신교 각 교파와 함께 가톨릭도 포함한 기독교 각 교파 간 상호 화해와 대화, 일치, 선교 협력을 위해 활동을 벌이고 있다.

2 프로 오리엔트 재단(Pro Oriente Foundation): 제2회 바티칸 공의회 기간에 케니히 추기경에 의해서 창설되었다. 그 목적은 동서의 기독교 신자들이 서로 더 나은 이해를 촉진하는 것이다. 그것에 이어 오리엔트 정교회와 가톨릭교회의 신학자들 사이에서 일련의 회합이 열렸다. 1971년 참가자는 그 이후의 대화에 있어서 특별히 중요한 그리스도론에 대한 성명을 작성했는데, 이는 '비엔나 그리스도론 신조(Vienna Christological Formula)'로 불린다.

프로 오리엔트 재단은 시리아의 전통을 가진 시리아 정교회, 마론파 교회, 동방교회, 칼데아 시리아 가톨릭교회 간의 대화도 창설했다.

오랜 논의는 1994년 11월 11일 역사적인 '공통 기독론 선언'[3]을 하게 되었다. 더욱이 1995년 10월부터 전례 신학에 대한 대화가 되어졌고, 2001년 10월에는 교황 기독교 단결 추진위원회가 두 교파 간에 미사 참여를 위한 지침을 발표했다.

마르 딘카 4세와 요한 바오로 2세 사이에 이루어진 '공통 기독론 선언'을 토대로 동방교회는 칼데아 교회와 대화를 시작했다. 1996년 양 교회의 총대주교들이 목회와 다른 실천적 측면에서 서로 협력하는 단계에 들어갔다.

동방교회의 두 자매 교파를 통일하려는 시도도 시작되고 있다. 1984년 이후 앗시리아 동방교회의 총주교 마르 딘카와 고대 동방교회의 총주교 마르 앗다이가 재통일하기로 합의했다. 1999년에 열린 앗시리아 동방교회 총회의에서 마르 딘카는 고대 동방교회에서 그때까지 임명된 낭독사(朗讀師)로부터 총주교에 이르기까지 전원을 받아들였다.

시리아 정교회

원래 시리아 정교회의 본부는 안티오키아 시[4]에 있고, 총주교는 '안티오키아와 동방 전역의 총주교'라는 칭호를 갖고 있다. 현재의 총주교는 마르 이그나티우스

---

3   공통 기독론 선언(Commmon Christological Declaration): 1994년에 로마 가톨릭교회와 시리아 정교회 사이에서 기독론에 대해 일치한 사실을 확인하고 선언을 내놓았다. 그 연장선상으로 '비엔나 기독론 신조'가 발표되었다. "우리는 다음과 같이 믿는다. 즉 우리의 주인인 구세주 예수 그리스도는 육신을 입으신 하나님의 독생자이시고, 신성에 있어서는 완전하며 인성에서도 온전하심이다. 그 신성은 한 순간도 그 인성과 분리하는 것은 없다. 그 인성은 그 신성과 일체이며, 양자는 혼합하는 것도 혼란 하는 것도 없고 분리하는 것도 분할하는 것도 없다. 한 분 주 예수그리스도에 대한 공통의 신앙을 가진 우리는 그 신성이 무진장이고, 말로 형언할 수 없고, 사람의 이성으로는 완전히 이해하는 것도, 표현하는 것도 할 수 없다."
4   안티오키아 시(Antioch): 신약성경 시대에는 시리아 지방에 있었고, '시리아의 안티오키아'로 불렸다. 1939년 터키에 병합되었다. 현재는 터키의 '안타키야(Antakiya)'로 불린다.

자카 1세(Mar Ignatius Zakka I Iwas)로 시리아 정교회의 안티오키아 제121대 총주교이다. 그는 시리아 모술에서 태어났으며, 성 에브라임 신학교에 들어가서 그곳에서 훈련을 받고 1989년 교사(교회 교리를 가르치는 자격)가 되어 그레고리우스 이브라힘 주교의 보조역할을 했으며, 이후 이그나티우스 자카 1세 이와스의 보조역할을 하였다. 이라크와 시리아에서 다양한 핵심 직을 역임하고 뉴욕의 감독 교회 일반신학교에서 박사 학위를 받았다. 그는 현재 다마스커스에 살고 있으며 전 세계 약 50만 명의 신도들의 지도에 힘쓰고 있다.

시리아 정교회는 세계에서 10개의 대주교 자리를 가지고 있으며(시리아에 3개, 이라크에 3개, 투르아브딘, 네덜란드, 베이루트, 스웨덴에 각각 1개씩), 15개의 감독 보좌 자리(레바논에 자흐레와 베카아와 레바논 산의 3개, 터키에서는 이스탄불과 마르딘에 2개, 미국에는 미국 동부와 미국 서부에 2개, 요르단, 예루살렘, 독일, 스웨덴, 캐나다, 호주와 뉴질랜드, 아르헨티나와 브라질에 각각 1개씩)가 있다. 또 호주, 벨기에, 프랑스, 영국, 스위스에 각각 총주교 직할의 사제들이 봉사하는 교구가 있다.

이라크에는 충실한 신도들이 약 5-7만 명 있다고 추정된다. 그들은 주로 모술과 바그다드에 살고 있지만 이라크 북부의 몇몇 촌락에도 있다. 이들은 세 개의 교구로 나뉘어 있으며, 가장 큰 것이 바그다드 주교구 그리고 모술 주교구이며 그것에는 키르쿠크와 그 인근 마을들도 포함된다. 제3의 주교구는 데르 마르 맛타 교구이며 바시카, 바히자니, 바르텔라와 외에 여러 마을을 포함하고 있다.

교회와 수도원

이라크 전역에는 몇몇 교회가 활동하고 있다. 바그다드에 큰 성당과 6개의 다른 교회가 있다. 모술에는 6개의 교회가 있고, 카라 코슈에는 3개, 바르텔라와 바흐세카에 각 2개, 신자르, 키르쿠크, 바히자니, 메르기에 각각 1개의 교회가 있다.

데르 마르 맛타 수도원은 메소포타미아에서 가장 오래되고 가장 유명한 수도원으로 1000명 이상의 수도승이 거주하고 있었다. 현재 이 수도원에는 3명의 수도사가 살고 있다. 요즘 재건되어 근대화되고 성소가 개방되고 있다. 그뿐만 아니라 신도들이 조용한 기도와 명상을 위해서 이용하고 있다. 또 세상의 소란함에서 벗어나서 장기 휴식을 가질 수 있는 피난 장소로도 제공되고 있다. 바르텔라에는 마르 다니엘 수도원이, 카라 코슈에는 데르 요한나 알 델라이미 수도원이 재건되고 있다.

여자 수도회는 하나이고 '야쿠브 알 바라디 여자 수도원'이 있다. 여자 수도사 11명은 현재 바그다드 여자 수도원에 살고 있고, 시리아에는 25명의 이라크인 여자 수도사가 있다.

교육 문화 활동

마르 에브라임 신학교가 1945년 모술에 설립되었다. 학생은 4년 동안 사제가 되기 위해 준비를 한다. 다른 교파와도 밀접하게 협력하고 있으며 관심이 있는 과제의 강의와 세미나를 열고 있다.

시리아 정교회는 모술, 바그다드, 신자르, 바흐세카, 바히자니, 바르텔라, 카라 코슈 등지의 모든 교회와 함께 학교와 고아원을 병설했다. 학교에서는 국가가 정한 커리큘럼 외에 종교 교육이 행해졌다. 1972년에 학교가 국가에 몰수되자 다른 방법이 고안되어 많은 교구에서 신도들 위해 종교 교육이 제공되고 있다. 모술 교구에서는 『사다 알 마하바(사랑의 메아리)』라는 잡지를 간행하고 있다.

교파 간 대화

시리아 정교회는 세계교회협의회 멤버인 중동교회협의회 회원이기도 하면서 교회일치운동의 선두에서 앞장서서 일을 하고 있다.

시리아 정교회가 처음으로 연루한 것은 동방 정교회와의 대화였다. 그것은 1964년에 비공식적으로 시작된, 그리스도가 완전한 신이고 완전한 인간이라는 그리스도론 교리의 본질이 똑같다는 점에서 동의했다. 양자는 다른 용어를 사용하고 있지만 같은 진리를 나타내고 있는 것에서도 의견은 일치했다.

로마 가톨릭교회와의 대화는 1971년 프로 오리엔트 재단에서 비공식적으로 시작되었다. 그 결과 유명한 '비엔나 그리스도론 공식(Vienna Christological Formula)'이 태어났다. 이것이 정식 대화의 토대가 되었고, 이어 시리아 정교회 총주교 마르 이그나티우스 야쿠브 3세와 교황 바오로 6세가 1971년 10월 27일 공동 성명을 발표했는데, 이 선언은 씨앗이 되었고 최초의 선언이었다. 교황 요한 바오로 2세는 1984년 마르 이그나티우스 자카 1세 이와스와 더 단결하였고, 또한 이집트 콥트교회의 정신적 지도자인 교황 세노우다 3세와의 대화로 이어갔다.

이러한 회의를 하는 동안 신학 논쟁은 다음과 같은 사실을 밝혔다. 즉 교회의 분열은 주로 쓰는 전문용어의 오해이고, 예수 그리스도가 완전한 신이며 완전한 사람이고 혼란도 변화도 분리도 분열도 없이 그냥 홀로의 하나님이라는 데 의견이 일치했다. 다음 단계는, 어휘(語彙)에서 '파문'이라는 말을 제외하고 서로의 차이에 대해서 이야기 하는 경우에는 비난과 반박을 피한다는 것이었다.

이런 대화를 통해 결실의 결과를 얻는 것은 13세기 시리아 정교회의 위대한 지도자 바르 헤브레우스(Bar Hebreus)에 의해 예견된 것이었다.

이 일을 대해 많이 생각하고 장고했지만, 서로 다른 기독교 사이의 이런 논쟁은 사실에 근거한 본질의 문제가 아니라 말과 용어의 문제라고 확신하게 되었다. 왜냐하면 그들은 모두 우리들의 주이신 예수가 완전한 신이고 완전한 인간이며 그 본질은 섞는 것도 섞여지는 것도 혼란 없이… 라는 동일한 신앙고백을 하고 있기 때문이다. 거기에서 나는 기독교는 다른 기독론적 입장이 있었다고 해도 그것들 사이에 차이가 없는 공통 입장을 갖고 있음을 안다.

시리아 정교회는 앵글리컨 교회, 그리고 다른 개신교와도 결실의 대화를 해왔다. 단 논점은 신학적인 것이 아니라 실제적인 것이었다. 칼데아 교회, 시리아 가톨릭교회, 마론파 교회, 동방교회 등의 시리아의 전통을 가진 다른 교파와의 대화도 프로 오리엔트의 도움에 의해서 진행되고 있다. 교회통일운동의 정신에 의해 서시리아 정교회는 이라크 기독교협의회에서 활발하게 일하고 있다.

칼데아 교회

귀일 교회^{역주}의 주교로 처음 임명된 것은 1552년 존 술라카(John Sulaqa)였다. 그러나 관계가 안정된 것은 겨우 19세기가 되면서부터이다. 1830년 7월 5일 교황 피우스 8세가 존 호르미즈(John Hormiz)를 '칼데아인 바빌론 총주교'로 확정했

역주 **귀일 교회**[Uniate churches, 歸一敎會]
로마 교황청과 통합 관계에 있는 동방의 기독교회. 그리스 정교회와 과거의 여러 이단에서 개종한 동방의 그리스도 교회. 로마 교황청과 영적 통합 관계에 있지만 자율성을 갖고 자치권을 행사한다. 라틴 교회와 더불어 세계 가톨릭 교단을 구성한다. '동방귀일 교회', '동방 전례(典禮) 가톨릭교회'라고도 한다. 다만 동방의 가톨릭은 이 표현이 교황에 대한 성실성을 약화시키는 느낌이 든다고 하여 그 사용을 피하는 경향이 있다.
같은 동방 기독교도 동방 정교회, 오리엔탈 정교회(Oriental Orthodox Church), 그리고 앗시리아 동방교회(네스토리우스 교회)와 동일한 전례와 교회법, 전통을 공유하고 있지만, 교리적으로는 로마 가톨릭교회를 따르고 있다는 점에서 차이점이 있다. 로마 주교단의 주도적 역할도 인정하며 교황의 수위권도 인정한다. 그러나 예절과 규율은 라틴 전례와 크게 다른 점이 많다. 이들 전례는 안티오키아, 알렉산드리아, 비잔티움 등에서 유래했는데, 가령 성직자의 결혼을 인정하는 것 등이 로마 가톨릭과 다르다. 주로 동유럽과 중동, 북아프리카, 인도 등에 분포돼 있었으나 이민 등 인구 이동에 따라 서유럽 등지에도 확산되었다. 제2차 바티칸 공의회는 1964년 11월 '동방 가톨릭교회'라는 교령을 선포해 귀일교회의 특별한 위치를 인정하기도 했다.

다. 그때 이후 관계는 안정되었다. 총주교 자리는 수세기 동안 여러 곳을 오갔지만 1830년에 모술에 자리를 잡게 되었다. 1950년에 수도의 중요성이 커지고 있는 것과 거기에 사는 기독교도의 수가 늘어났고, 총주교 요셉 가니마가 바그다드로 자리를 옮겼다. 1958년 총주교 가니마의 뒤를 포울리스 세이코가 이었지만 그것은 왕제가 무너지고 이라크인 모두에게 있어서는 정치 대동란의 시기와 우연히 그렇게 일치한다. 총주교 세이코는 사제들의 병역 문제, 학교의 국유화 문제, 또 쿠르드인 소동 후 기독교도들이 북부로 이주 등 여러 문제에 직면해야 했다. 그는 또한 신학교 개혁을 도입하고 수도에서 증가하는 칼데아파 사람들에게 제공하기 위해 25개 교회 창설을 지시했다. 1989년 라파엘 1세 비다위드(Rafael I Bidawid)가 총주교가 되었다. 그는 14년간 칼데아 교회의 장이 됐다. 걸프 전쟁 뒤 그는 "아크위야트 알 마하바(Akhwiyat al-Mahabba, 카리타스 이라크=사랑의 이라크)"를 설립했다. 그것은 긴 제재 조치 동안에 이슬람교도들이나 모든 교파의 기독교 구별 없이 모든 이라크인을 돕기 위한 조직이었다. 그는 이라크 정부로부터 『나짐 알 마스리크(Najm al-Mashriq)』지(1년에 4번 출판하는 중요한 종교 잡지)를 출판하도록 허가 받았다. 또 바빌론 철학·신학대학을 설립했다. 그는 또 레바논의 로마 가톨릭교회 총주교 및 주교회의의 창설자이자 이라크 가톨릭 주교회의, 이라크 기독교회의를 창립했다. 그는 제4회 중동교회협의회 총회가 키프로스에서 개최되었을 때 가톨릭교회를 대변했다. 그는 가톨릭교회가 이 협의회의 멤버가 될 것을 주장했다. 그는 2003년 7월 7일 베이루트에서 죽었다.

비다위드가 죽은 후, 2003년 12월 3일에 칼데아 교회 주교회의는 엠마누엘 3세 델리를 총주교로 선출하고 바로 곧 3명의 주교 보좌를 두었다. 한 명은 문화 교육 책임을 갖고, 한 명은 목회 관계를 담당하고 또 한 명은 국제 관계를 보좌했다. 그에게는 별도로 18명의 주교가 있었고, 약 130명의 사제와 힘을 모아 다양한 주교의 일을 해 왔다. 이라크에서는 아르빌, 제호, 아마디야, 바스라에는 한 명씩 주교가 있어 모술, 알코시, 키르쿠크에는 두 명의 주교(이 동안에 두 명은 은퇴했다)가 있다. 이라크 밖에서는 레바논, 시리아, 이집트, 이란, 터키, 캐나다에 한 명씩, 미국에 두 명이 있다(합 총주교를 별도로 하고 주교 21명이 있다).

한 명의 사제가 봉직하는 '목회 본부'가 영국, 프랑스, 네덜란드, 덴마크, 이탈리아, 독일, 그리스, 스웨덴, 조지아(그루지야), 요르단에 있다.

칼데아 교회 신도는 이라크가 가장 많았고 이라크 기독교도들의 약 75%로 50만 명으로 추산된다. 대부분은 수도 바그다드에 살고 있지만 모술, 아르빌, 바스라, 두호크와 키르쿠크에도 있다. 또 힐라, 이마라, 바쿠바, 술라이마니야에는 소수 가족이 살고 있다. 이라크 이외에도 동일한 수의 칼데아 교회 신도들이 있으며, 가장 많은 것이 미국이고 이어서 유럽, 캐나다, 뉴질랜드, 호주 순이다.

19세기에 로마 교회와의 연합이 확실해졌을 때, 칼데아 교회는 본래의 의식과 전통을 지키도록 권리가 주어졌다. 미사는 마르 앗다이와 마리의 의식에 따라 옛날부터 동시리아의 전통을 지키고 있다. 아람어를 하는 공동체에서의 미사는 동시리아 아람어로 진행되고, 도시 지역에서는 아랍어와 아람어의 뒤섞인 형태로 진행된다. 요즘은 영어로도 번역한다. 그것은 시리아어를 할 수 없는 사람이 있으므로 그것에 대응하기 때문이다. 미국과 다른 서방 국가들에서 칼데아 교인이 늘고 있어 그것에 대응하기 때문이다.

교회와 수도원

바그다드에서 정기적으로 예배를 지키는 교회가 24곳, 모술에 12곳, 아르빌에 12곳, 알코시에 6곳, 키르쿠크에 4곳, 두호크에 5곳, 제호에 2곳, 바스라에 2곳, 이마라, 힐라, 바쿠바에 각각 1곳씩 있다.

이라크 밖에는 미국에 16개, 시리아에 5개, 캐나다에 4개, 프랑스에 3개, 호주에 2개, 이란에 2개, 요르단, 아랍에미리트, 이집트, 레바논, 네덜란드, 스웨덴, 터키에 각각 1개씩 교회가 있다. 그 외 나라에서는 칼데아 가톨릭교회의 사제가 봉직하고 있다. 지역의 가톨릭교회와 협약에 의해서 적당한 시간에 그 교회를 대표하는 사제에 의해서 미사가 열리고 세례식이나 장례식과 같은 다른 의식도 행해진다.

남자 수도회는 '칼데아 교회 성 안툰과 호르미즈 수도회', 여자 수도회는 2개가 있고, '예수 성심 여자 수도회'와 '무원죄 잉태의 성모 여자 수도회' 등이 있다.

남자를 위한 수도원이 3개가 있고 지금도 활동하고 있다. 첫 번째는 바그다드 근처의 알 도라에 있는 것으로 20명의 수도사가 살고 있다. 두 번째가 알코시에 있는 데르 알 사이다 수도원, 세 번째는 모술에 있는 마르 기와르기스 수도원이다. 여자 수도원은 이라크의 여러 도시와 마을에 다수가 있고 이라크 외에도 몇 군데 있다. 이라크에서는 바그다드에 9개, 모술에 3개, 아르빌에 2개, 바스라, 제호, 키르쿠크 1개씩 있다. 이라크 외에는 레바논, 요르단, 아랍에미리트, 로마, 파리, 미국, 호주에 칼데아파의 여자 수도원이 있다. 합치면 칼데아파 여자 수도사는 모두 200명 정도 있다고 생각된다. 그녀들은 칼데아파 여자 수도회인 성심회(聖心會)와 무원죄의 잉태 수도회에 속하고 있다.

칼데아 수도회에 속한 수도사와 수녀 이외에도 가톨릭교회의 다른 수도회에 소속된 칼데아파의 수도사와 수녀도 있다. 그것에는 도미니코 수도회, 카르멜회, 프란체스코회, 레뎀프토르회, 살레지오회, 포콜라레 형제단, 예수의 작은 가난한 자 수녀회 등이 있다.

교육 활동

1. 1860년 사제(司祭) 훈련을 위해 칼데아 신학교가 설립되었다. 원래 칼데아

교회의 사제 양성이 목적이었지만 시리아 가톨릭교회로부터도 학생을 받아들이고 있다. 처음에는 모술에 건설되었는데, 총주교 세이코에 의해 바그다드 근처의 알 도라로 옮겨졌다. 두 개의 단계로 갖춰져 있다.

레벨(단계) 1에서는 일반 중학교와 고등학교에서와 같은 국정의 커리큘럼을 가지고 있지만, 거기에 더해서 종교 교육과 시리아어 강좌를 갖고 있다. 바그다드 외에서 온 학생들은 숙박시설이 마련되어 있다. 이 레벨을 졸업하면 레벨(단계) 2에 진학하던가, 보조 사제나 기본 교리를 가르치는 교사가 되는 것이 가능하다. 레벨 2에서는 철학, 신학, 전례학, 성서학, 교회사 등을 집중적으로 배운다. 현재 이 레벨 과정은 바빌론 대학에서 가르치고 있다.

현재 바그다드에서 사제가 될 준비를 하고 있는 신학생은 508명 정도 있다.

2. 바빌론 대학은 1990년에 고(故) 비다위드 총주교와 초대 학부장 고(故) 유시프 하비[5]의 노력으로 설립되었다. 2000년 안타깝게도 교통사고로 사망했다. 현재는 이 대학은 쟈케 이샤크(Jacqe Ishaq) 주교가 운영하고 있고, 4년 과정의 기독교 문화, 신학, 철학, 기타 관련 과목을 가르치고 있다. 이러한 학문에 관심이 있는 모든 사람들과 사제를 준비하는 사람들, 그리고 평신도들에게도 열려 있다. 기독교의 모든 교파로부터 학생을 받아들였고, 현재 약 100명의 학생이 배우고 있지만 그 절반은 칼데아 교회 사제직을 위해 준비하고 있고, 나머지 절반이 일반 신도이다. 그중에는 다른 교파의 사제직 준비를 하고 있는 자도 있다.

3. 바그다드의 종교교육연구소는 기독교학의 3년 코스가 있어 공교요리(公敎要理) 수강자를 훈련하기 위한 코스이다. 바빌론 대학에서 이뤄지고 있으며 학생들은 졸업증서를 수여받는다.

---

5   유시프 하비(Yusif Habbi): 국제적으로 저명한 시리아 학자였다. 그는 학술지 『바인 알나린』의 편집장으로 바빌론 철학·신학 대학의 학장이었고, 로마의 교황 동양연구소 교수를 지냈다.

4. 바그다드에 2년제 동방 전례학 코스가 있고 수료 후에는 수료증이 주어진다.

5. 바그다드의 결혼상담 코스는 결혼 희망자에 대한 1개월간의 코스이다. 의사회가 강의와 상담을 담당하고 있다. 가톨릭의 모든 교회원은 결혼 전에 이 코스를 받게 되며 수료증이 주어진다.

6. 모든 레벨의 학생들에게 종교 교육을 시행하는 종교교육센터는 국내의 실질상 모든 교구에 있다. 일반 신도들이 학생을 교육하거나 가르치기 위해서 이러한 센터에서 적극적으로 활동하고 있다.

7. 모술, 아인 카와/아르빌과 바스라에 신학센터가 있고 성경과 신학 코스를 갖추고 있다.

8. 종교 간 대화 위원회 '지혜의 만남'이 바빌론 대학의 학장이었던 고(故) 하비 신부에 의해서 설립되었고, 거기에서는 기독교와 이슬람교도의 강연이 있어 일반인들도 대화에 참여했다.

출판물(번역물만)

1. 『동쪽 별(The Star of the East)』, Najm al-Mashriq.
2. 『두 강 사이(Between the Two Rivers)』, Bayn al-Nahrayn.
3. 『수도원 제도(Monasticism)』, Rabbanoutha.
4. 『두 강 사이의 별(The Star Between the Two Rivers)』, Najm Bayn al-Nahrayn.
5. 『교양 있는 칼데아인(The Cultured Chaldean)』, Al Muthaqaf al-Kaldani.
6. 『칼데아의 목소리(The Chaldean Voice)』, Majalat al-Sawt al-Kaldani.
7. 『통일의 잡지(The Magazine of Unity)』, Majalat al-Ittihad.
8. 『아슈르바니팔의 잡지(The Magazine of Ashurbanipal)』, Majalat Ashurbanipal.
9. 거의 대부분의 교구에서 매주 또는 매달 발간되고 있는 뉴스레터

그 외 활동

- 가난한 사람을 돕는 자선 단체 '칼데아 자선 단체'
- 바빌론 대학과 총대주교 관구의 출판물
- 아인 카와/아르빌에서 라디오 방송
- 웹사이트 : www.Chaldeanvoice.org와 www.ankawa.com

시리아 가톨릭교회

이라크에 있는 이 귀일 교회 최초의 주교는 비샤라 알 아크탈(Bishara al-Akhtal)이며, 또 1790년에 쿠오릴루스 베남(Quorillus Behnam)이라는 이름을 받아 '모술, 바크데다와 데르 마르 베남의 주교'로 임명됐다. 현재 교회는 총주교 마르 이그나티우스 베드로 8세가 베이루트에 머물면서 '시리아 가톨릭교회 안티오키아 총주교'의 칭호를 갖고 있다. 그는 베이루트에 그와 함께 있는 한 주교의 보조를 받아 그의 밑에 다른 14명의 주교가 있다. 로마에 거주하는 주교가 2명 있고 1명은 추기경 마르 이그나티우스 무사 다우드 1세이며, 그는 로마의 오리엔트 각 교회 '성성(聖省) 장관'이며, 동방 가톨릭 각 교회와 로마와의 조정 관계의 책임자이다. 또 1명은 대주교 미카엘 알 자밀(Mikhael Al Jamil)이며 '교황청 총주교 대리'이고 '유럽 사도 감찰관'이기도 하다. 또 베이루트, 바그다드, 모술, 다마스커스, 알레포, 니시비스와 하사카, 히므스와 하마, 카이로, 뉴저지, 베네수엘라의 주교자리의 책임자 주교 10명이 있다. 또 바스라, 예루살렘과 요르단, 이스탄불 각각에 3명의 총주교 대리가 있다. 그 밖에 사제가 대표로 있는 선교본부가 런던, 파리, 암스테르담, 독일, 스웨덴, 그리스, 디트로이트, 잭슨빌(플로리다), 로스앤젤레스, 샌디에이고, 토론토, 몬트리올, 시드니에 각각 있다.

이라크의 시리아 가톨릭 신자 총수는 7만 5천 명 정도로 대다수가 모술과 근교(4만 명)에 있고, 그것에 이어서 바그다드에 있다. 이것에 더해서 시리아와 레바논에도 많은 수의 시리아 가톨릭 회원이 있고 거의 동등한 수가 유럽과 미국 각국에 있다.

교회와 수도원

시리아 가톨릭교회에서 활동하고 있는 교회는 바그다드에 3개, 모술에 6개, 카라 코슈에 6개, 바시카, 바르텔라, 제호 각 마을에 1개, 바스라, 키르쿠크, 이마라 각 도시에 각 1개씩 있다.

시리아 가톨릭교회에는 남자 수도회가 1개, '구속의 주 예수 수도회'가 모술에 있다. 여자 수도회가 1개, '에브라임 자비의 수녀회'가 레바논에 있다. 모술에는 시리아 가톨릭교회에 속하는 오래된 수도원이 2개 있다. 그것은 데르 마르 베남 수도원[6]과 마르 키르야코스 수도원 있다. 그 외 다양한 가톨릭 수도회에 속하는 수도사가 다수 있고, 봉사하고 있다. 모술의 시리아 가톨릭교회의 웹사이트에 의하면 수도사의 총수는 여자가 130명, 남자가 32명이며 소속은 도미니크회, 프란체스코회, 살레스회, 칼데아회, 에브라임회, 예수의 여동생회, 구속의 주 예수회에 분산되고 있다.

---

6   데르 마르 베남 수도원(Der Mar Behnam): 이 수도원이 언제 세워졌는지 정확한 것은 알 수 없다. 거기에 확고한 수도원이 있었음을 분명히 기록하고 있는 최초의 기록은 10세기부터 11세기의 것이다. 그 기원은 4세기까지 올라간다. 마르 베남과 그 여동생이 순교한 곳이며 그 장소에서 치유가 시작되었다는 기록이 있다. 그 바로 뒤 알 지부라는 이름의 작은 교회가 세워지고, 수백 명의 병자와 정신적인 병을 앓는 환자가 치유를 소망하여 찾아오게 되었다. 그리고 치유된 사람 중 한 명이 집을 지어 숙박과 병원으로 운영했다. 이것이 나중에 수도원 건물의 중심이 됐다.

활동

1. '왕 되신 예수의 사제들'. 1962년에 시리아 가톨릭교회의 헌신적인 사제들이 조직한 모임이다. 그들은 사제들의 공동생활의 중요성과 전도와 영적생활의 중요성을 강조하고 있다. 자신에게 부여된 공동체의 목회자로 사역하는 것은 물론, 그들은 공동생활을 함으로써 서로의 영적 문제나 목회상의 문제를 서로 나누게 된다. 시리아 가톨릭교회뿐 아니라 칼데아 교회의 사제들도 멤버에 가세했다. 그들은 1964년에 진보적 잡지 『기독교 사상(Christian Thought)』을 발행하여 31년간 유지하였고 1995년에 도미니크회에 이어지게 되었다. 이 잡지는 평신도를 위해 문화적, 종교적, 교육적 목적을 가지고 있을 뿐만 아니라 참신한 기독교 사상과 이상을 전하고 있다. '왕 되신 예수의 사제들'은 모술에서 1989년에 성경 3년 과정을 시작하여 지금도 계속되고 있다.

2. 바그다드의 하이 알 가디에르(Hay al-Ghadeer)에 있는 데르 마르 베남 교회에 있는 기독교 교육연구소에서 300명의 학생들이 배우고 있다.

3. 모술에서는 성서연구센터가 마르 토마 교회 안에 설립되었고, 모술 주교구가 잡지 『시라 알 시리아인(Shira' al-Syrian)』을 출판하고 있다. 또 포괄적인 웹사이트(www.syrianiraq.com)를 가지고 있다.

4. 대부분 기독교도인 3만 명이 거주하는 카라 코슈에는 최근 기독교 교육활동센터인 '마르 포울리스 센터'가 세워졌다. 또한 카라 코슈에서는 『알 아일라(AlA'ila, 가족)』라고 하는 잡지가 출판되고 있고, 포괄적 웹사이트(www.bakhdeda.com)를 가지고 있다.

5. 가난한 사람들을 돕는 자선 단체 '알 기미야 알 카하리야(al-Gim'yya al-Khayriya)'가 있다.

위에서 말한 활동 외에도, 대부분의 교구에서는 지역 회의를 갖고 있었고, 연령에 따른 다양한 종교 교육 학교, 젊은이의 우애회(友愛会), 코러스그룹이 있고 지역의 소식지를 발간하고 있다.

아르메니아 교회

본래부터 이라크에 아르메니아인이 온 것은 17세기로 거슬러 올라가 샤 압바스가 제국 내에 아르메니아인과 그 가족들을 장인으로 삼기 위해서 데려온 것이 시작이었다. 그들은 곧 페르시아 제국과 오스만 제국 내에서 교역상이 되었고 그들 중 많은 이들이 이라크에 정착했다. 그들은 유대인들과 함께 오스만 제국 전역과 동쪽의 이란, 인도, 중국의 교역에서 중요한 역할을 담당하게 되었다. 그러나 현재 이라크에 있는 아르메니아인의 대다수는 제1차 세계대전 중과 대전 후, 그리고 19세기 말부터 20세기 초까지 일어난 터키에서의 아르메니아인 대학살의 생존자들이다.

1932년 이라크가 독립국이 되자 이라크 정부는 아르메니아인을 이라크 시민으로 받아들였고 이라크 국적을 주고 다른 기독교 신자와 같은 특권을 주었다. 대부분의 아르메니아인은 아르메니아 정교회에 속해 있지만 5분의 1 정도는 아르메니아 가톨릭교회에 속해 있다. 그들은 자신들의 공동체 조직을 가지고 있으며, 예배하는 교회를 세우고 모든 수준의 학교를 설립했다. 그것에 더해서 3개의 사교 클럽이 있고 여기에 모여서 자신들의 문화를 전하고 있었다. 바그다드에서 아르메니아 가톨릭교회는 남녀 공학 초등학교, 여자를 위한 중학교, 고등학교를 가지고 있었다. 아르메니아 정교회는 초·중·고등학교의 모든 레벨(학년)의 남녀 공학 학교를 가지고 있었다. 그것에 더해서 나중에 신학교, 양로원, 부인을 위한 자선단체, 교회와 국가 행사에서 노래를 부르기 위한 합창단을 만들었다. 그들은 묘지도 갖고 있었으며, 거기에는 교회가 있었고 장의나 특별 행사를 할 때 예배를 가졌다.

아르메니아 정교회는 바그다드에 거주하는 주교가 혼자서 관할하고 있다. 바그다드에서 가장 오래된 교회 중 하나는 아르메니아 정교회의 것으로 '처녀 마리아 교회'이다. 그 교회는 모든 교파의 기독교도들에게 인기가 있을 뿐만 아니라, 이슬람교도도 자주 찾아와서 유지비 등 특정한 필요한 것을 위해서는 헌금을 하고 있다. 바그다드 중심부에 새로운 대성당이 세워지고 바그다드 신시가지에는 작은 교회도 있다. 또 모술, 키르쿠크, 바스라 각지에 1개의 교회가 있다. 가톨릭 아르메니아 교회에는 여자를 위한 수도회가 하나 있다.

이란-이라크 전쟁 후 첫 번째 출국 파동이 오기 전에는 아르메니아인 공동체가 7만 명에 이르는 것으로 추정된다. 걸프 전쟁, 그리고 제재 조치가 있는 동안 이민은 계속되고 인구는 이전의 3분의 1을 밑돌았다. 최근 조사에서는 바그다드 시의 아르메니아 정교회의 회원은 1만 2천 명, 아르메니아 가톨릭 회원은 600명[7]으로 추정된다. 나의 아르메니아인 친구는 이라크를 사랑하고 있고 이처럼 많은 사람들이 나라를 빠져나가야만 했던 변화를 슬퍼하고 있다. 미국이든 런던이든 예전에 이라크에 살았던 아르메니아인은 안정될 수 있는 조국으로 돌아가고 싶은 바람이 계속되고 있다.

---

7   아르메니아 정교회(Armenian Orthodox Church): 이라크 아르메니아인 친구가 20년 전 이주했는데 아버지가 아직 건강하고 활발한 교인들이며 그녀가 아버지를 통해서 위에 기록한 내용을 가르쳐 주었다.

개신교 각 교회

개신교는 어느 교파라도 묶어서 하나의 그룹으로 여겨지며 다른 교파와는 구별되고 있다. 1850년 오스만 시대의 술탄 압둘 하미드가 하나의 밀레트라고 한 것과 같다. 빌라예트 알 모술에서는 특별한 포르만(공문서)이 1854년에 모술의 고관에게로 넘겨졌다. 이후 개신교 교회는 정부 당국에서 개신교 대표자를 임명했다. 그는 출생 기록, 사망 기록, 결혼 등록, 기타 공동체의 여러 활동의 공식 공문서의 책임을 졌다. 개신교 교회는 가톨릭교회와 다른 동방교회처럼 중앙 권위를 가진 단일 단체가 아니라 '이라크 프로테스탄트 복음 공동체(The National Protestant Evangelical Community)'라는 이름을 가진 복합적인 조직으로 1868년, 이레미야 샤미르(Iremya Shamir)가 그 단체의 책임자가 됐다. 왕제가 납작해진 뒤에도 개신교 교회는 마찬가지였다. 다만 예컨대 루터파와 제칠일 안식교처럼 교파의 이름을 앞에다 붙일 수 없게 됐다.

개신교 교회의 첫 예배당은 1840년 모술로 주어졌지만, 예배할 충분한 수의 사람을 모으지 못하고 1980년대에 폐쇄되었고, 1990년 다른 곳에서 더 작은 장소를 얻었다. 바그다드에서는 교회가 세워졌고, 1954년 8월 5일에 헌당됐으며 바스라에서는 1997년에 교회가 세워졌다.

하리스 가니마는 1998년 그가 쓴 문서 가운데 바그다드에 350가족, 바스라에 120가족, 모술에 15-20가족, 키르쿠크에 20가족, 바르텔라에 10가족, 바시카에 2가족이 있다고 썼다.

이라크 개신교 교회 기독교도들의 총 수는 패트릭 존스톤(Patrick Johnstone)의 데이터베이스를 바탕으로 『세계 교회 핸드북(1993년 판)』(피터 프리엘리 편집, 런던, 1997)에 따르면 총 4692명으로 되어 있다. 같은 출판물에서 이라크 기독교도들의 총 수는 57만3918명으로 되어 있다.

라틴 교회

라틴 교회는 공식적으로 로마 교황 대사(Nuncio)가 대표로서 바그다드에 거주하고 있다. 현재는 페르난드 필로니(Fernando Filoni)이다. 더불어 라틴 교회를 돌보는 거주 주교가 있고, 역시 보통은 바그다드에 거주하고 있다. 현재는 진 술레이만이다.

여러 이유로 이라크에 임시 체류하는 외국인 라틴교 회원 외에도, 오래전(17, 18세기부터)까지 거슬러 올라갈 수 있는 옛날부터 라틴 기독교에 속한 이라크 사람도 얼마만 남아 있다. 그들은 아마 교역 때문에 옛날 유럽에서 이주하여 이라크 바그다드를 중심으로 정착한 사람들이다.

라틴 가톨릭교회의 몇몇 선교회가 수도원을 만들었고, 소수의 외국인과 다수의 이라크인 사제나 수녀가 봉사하고 있다. 남자를 위해서는 바그다드에 카르멜회 수도원이 하나 있고, 도미니크회 수도원이 바그다드와 모술 각각에 하나 있고, 레뎀프토르(구세주회) 수도원, 살레지오회 수도원이 각각 하나씩 바그다드에 있다. 여자들을 위해서는 바그다드, 모술, 그리고 인근 마을들에 도미니크회 여자 수도원이 있다. 이와 함께 바그다드에는 프란체스코회와 마더 테레사 수녀회(Mother Teresa sister's)가 하나씩 있다.

그리스 정교회와 가톨릭교회

그리스 정교회는 원래 비잔틴 제국 내의 칼케돈 공의회의 결정을 기준으로 한 오래된 교회이다. 그리스 정교회 회원은 말키테스(Malkites)나 알 룸 알 오소독스

(al-Rum al-Orthodox)로도 불렸다(아랍어의 '룸'은 로마나 비잔틴과 같은 뜻이다). 신학적으로 그들은 칼케돈 공의회의 기독교 양성론을 모두 받고 있지만 11세기에 로마 가톨릭에서 분리되었다. 그것은 지도권의 문제와 성령의 정의가 달랐기 때문이다. 로마 가톨릭교회는 11세기에 "성령은 성부와 성자로부터 나온다(휘리오케)"라는 글을 신조에 추가했지만, 그리스 교회는 성령은 아버지에게서만 나온다는 신학을 유지했기 때문이다. 그들의 전례는 비잔틴 형식을 따르고 있다.

그리스 정교회에서 로마 가톨릭교회와 통일한 그룹은 그리스 가톨릭교회(알 룸 알 카톨리크)를 형성하고 있다.

어느 쪽의 교회도 이라크인 신도의 수는 적고 바그다드에 각각 1개씩 교회가 있다.

앵글리컨 교회

이것은 대사관이나 다른 영국 시설에서 일하는 이라크 거주 영국인을 포함한 작은 공동체이다. 바그다드와 바스라에 1개씩 교회가 있다.

콥트 교회

주로 1980년대에 이라크에서 일하기 위해 온 이집트 콥트 교도들의 작은 모임이다. 그들은 바그다드 중심에 있는 오래된 라틴 교회에서 예배하고 있다.

2. 점령 하와 잠정 정권시대의 이라크

미국과 그 동맹군이 2003년 4월 11일에 이라크를 군사 공격하여 점령했다. 사담의 강경 정책과 대량 살상 무기 시찰단에의 비협조, 또 유엔의 결정에 대한 불순종적인 것이 그 군사 개입의 정당한 이유가 되었다.

점령군이 첫 번째 취한 조치는 이라크군과 비밀정보기관 경찰의 해체였지만 그것에 대한 대체 조치는 아무것도 하지 않았다. 그것 때문에 국경 지대는 통제불능 상태가 되면서 통제가 되지 않았고 미국에 반대하는 여러 다양한 파(派)들이 그 나라에 들어올 수 있는 기회를 제공했다. 그중에는 이슬람 원리주의의 알 카에다, 알 타우헤드 그리고 알 지하드 등이 있다. 알 지하드는 (기독교에서 이슬람교) 개종한 요르단인 아브 무사브 알 자르카위가 조직한 것으로 빈 라덴과 같은 급으로 비난받을 만한 인물이며, 그 그룹은 여러 테러 행위의 책임자이기도 하다. 알 자르카위는 그의 조직이 알 카에다와 밀접한 연관이 있으며 팔루자에 본거지가 있는 것으로 알려져 있다고 밝혔다. 게다가 법과 질서를 적정하게 이행하는 권력을 가진 경찰이나 지배자가 이 나라에서 없어짐으로써 대규모 폭력, 협박, 유괴, 절도가 일어나고 있다. 이런 사건의 대부분은 테러 행위에 이골이 나있었고 이전의 사담 부하들이 하고 있는 것으로 여겨지고 있으며, 나머지는 사담 정부 마지막 며칠 동안 석방된 자들이 행하고 있다. '좀도둑'이라고 할 수 있다. 최근 안사르 알 신나라는 조직은 많은 테러 행위가 자신들이 일으킨 것이라고 주장하고 있다.

유괴는 일상의 다반사가 되어 있고 어느 그룹의 범행인 것인지 알아내는 것은 어렵다. 유괴된 사람들은 부자나 기독교도의 경우가 많다고는 하나 이라크 사회의 모든 계급의 사람들에게 이르고 있다. 그들은 미국에 협력하고 있다고 혐의를 받고 있다. 납치된 사람들은 보통 석방을 위해 수십만 달러를 지불하도록 요구받

앉다. 그 안에는 심한 장애를 받은 자도 있었다. 하나의 예는 모술에 잘 알려진 이슬람 가족이 있었는데 미국 병사들이 자주 가는 카페를 운영하고 있었다. 그는 이슬람교의 법에 따라 두 손을 모두 잘렸고 한쪽 눈도 빼어 버렸다. 이는 외과의사에 의해서 행해진 것으로 보이는데 마취를 받았고 상처는 제대로 봉합됐다.[8]

이라크 기독교도들에게 새로운 문제가 대두되었다. 기독교도들은 미국과 서방의 동조자로 비난 받았다. '십자군'이며 싸워야 할 상대라고 판단된 것이다. 이 비난은 비록 새로운 것은 아니지만, 왕제 시대와 이라크 공화국 대부분 지도자들은 교묘히 이 문제를 다뤘다. 그것까지 기독교와 이슬람교 사이에 좋은 관계를 유지하고 있었지만, 중동 전체에 퍼지는 이슬람 원리주의 운동의 영향으로 그 관계가 역전되어 버렸다. 대부분의 반기독교 운동은 외국의 이슬람 원리주의자에 의한 것이지만 평소 그렇다면 편견적인 목소리를 낼만한 것 등이 없는 이라크의 이슬람교도에 의한 것도 있다. 예로 하나의 이야기를 하고자 한다. 한 부인은 자신의 정원에 쓰레기가 버려지고 있는 것을 깨달았다. 주의해서 지켜보니 그것이 그녀의 옆집 사람이 한 것을 알게 되었다. 어느 날 아침, 그녀는 그 사람에게 "왜 나의 뜰에 쓰레기를 버리는 거죠?"라고 물었다. 그의 대답은 "그건 네가 기독교도이기 때문이야. 너는 쓰레기니까, 이슬람교로 개종하지 않는 한 너는 쓰레기 자체다"라고 하는 것이었다.

일을 더 골치 아프게 하는 것은 미국 점령군과 같이 복음적인 선교사들이 와서 식량과 함께 성경을 배포한 것이다. 이 선교사들의 활동은 '총 뒤에는 성경을'로 간주되어 이미 폭발 직전이 된 상황을 더 불안하게 한 것이다. 지역의 교회는 그런 행동은 끔찍한 보복을 맞을 뿐이라고 우려를 표했다. 그들은 이미 기독교 신앙

---

8   안과 의사 이야기(story from ophthalmologist): 런던에서 자신을 진찰해 준 안과 의사가 자신에게 전한 이야기이다.

을 고백하고 있는 사람을 전향시키는 일이 쓸데없는 노력이라고 생각만 하는 것이 아니라, 이들의 행동은 기독교도들이 점령군의 앞잡이라는 잘못된 인상을 주게 되지 않을까 두려워하고 있었다. 새로운 복음주의자들의 의도가 정말 좋은 것이라 하더라도 그들의 행동은 그때까지 이라크의 기독교도들과 이슬람교도 사이에서 유지되어 온 균형을 크게 무너뜨리게 될 것이다. 많은 사람들이 보기에 이 선교사들은 다른 원리주의자처럼 말로 표현하기 어려울 정도로 협박적이라고 할 수 있는 주장을 한다고 소감을 갖고 있다.

점령군은 전투적인 이슬람교도에 대해서 반기독교 감정을 완화할 수단을 아무것도 취하지 않았기에 반기독교 활동이 점령 직후부터 시작됐다. 처음에는 이름도 알려지지 않은 작은 그룹이 이슬람교로 개종하도록 권유하는 문서와 기독교도들을 죽이고, 교회를 파괴하겠다는 협박의 팸플릿을 교회에 집어던지는 것을 해 왔다.

2003년 5월 모술의 시리아 가톨릭 주교관 현관이 자동 소총에 의해 난사되고 훼손됐다. 다행히 현관 앞에는 아무도 지나고 있지 않았고, 그 반대편 계단에도 사람이 없었다.

2003년 6월 1일, 마디나트 알 시르타에 있는 칼데아 교회의 성(聖) 기와르기스와 사역자의 수호 성인 성 요셉 교회의 사제에게 협박 편지가 도착했다. 그 편지는 이슬람교 인사로 시작해서, 이 편지를 받고 10일 이내에 1만 달러를 지급하라고 씌어 있었다. 편지에는 이 돈은 이라크 지역에 있는 미국인, 영국인, 시오니스트에 대한 저항을 위해 사용될 것이라고 쓰여 있었다. 더욱이 기간 내에 돈이 지급되지 않을 경우 그 사제와 신도들의 몸을 갈기갈기 찢고, 육체는 태워 버릴 것이라는 협박 문구가 쓰여 있었다. 그 조직의 이름은 '신앙의 중심 지하드와 순교'라고 쓰여 있었고, 자폭 전사 아브 카라르라고 서명되어 있었다. 이에 대해서 당국과 지역 이슬람교 지도자들이 협력하고 협박을 받는 사제와 함께 머물면서 기독교도들과의 연대를 보임으로써 그 문제에 잘 대응했고, 협박자의 행동을 막아 냈다. 그 직후 모술의 칼데아 수녀원에 폭탄이 날아들었다. 다행히도 폭탄은 터지지 않았다.

2004년 2월 모술에 있는 시리아 정교회의 마르 토마 학교에서 폭발물이 터졌고, 이후 이 학교는 2주간 휴교하였다. 곧, 바그다드의 이들 교회가 협박받게 되었고 예배가 한 주간 중단됐다.

점령 이후, 상당한 기독교도들이 살해됐다. 우선 주류업자, 패션가게의 주인, 음악 CD 등을 파는 가게의 점장 등이 살해되었다. 그러나 살해된 사람들 대부분이 의사이거나 엔지니어이자 변호사였다. 정확한 숫자는 알려지지 않았으며 이들 사건은 이 나라에 무법이 횡행하고 있는 것과 인간관계의 대립이 원인이다. 많은 기독교도들이 이슬람교로 개종하도록 전해지고, 여성들은 히잡(베일)을 쓰도록 요구했고, 바그다드 대학의 의사들 조차 그들의 과(科)의 장으로부터 베일을 쓰라고 요구받았다.[9]

2004년 8월 1일 일요일, 6개의 교회를 대상으로 동시 공격이 이루어졌다. 그것은 저녁 5시부터 6시 사이 저녁예배가 열리고 있는 시간대였다. 일요일은 이라크에서는 근로자의 날이므로 대부분의 기독교도들은 저녁예배에 참석한다. 따라서 이 테러는 신도들이 가장 많이 모여서 기도하고 있는 시간에 맞추어 진행된 것으로 보인다. 폭탄 테러는 5개의 교회를 파괴했다. 바그다드에 4개와 다른 1개는 모술에 있었다. 첫 폭발은 바그다드의 아르메니아 가톨릭교회 밖에서 일어났고 이어 시리아 가톨릭교회 근처에서 일어났으며, 또 하나가 바그다드 교회로 주민 대부분이 기독교도였고, 도라의 성 베드로와 바오로 대성당에 인접하고 있는 신

---

9 소아과 의사 이야기(story from paediatrician): 이 이야기는 영국을 방문했을 때 쇼크를 받은 이슬람교도의 소아과 의사였지만, 과장이 다가와서 히잡을 쓰라고 지시하고 신앙을 지키도록 충고를 했다.

학교에서 일어났다. 네 번째는 칼데아 교회 성 엘리야 알 히리 교회 부근에서 일어났다. 모술에서는 마르 포울루스 가톨릭교회가 공격을 당했다. 칼데아 교회 근처에 놓여 있던 또 하나의 폭탄은 폭발하지 않았다. 신자 8명과 통행 중이던 이슬람교도들 5명이 희생되었고 50명 이상이 부상당했다고 보고되었다. 창문이나 문은 산산이 부서졌고 많은 교회에서는 기초가 무너져 못 쓰게 되었다. 성 베드로 고위(高位) 신학교는 절반이 무너졌다.

공격이 있은 직후 '계획과 추적 조직'을 자처하는 그룹이 범행 성명을 내고 '미국 십자군 전쟁'의 보복이라고 말했다. 이 그룹은 "교회는 악과 타락과 부도덕과 복음 선전의 소굴이다"라고 말했다. 그런가 하면 요한 바오로 2세가 이라크 전쟁을 위해서 신의 은총을 빌었다는 이유로 교황을 비난하며 교황은 미국의 지도자들을 부하로 두고 있다고 말했다. 이 비난은 잘못된 것이다. 교황은 1990년 이후 계속 입출항 금지령에 강력하게 반대하고 있으며 이라크 전쟁을 비난하고 서구의 간섭을 비난하는 성명을 내고 있었기 때문이다.

이들 공격에 대해 지역 당국이 강력 비난하고 있었으며 교황 요한 바오로 2세와 이라크 종교 지도자뿐 아니라 이라크의 이슬람 고위 관계자들도 이를 규탄하고 있다. 국가의 수장인 아질 알 야위르(Ajeel al-Yawir), 총리인 아야드 알라위(Ayad Allawi), 국가 보안 부국장 등 모두가 탄핵의 공문을 보내고 잔인하기 짝이 없는 공격에 대해서 유감을 나타냈다. 이슬람교 지도자들도 같이 탄핵의 공문을 보냈다.

그중에는 이라크의 시아파 성직자의 수장인 그랜드 아야톨라 알리 알 시스타니(Grand Ayatollah Ali al-Sistani), 이맘 아흐마드 압둘 가푸르(Imam Ahmad Abdul Gafur), 수니파의 무디르 알 아카프(Mudir al-Awqaf), 이라크 이슬람혁명위원회 의장 압둘 아지즈 알 하킴(Abdul Aziz alHakim), 이슬람 울라마 협회, 수니파 이슬람당, 과격 시아파 성직자 무크타다 알 사드르(Muqtada al-Sadr)를 비롯한 많은 이맘(종교 지도자)이 있었고 각자 성명을 내었다. 그들은 이구동성으로 이들 공격이 아주 무서운 범죄이며 이라크인 전체를 노린 비열한 테러 행위라고 밝혔다. 테러리스트들을 비난하고 그들이 이라크 시민을 소동에 휘말리게 함으로 이익을 얻고 있다고 비난했다. 규탄은 이집트의 알 아즈하르와 다른 국가의 이슬람교 당국에서도 나왔다. 평화를 위한 세계 종교 회의의 의장을 하던 핫산 빈 탈랄(Hassan Bin Talal) 의장은 다음과 같이 말했다. "새로 종교 전쟁을 일으키려는 과격 시위 행동이다." 의장은 또 이 공격이 "이슬람 정신, 또 이라크인의 기질에도 어긋나는 참을 수 없는 모독이다. 꾸란의 가르침과 예언자 마호메트에 공공연하게 반항하는 행위이다"라고 말했다. 더욱이 범죄 실행자를 이슬람교도가 아니라 "무신론 신앙으로 권력욕에 미친 집단으로 최악의 인간의 찌꺼기이다"라고 부른다.

이 공격이 있은 지 1주일 후 칼데아 교회 총주교 엠마누엘 3세 델리는 피가 굳을 것 같은 발신인 무명의 메시지를 받았다. 그것에는 "우리는 당신을 죽일 것이다"라고 쓰여 있었고, 교회가 이라크에서 미국이 주도하는 동맹군과 결탁하고 있다고 쓰여 있다. 이것이 총주교에게 딸린 조(助)주교 중 한 명인 주교 앤드라위스 아부나(Andrawis Aboona)로부터 알려졌다. 그는 런던 방문 중이었는데, 총주교로부터 방문을 중단하고 곧 바그다드에 귀국하라는 명령을 받았다. 앤드라위스 주교는 출발 몇 시간 전에 '비상시 교회에 원조를'이라는 강연을 막 한 참이었다. 가톨릭 신문은 그의 말을 다음과 같이 전하고 있다. "모두가 두려워하고 있다. 그러나 지금 사람들은 나를 필요로 한다. 나는 그들을 위로하기 위해 돌아가지 않으면 안 된다. 우리는 모두에게 결코 포기하지 말라고 말하고 싶다." 두 번째 조(助)주교 자크 이스하크(Jack Ishaq)는 레바논을 방문하고 있었지만 똑같이 이라크에 소환되었다. 델리 총주교는 이들의 협박으로 기독교도들이 이 나라를 빠져나갈 일은 없다고 답변했다.

몇몇 기독교 마을이 산발적으로 공격을 받았다. 가장 최근의 공격은 2004년 9

월 10일 바그데다(카라 코슈) 마을에서 일어났다. '십자가 축제' 축하 행사 후 인구 3만 명의 기독교도 마을이 박격포 공격을 받고 여러 명이 숨지거나 부상했다고 알려졌다.

2004년 10월 9일 바그다드 교회에 대한 공격이 있었다. 이번에는 바이트윈(Battween)에 있는 시리아 정교회였다. 10월 16일에는 5개의 다른 교파 교회와 병원이 한 시간 동안 공격에 휩싸였다. 이슬람교도들이 라마단을 기념하고 있을 때였다. 이 공격이 새벽에 발생했기 때문에 희생자는 없었다고 전해지고 있다. 다만 건물은 심하게 파손되었다.

이 같은 사건들은 강력한 정부가 있었으면 일어나지 않았을 것이다. 이런 중대한 사건들의 결과로 교회에서 대부분의 교육, 문화 활동이 중지되었고, 미사나 기도하기 위해 교회에 참석하는 자의 수는 현저히 줄어들었다. 구체적인 협박이 있었기 때문일까, 혹은 괜히 불안을 느낀 때문일까, 많은 사람이 벌써 나라를 떠났다. 기독교도들은 폭력에 대해서 폭력으로 반격하는 일은 하지 않기에 쉽게 표적이 되기 쉽다. 또 터널 끝에 빛이 보이지 않았다. 모술에서 온 친구는 그곳 생활은 도저히 견딜 수 없었다고 나에게 말했다. 여자는 히잡을 쓰지 않고는 외출할 수 없었고, 대학에서는 남성과 여성을 분리하라는 지시를 받았고, 기독교도들에 대한 개인 공격은 일상다반사가 되었다.

상황이 악화되고 박해가 심해지고 있는 것으로 보여 대규모 국외 이주가 임박할 것으로 우려되었다. 많은 언론인들은 요르단과 다마스커스에 있는 기독교도 대집단이 벌써 이라크에서 세계의 다른 장소의 친구나 친척을 찾아 나가고 있다고 보도했다. 전쟁이 시작되면서 나라를 떠난 기독교도들은 거의 4만 명 가까이 되는 것으로 추정된다.

이슬람교도 중에는 기독교도이든 이슬람교도이든 자신들이 믿는 방식을 이라크인 전원에게 끈질기게 밀어붙이는 사람들이 있다는 것은 분명하다. 이슬람교도와 이슬람교의 성지(聖地) 역시 공격 받았다. 그중 몇몇을 소개하자면 2004년 3월, 바그다드와 카르발라에서 축제의 날에 시아파의 성스러운 곳이 공격을 받아 85명이 사망하였다. 모술에서는 온건파 이슬람교 성직자가 이런 잔학 행위를 비난했기 때문에 살해되었다.

2003년 4월에 29일이라는 이른 시기에 기독교 지도자들은 이라크의 총주교와 주교들의 이름으로 기독교도들의 시민권과 종교권을 보장해 줄 것을 요구하는 성명을 발표하였다. 2003년 9월, 칼데아파 주교들은 새 정권에 대해서 공동체를 대변하는 칼데아파 대표를 요구하는 요청서를 제출했다. 그것은 칼데아파가 이라크 사회에서 세 번째로 큰 공동체이고 이라크 공화국이 생기기 전에는 칼데아파 총주교가 그 대표로 상원의원으로 선출되고 있었기 때문이다.

바아트당이 사라지면서 기독교 중 몇 개의 정당이나 기독교 신문과 방송이 태어났다. 정당들은 기독교 민주당에서부터 민족주의당까지 여러 당이 있다. 후자는 앗시리아 교회와 고대 동방교회가 중심이라고는 하지만 시리아어를 하는 다른 교파의 기독교도들도 포함되어 있다. 민족주의 정당들은 이라크 북부에 기독교도들을 위한 '안전한 항구'를 만드는 운동을 하고 있었다. 그 당원 중에는 미국의 부시 행정부에 직접 소송하거나 런던의 국회의원에게 압력을 넣어 이라크 내에 '안전한 항구'를 만들도록 요청했다. 그러나 많은 이라크 기독교도들은 이러한 기독교도들만의 장소를 만드는 데는 반대하였다. 반대의 주된 이유는 그와 같은 이른바 '안전한 항구'는 과격파의 표적이 될 뿐이며, 미국이나 다른 서구 열강들이 없이는 계속해서 생존하지 못하기 때문에 기독교도들은 오히려 외국 권력의 협력자라는 사실을 입증하는 것이 되어 버리기 때문이다.

많은 이라크 기독교도들과 이라크 기독교 지도자들은 기독교도들이 지속적이고 평화롭게 살 수 있는 유일한 방법은 무슬림 형제들과 대화하고 함께 강한 민주주의 정부를 만들기 위해 협력하는 것이라고 생각한다. 기독교도들뿐 아니라 모든 시민들에게 이라크 전체가 '안전한 항구'가 되어야 한다. 이 목표를 향해 모술의 모든 교파 주교들이 최근 회합을 하여 2004년 11월에 다음과 같이 탄원서를 냈다.

우리는 폭력, 테러, 유괴, 횡령을 이용하여 자신들의 지배를 달성하려는 것을 거부한다. 또 점령군과 모든 무장 외국인은 우리나라를 떠날 것을 요구한다.

이라크의 기독교도들은 항상 자신들이 이라크 시민임을 강조하고 외국의 개입에 반대해 왔다. 현대 기독교 사상가들은 아랍과 이슬람 세계에 있어서 살아있는 교회로서 살아남고 발전시키려면 이슬람과 관계에 있어서 결코 정치적 또는 군사적 대립보다는 영적 비전을 갖고 형제인 이슬람교도들과 진지하게 대화할 필요가 있다고 했다. 많은 이슬람교도들도 이와 같은 생각을 갖고 있다. 2004년의 1월 200명 이상의 이라크 이슬람 지식인과 정치 지도자들이 기독교도들을 공격하지 말 것과 여성에게 히잡을 강제로 쓰게 하는 것을 중단하라는 요구를 아랍 웹사이트 엘라프(Elaph)에 올렸다. 이슬람 성직자들을 향해서 인도적이지도 않고 이슬람의 가르침에도 어긋나는 이들의 잔학 행위를 금지하는 화토와(이슬람법에 의한 권고)를 내도록 전했다.

나는 이 책에서 아바스 왕조 시대 이후 기독교도들이 이라크 땅에서 문명의 발달에 얼마나 기여하고 왔는지, 또 최근에는 현대 이라크의 출현에 얼마나 기여했는지를 보여주겠다고 밝혔다. 오늘 같은 어려운 시기에도 그들은 여러 가지 방법으로 이라크 사회에 깊은 창조적인 힘을 발휘하게 계속해서 기여하고 있다. 그리고 앞으로도 이라크 국민으로서 계속해서 그렇게 하고 싶다고 간절히 바라고 있다.

유능한 이라크 정부가 할 수 있고 기득권에 의해서 테러 행위나 이라크의 통일을 약화시키려 하는 모든 어두운 세력들을 뿌리뽑기를 바란다. 또한 이 전쟁을 시작한 유럽과 미국에는 이라크를 약화시킴으로써 이익을 얻거나 도덕이나 목표에 관계없이 테러 행위를 시인하는 듯 한 자들을 일소하기 바란다. 마지막으로 이슬람교 세계가 자신의 이미지를 떨어뜨린 어두운 세력들을 무찌르기를 기대한다. 그것에 의해서 이슬람교의 관용으로, 관대한 자비로운 면이 퍼지는 것과 이슬람교 지배자들이 역사상 몇 세대에 걸쳐서 실천한 이슬람교, 그리고 상당한 사상의 자유와 다른 신앙에 대한 관용을 지속해서 온 이슬람교가 잘 되길 바란다.

보충

이 책이 출판사의 손에 넘겨진 후에도 무법이 난무하고 이라크 기독교도들에 대한 공격은 계속되고 있다. 두 개의 사건이 기록되어야 할 만하다. 2004년 12월 7일, 모술에 있는 아르메니아 교회와 칼데아 교회 주교의 집이 파괴되었다. 이 폭격으로 상처를 입은 자는 없었다. 또 하나는 2005년 1월 18일, 모술의 시리아 가톨릭교회 대교구의 주교 바시리오스 게오르기스 카스 모우사가 유괴된 것이다. 그는 사임하고 24시간 이내에 풀려났다. 그러나 그동안에 그가 경험한 이야기는 모술의 시리아 가톨릭교회의 웹사이트에 발표되었지만, 가슴을 찢는 듯한 이야기인 동시에 그의 모범적이고 용감함을 나타내는 것이었다. 유괴범이 누구인지, 또 그 동기가 무엇인지는 아직 확실히 알지 못하고 있다.

II

[표 1] 서로 다른 기독교 용어

영어		서방교회		동방교회
	가톨릭	성공회	개신교	
Pope	교황			
Patriarch	총대주교(司敎)			총주교(総主敎)
Primate	수좌주교(司敎)	수좌주교(主敎)		수좌주교(主敎)
Metropolitan	수도(首都)대주교			부주교(府主敎)
Archbishop	대주교(司敎)	대주교(主敎)	(대감독)	대주교(主敎)
Bishop	주교(司敎)	주교(主敎)	(감독)	주교(主敎)
Priest	사제(司祭)	사제(司祭)	목사	사제(司祭)
Deacon	보조사제(助祭)	집사	집사	집사

[표 2] 중요한 사건 연대기

기원전	
745-727	티글라트 필레세르 3세(Tiglath-pileser III) - 앗시리아에 의해 유대인 최초 국외 추방(포로)
597-582	네브카드네자르(Nebuchadnezzar, 느브갓네살) - 바빌론에 의한 유대인의 두 번째 국외 추방
539	엘람 왕 키루스(Cyrus, 고레스) 왕, 바빌론 점령
538	키루스 왕, 유대인을 고국 귀환 칙령 내림
323	알렉산더 대왕, 바그다드 근처에서 사망. 그 후 이라크는 셀레우코스 장군에 의해 통치되었다.
129	이라크, 파르티아 지배하에 놓여졌다.

기원후	
224	사산 왕조(Sassanids)가 파르티아(Parthians)를 대체해서 이라크의 통치자가 됨.
312	콘스탄티누스 황제, 하나님의 이름으로 전투에서 승리하고 기독교를 제국의 공식 종교로 결정
313	밀라노 관용의 칙령
325	니케아 최초의 공의회
381	콘스탄티노플에서 열린 두 번째 공의회
392	기독교가 로마 제국의 공식 종교가 됨.
431	에베소에서 제3회 공의회
451	칼케톤에서 제4회 공의회
637	아랍, 카디시야 전투에서 사산 왕조를 정복
750	아바스 왕조, 이라크 지배를 시작함.
1258	몽골의 칸 훌라고(Khan Hulago) 바그다드를 정복. 아바스 왕조 마침.
1295	몽골의 칸 가잔(Khan Ghazan) 이슬람으로 개종
1393	티무르 렝, 바그다드를 정복
1534	바그다드와 이라크 북부가 오스만 지배하에 들어감.
1546	이라크 전부가 오스만 지배하에 들어감.
1914	영국군, 바스라 상륙
1918	11월 1일 연합군과 터키, 강화조약 체결
	11월 8일 영국군 모술에 입성
1920	국제연맹(유엔)은 이라크를 영국 위임통치령으로 함. 영국 남부에서 반영(反英)운동
1921	파이살 빈 알 후세인, 이라크의 초대 국왕이 됨.
1932	왕정에 의한 독립 이라크 왕국 성립
1958	카심(Abd al-Karim Qasim) 장군과 청년 장교 그룹이 왕정을 넘어뜨림.

1963		카심 살해됨. 아리프(Abd al-Salam Arif)가 대통령이 됨.
1968		바아트당, 정권을 완전 장악
1979		사담 후세인(Saddam Husayn), 이라크 대통령이 됨.
1980-88		이라크-이란 전쟁
1990		쿠웨이트 침공, 합병
1991		미국 주도의 연합군이 이라크군을 쿠웨이트에서 추방함.
2003		3월 19일: 미국과 연합군에 의한 이라크 전쟁 시작
		4월 9일: 미군, 바그다드에 진입. 이라크는 미국과 영국 점령하에 놓임.
		6월 28일: 연합 임시 정부(CPA)수립. 잠정 의회(Provisional Governing Council)를 설립하고, L. 폴 브레머 3세(L. Paul Bremer)가 의장이 됨.
2004		3월 3일: 잠정 헌법 조인
		6월 1일: 잠정 정부 설립, 야와르(Ghazi-al-Yawar) 대통령과 알라위(Ay ad Allawi) 총리가 됨.
2005		1월 30일: 이라크 최초의 총선거
		3월 7일: 두 번째 이라크 총선. 시아파와 아야드 알라위(Ayad Allawi), 이라크 국가운동(Iraqi Nation Movement), 또는 알 이라크야(Al-Iraqyya) 연합은 아야드 알라위 (Ayad Allawi), 세속당인 알 와프 알 알와타니, 현재 이라크 이슬람 정당인 타리크 알 하시미(Tariq al-Hashimi), 두 명의 부통령 중 한 명의 순. 그 뒤를 이어 89명의 의원을 얻은 누 누아 알 말리키 총리 연맹 이라크 시아파 정당 연합인 '이라크 동맹'이 70석을 차지했으며 쿠르드족 정당인 쿠르드족 연맹(Kurdish Alliance)이 47석을 확보함.
		3월 16일: 첫 번째 국회 개최(270명의 의원 중 6명이 기독교도)
		4월 6일: 잘랄 알 탈라바니(Jalal-al-Talabani)는 총리에 지명. 가지 알 야와루(Ghazi-al-Yawar, 수니파)와 아딜 아브드 알 마흐디(Adil Abd al-Mahdi, 시아파)를 부총리로 임명함.
		4월 10일: 이브라힘 알 자파리 총리, 시아파 17명(여성 1명), 쿠르드인 8명(여성 3명), 수니파 아랍인 5명(여성 1명), 여성 기독교인 1명이 들어가는 관료를 조각
		4월 22일: 노우리 카밀 알 말리키(Nouri Kamil al-Maliki)는 이브라힘 알 자파리(Ibrahim al-Ja'fari)가 권력을 잡은 후 총리로 취임. 그의 37개 위원장은 국회 승인을 받음. 잘랄 알 탈라바니 대통령은 타리크 알 하시미(이라크 이슬람당)와 아델 압둘 마흐디(Adel Abdul Mahdi, 이라크 이슬람 최고위원회)가 부회장을 지냄.

[표 3] 이라크 교회 중요 연표

기원후	
339-379	샤푸르 2세(Shapur II)에 의해 40년간의 박해
410	이삭(Isaac) 총회의
424	다디쇼(Dadisho) 총회의
486	셀레우키아 크테시폰(Seleucia-Ctesiphon) 총회의
544	마르 아바 1세(Mar Aba I) 총회의
585	이슈야브(Ishu'yab) 총회의
612	대 바바이(Babai the Great), 동방교회 공식적인 신학 대계(大系)를 고찰
629	시리아 정교회가 사산 왕조에 의해 독립 교회로 인정받음. 티크리트가 시리아 정교회(Syun orthodox Church)의 본부가 되고, 동방의 마후리안이라고 불리는 마루타(Marutha)가 초대 주교가 됨.
775	동방교회의 총주교의 자리가 바그다드로 이동함.
1553	동방교회와 로마 가톨릭교회와의 제1회 연합
1662	시리아 정교회와 로마 가톨릭교회와의 최초의 연합
1790	이라크에서 시리아 가톨릭교회 탄생

[표 4] 최초 4번의 공의회

기원후	
325	제1회 니케아 공의회 아리우스파 문제를 논의, 성부와 성자의 관계, 니케아 신조의 구성
381	제2회 콘스탄티노플 공의회 니케아 신조 선언문을 완성함. 성령에 관한 항목을 추가
431	제3회 에페소 공의회 그리스도의 본질에 관한 논의. 알렉산드리아 키릴(시릴)에서 다른 모든 당이 도착하기 전에 서둘러 개최됨. 동방교회는 출석하지 않음. 특별한 신앙의 공식적 기록이 없이 네스토리우스파 면직

451	제4회 칼케톤 공의회 그리스도의 본질에 관한 논의 결정: 그리스도는 하나의 위격이 있고 인간과 하나님의 두 본질을 지닌다. 동방교회와 아르메니아 교회는 출석하지 않음. 결과적으로 교회의 분열 1. 칼케톤파(The Chalcedonians, 동방의 일부와 서방의 전체) 2. 비칼케톤파(동방의 일부, 현재는 '오리엔트 정교회')

[표 5] 칼케돈 의회 이후의 교회들

칼케톤파

칼케톤 공의회의 기독론: 양성론을 따르는 교회
성육신 하신 예수님은 두 본성을 가짐. 또한 하나의 위격(hypostasis)이다.

1. 로마 가톨릭교회
2. 동방정교회: 그리스, 러시아, 불가리아, 루마니아, 조지아(그루지야), 체코, 키프로스 및 슬로바키아의 정교회
3. 로마 가톨릭교회와 연합한 동방 각 교회들. 다음의 교회를 포함
   - 칼테아 교회
   - 시리아 가톨릭교회
   - 마론파 교회
   - 그리스 가톨릭교회
   - 콥트 가톨릭교회
   - 아르메니아 가톨릭교회

오리엔트(동방) 정교회(비칼케톤 교회라고도 함)

단성론(Miaphysite) 신학을 따르는 각 교회: 성육하신 하나님의 말씀은 하나의 본질이고, 하나의 위격으로 묶여져 있다.
- 콥트 교회
- 동방교회. 시리아 정교회
- 에티오피아 정교회
- 아르메니아 정교회
- 인도 시리아 정교회
- 에리트레아 정교회

오리엔트(동방) 정교회(비칼케톤 교회라고도 함)

칼케돈 공의회와 무관계
모프수에스티아 테오도로스의 신학에 기초한 독자의 신학을 발전시켰다.
"성육신한 예수님은 두 개의 크노미(Qnomi)와 하나의 파르소파(Parsopa)를 가지고 두 본질을 가진다."
1994년 11월 11일 로마 가톨릭교회와 공통된 기독론에 관해 공동 성명

[표 6] 동방교회의 중요한 총회의

기원후	
410	마르 이삭(Mar Isaac) 총회의 동방교회, 페르시아 당국에 의해 독립된 공동체로 받아 들여졌다. 공식적으로 니케아 신조와 콘스탄티노플 신조를 채택함. 서방 교회 대표(마루타 주교)가 출석 수도 셀레우키아 크테시폰에서 개최됨.
424	다디쇼(Dadisho) 총회의 동방교회 자치 선언 알 히루다 개최
486	셀레우키아 크테시폰 총회의 동방교회에 기록된 최초 기독론 신조
544	마르 아바 1세(Mar Aba I) 총회의 총주교좌 복귀 하에서 동방교회 일치
585	이슈야브 총회의 모프수에스티아 테오도로스 신학의 권위 확인

[표 7] 동방교회에 부여된 다른 이름들

기원후	
네스토리우스 교회	네스토리우스에 의해 확대된 신학을 따르는 것으로 비잔틴 사람들이 잘못된 말로 잘못 붙여진 용어
페르시아 교회	페르시아 제국 내에서 번성했기 때문
동시리아 교회	시리아어의 동방 방언(일반적으로 유프라테스의 동쪽에 위치)을 사용했기 때문
양성론자 (Diophysites)	두 가지 본질의 기독론을 따르는 것으로 비난받았기 때문
앗시리아 동방교회	마르 시몬의 개혁을 받아들인 공동체

[표 8] 시리아 정교회에 주어진 별명

야코프(야곱)파	저명한 사제의 한사람인 야코프 바라데우스의 이름을 따서 비잔틴에 의해 잘못 주어진 용어
서시리아 교회	시리아 서부 방언을 사용했기 때문에(대개 유프라테스 서쪽에 위치하고 있음)
단성론자	이 교회의 멤버는 단일성의 교회론을 따르기에 잘못 붙여진 칭호
비칼케톤파	칼케톤 공의회의 결정에 찬성하지 않았기 때문이다. 칼케톤 공의회의 결정에 찬성하지 않았기 때문이다.
에페소스(에페소)파/전(前) 칼케톤파	

지도

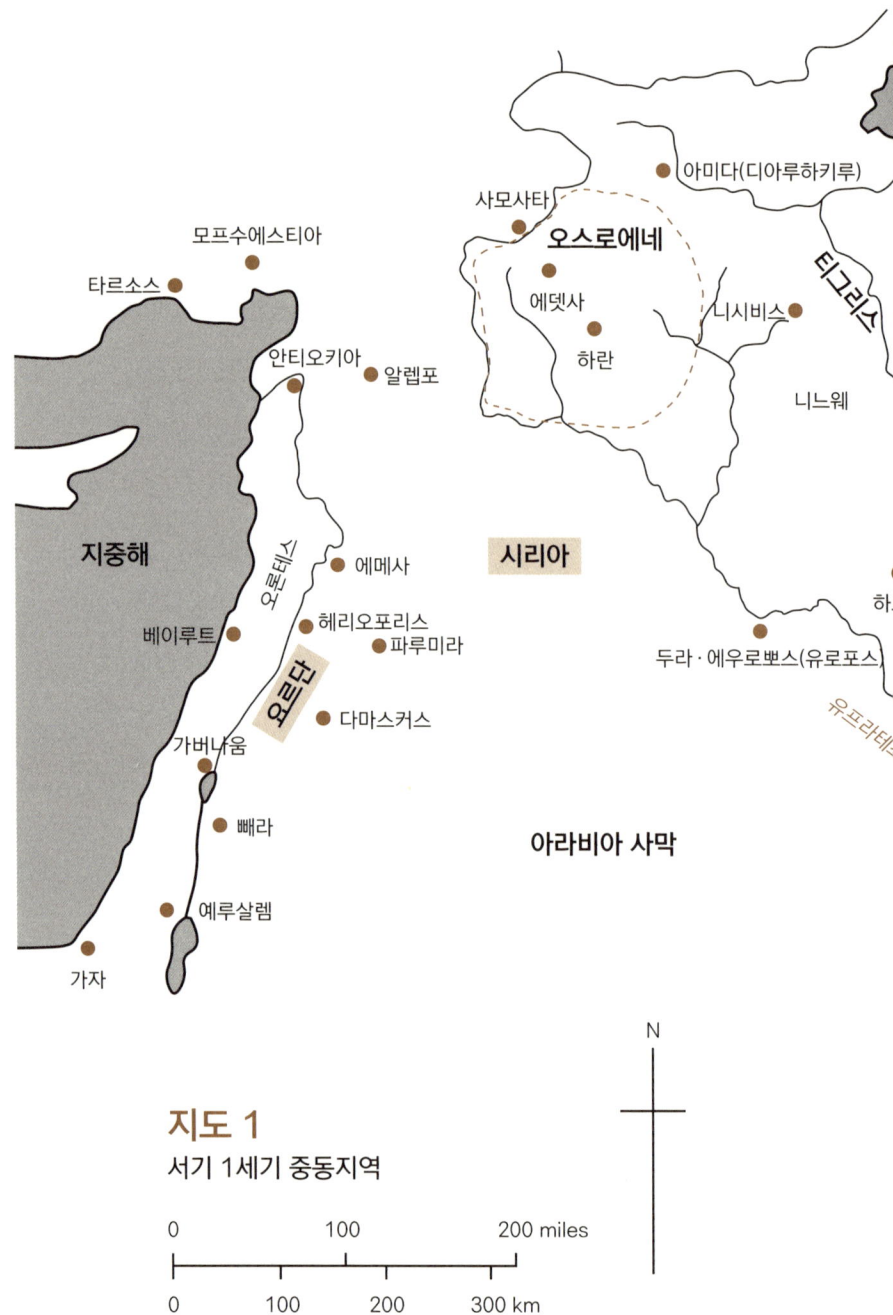

지도 1
서기 1세기 중동지역

지도 2

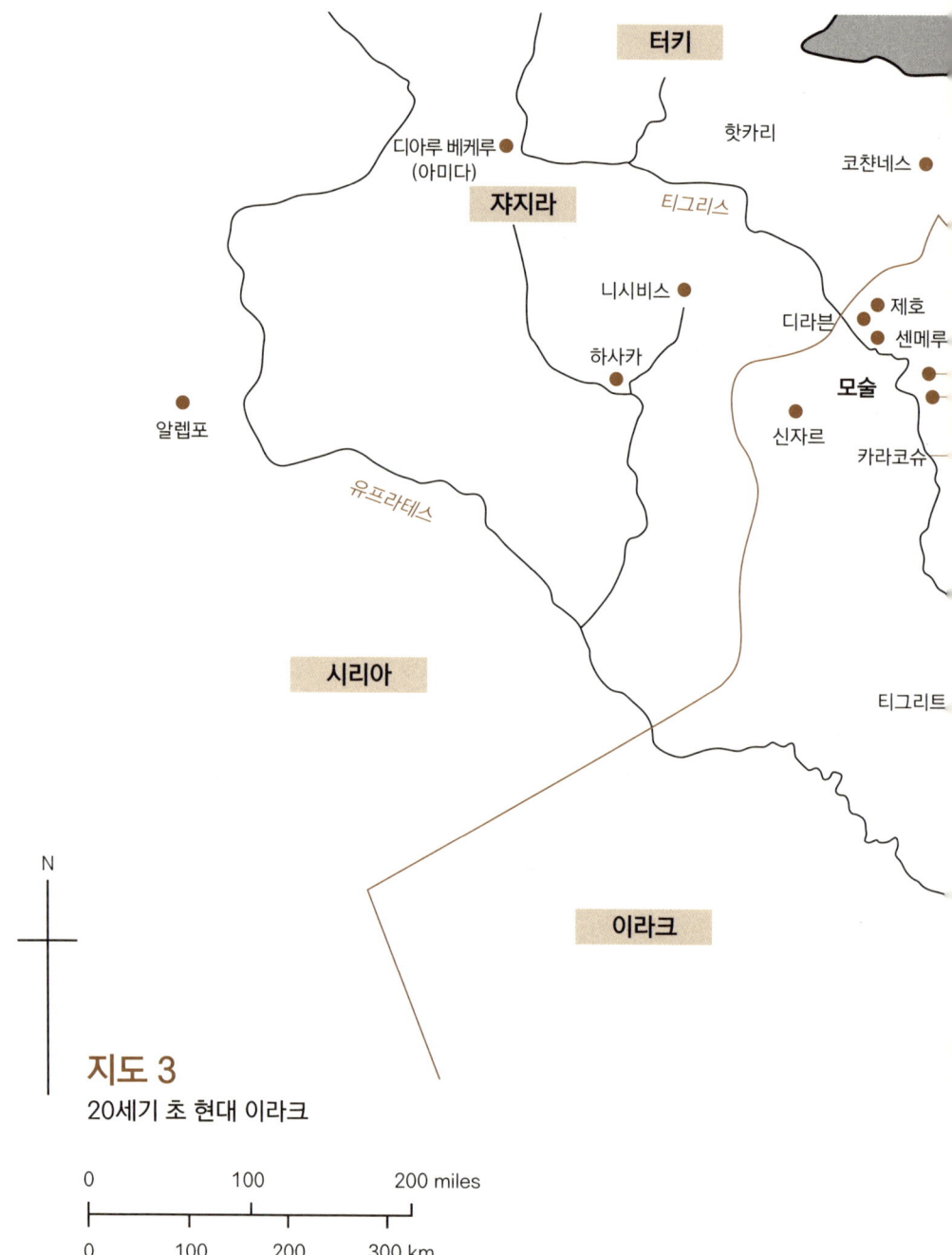

지도 3
20세기 초 현대 이라크